Bodo Meier-Böhme
Tod im Kolosseum

ctb calwer taschenbibliothek 115

Bodo Meier-Böhme

Tod im Kolosseum

Sechs Freunde und die ersten Christen in Rom

Calwer Verlag Stuttgart

Bibliografische Information der Deutschen Bibliothek

Die Deutsche Bibliothek verzeichnet diese Publikation in der Deutschen Nationalbibliografie; detaillierte Daten sind im Internet über *http://dnd.ddb.de* abrufbar.

ISBN 978–3–7668–4096–7

Satz: Karin Klopfer, Calwer Verlag
Umschlaggestaltung: Karin Klopfer, Calwer Verlag, unter Verwendung einer Zeichnung von Angelica Guckes, Leinfelden
Karte auf Seite 8: Angelica Guckes, Leinfelden
Druck: Druck Partner Rübelmann GmbH, Hemsbach

e-mail: info@calwer.com
Internet: www.calwer.com

Inhalt

Jonas	*ist nicht mehr so überzeugt von der kulturellen Überlegenheit heutiger Menschen.*
Sarah	*muss ihre läuferischen Qualitäten immer wieder unter Beweis stellen.*
Merula	*Tochter eines zum Christentum übergetretenen Beamten.*
Junia	*freigelassene Sklavin im Haus des Beamten, engste Freundin Merulas.*
Hostilian	*Sohn des Kaisers zu sein ist nicht unbedingt einfach.*
Hortensius	*der Centurio der dritten Prätorianergarde wünscht sich ein erneuertes Rom.*
Tiberius	*der Centurio der ersten Prätorianergarde strebt nach Macht.*
Metius Fuvetius	*der Bandenchef verliert seine Bande.*

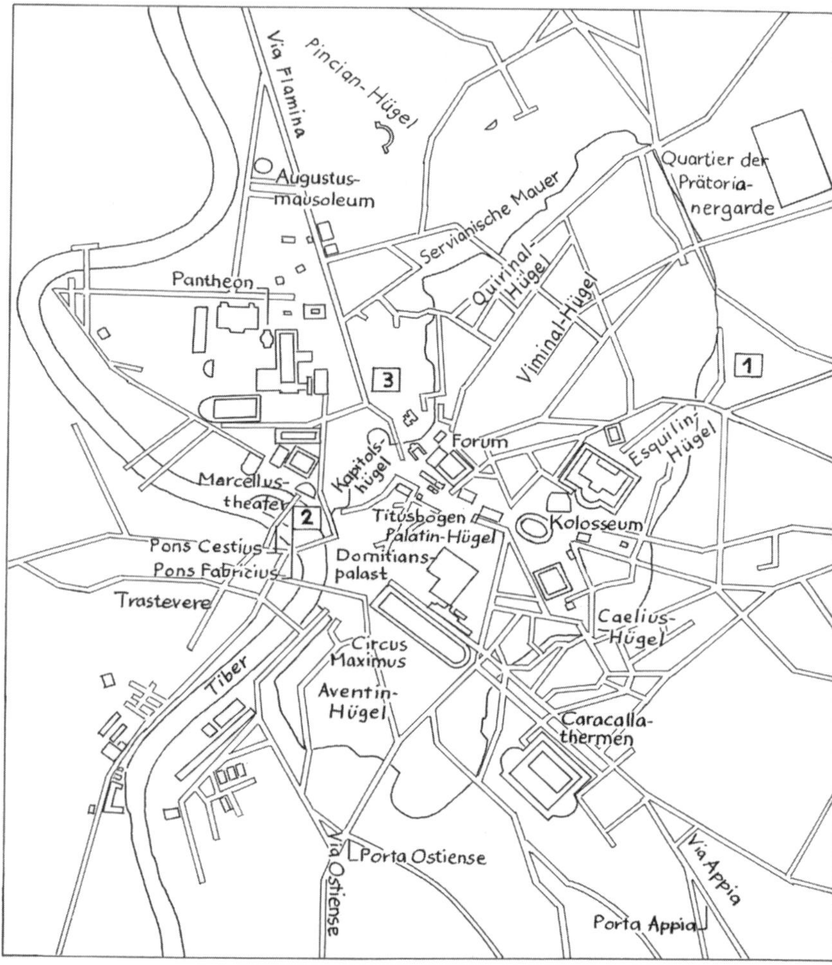

1	Leichengruben, wurden jedoch bereits von Gaius Maecenas (70–8 v.Chr.) zugeschüttet und in wunderschöne Gärten verwandelt.
2	Tempel des Äskulap auf der Tiberinsel
3	Forum des Trajan

1. Kapitel

Langsam, müde, abwesend und gleichgültig öffnete sie ihre Augen, die sie lange verschlossen gehalten hatte. Ihre Pupillen gewöhnten sich nur ungern an das grelle Sonnenlicht, nahmen zuerst gar nichts wahr. Behäbig, fast widerstrebend verengten sie sich, stellten sich auf die Helligkeit ein. Sie wusste, was sie sehen würde. Sie hatte es erwartet. Es war ihr nicht fremd.

Sie erblickte den Tod. Er war ein dunkles, tiefes Loch, schwarz und brüllend, ohrenbetäubend und stinkend. Sie roch das Blut und die Magensäfte aus diesem Loch. Es raubte ihr fast die Sinne.

Zwischen den mächtigen, spitzen Zähnen hingen Fleischfetzen und Knochenstückchen. Langsam und gemächlich kam der Tod mit jedem Brüllen ein Stückchen näher.

Doch hin und wieder schloss sich dieses Loch, es wurde still vor ihr und fast hätte sie meinen können, der Tod habe sich abgewandt. Aber das währte nur einen Augenblick. Dann begann es wieder zu brüllen, und immer wieder. Es wollte nicht aufhören. Jedes Mal, wenn das Loch sich öffnete, schleuderte es winzige Reste von Blut und Knochensplitter auf sie.

Es war das, was von Menschen übrig geblieben war. Sie hatte diese Menschen einst gekannt. Doch es kam ihr wie eine Ewigkeit vor.

Wieso nur ist sie die letzte an diesem frühen Nachmittag? Oder war es schon später? Wie viel Zeit war vergangen? Sie hatte jegliches Maß verloren. Im Angesicht des Todes verwandelte sich die Zeit in einen Punkt. Einen klitzekleinen Punkt. Es gab keinen Anfang und kein Ende. Alles war gleichzeitig oder nie gewesen. Wann wurde sie hier an diesen Pfahl gebunden? Vor wenigen Augenblicken? Oder lag das schon Jahre zurück? Ihre Eltern, ihre Geschwister und Großeltern wurden auch an solche Pfähle gebunden. Die Bilder davon hatte sie im Kopf. Aber sie hatte nicht hingesehen. Das hatte sie nicht geschafft. Aber sie hatte ihre Schreie gehört. Die Schreie, als die Löwen kamen und sich um die leichte Beute stritten. Als ihre mächtigen Zähne die Menschen zerrissen, die sie liebte und Gliedmaßen vom Rumpf trennten, um mit der erjagten Beute in einen entfernten Teil der Arena zu traben. Sie konnte nicht hinsehen und drehte ihren Kopf seitwärts.

Was nicht zu ändern ist, muss angenommen werden, hatte ihr Vater einmal gesagt. Und an diesen Satz hatte sie immer wieder gedacht. Er gab ihr Stärke, das spürte sie. Sie hatte nicht geschrien, bislang, aber noch war sie ja auch bis auf einige Hautabschürfungen, die ihr von den Schergen im Bauch der Arena zugefügt wurden, als sie sie nach oben brachten und hier, mitten auf dem Platz in der prallen, brennenden Sonne an diesen Pfahl banden, unverletzt. Lange hielt sie stand, dachte an diesen Satz ihres Vaters und betete zu Jesus Christus mit geschlossenen Augen.

Plötzlich wurde es ruhiger in der Arena. Die Schreie der Gequälten und Sterbenden waren verstummt. Etwas Neues geschah gerade, was die Aufmerksamkeit aller Besucher in der Arena auf sich zog. Vorsichtig öffnete sie ihre Augen und sah ihren Tod kommen. Langsam, gemächlich, fast genüsslich. Aber sie verspürte keine Furcht, das Blut gefror ihr nicht, sie musste nicht schreien. Nichts in ihr begehrte gegen diese Situation auf.

Der mächtige Löwenkopf schüttelte sich jetzt plötzlich wieder, das Loch schloss sich einen kurzen Augenblick und sie schaute in ein tiefes, unergründliches Augenpaar. Ein kurzer Moment der Stille. Der Tod und das Mädchen blickten sich an. Dann öffnete sich das Maul wieder und durch das Brüllen wurden erneut Speichel und Blut auf sie ergossen.

Die atemlose Spannung in der Menge löste sich und auf den Rängen begann ein Toben und Johlen. Sie hatte die Zuschauer dieses Schauspiels fast schon vergessen. Sie waren gekommen, sie leiden zu sehen. Sie und ihre Familie. Und das war ihre Entspannung von einem anstrengenden Arbeitstag und eine Unterhaltung, die sie sich, so oft es möglich war, gönnten. Die Plätze waren bequem und die Zelte über der Arena boten überall Schutz vor der Sonne. Nein, natürlich nicht überall; die Arena selbst lag im prallen Sonnenlicht. Zum einen war es sowieso nicht nötig, die Menschen, die nicht mehr lange leben würden, vor einem Sonnenstich zu bewahren. Und zum anderen würde Schatten die Sicht auf das Spektakel einschränken. Und man hatte ja zumeist nur immer eine kurze Freude an den Akteuren, denn die meisten starben dann doch sehr schnell.

Sie blickte dem Löwen wieder in die Augen. Vielleicht könnte sie seine Seele erkennen. Sie rührte sich nicht. Der Löwe stand vor ihr. Immer wieder brüllte er, aber er kam nicht näher. Es war, als habe er Respekt. Er stand etwa sechs Fuß von ihr entfernt. Er war der mächtigste von allen Löwen in der Arena. Immer wieder hatte er andere vertrieben, um sich die Beute selbst zu sichern. Er war der König. Den kleineren Löwen blieb dann oft nicht mehr viel übrig. Sie lagen jetzt verstreut in der Arena und fraßen gierig die Reste, die ihnen gleichgültig überlassen wurden. Sie trauten sich nicht in die Nähe des Königs. Und er schien unschlüssig zu sein, was er mit dem Mädchen anstellen wollte. Immer und immer wieder brüllte er sie an. Als wollte er sie auffordern, sich zu wehren – oder wenigstens Furcht zu empfinden. Aber sie fürchtete sich nicht. Sie sah den Tod, wusste, dass es bald zu Ende sein würde mit ihrem viel zu kurzen Leben, und empfand dennoch keine Furcht. Es war fast Gleichgültigkeit, was sie spürte. Sie dachte an ihre Eltern, ihre Familie, ihr Leben. Der Löwe brüllte, die Menge johlte, sie roch den Gestank des ungerechten Todes, der Löwe brüllte und das schwarze Loch kam langsam immer näher …

2.
Kapitel

»Ahmed, Christina! Kommt ihr bitte wieder hierher!«

Frau Dr. Rodriguez war sichtlich sauer. Immer wieder musste sie einzelne Schüler ihrer achten Klasse zur Ruhe und zur Aufmerksamkeit ermahnen. Dabei war das Thema doch wirklich sehr interessant zumindest nach ihrer Ansicht. Sie hatte sich schon vor einigen Wochen an der Kasse des kleinen Museums angestellt, um eine Führung durch diese wundervolle, ja beinahe sensationelle Ausstellung für ihre Schüler zu erhalten. Die Karten waren sehr begehrt, denn so etwas gab es in ihrer kleinen Stadt wirklich nicht häufig zu sehen: Fundstücke aus dem alten Rom des dritten nachchristlichen Jahrhunderts.

Doch leider wussten nicht alle ihre Schüler dieses Privileg zu schätzen. »Jetzt ist aber Schluss. Carsten, Abdullah, Patrick. Ich sage es nicht noch einmal. Stellt euch hier neben mich und seid bitte still.« Die drei kamen auch und bezogen recht widerwillig Stellung neben ihrer Geschichtslehrerin, nicht ohne sich jedoch weiterhin ständig anzurempeln und zu kneifen.

Sarah verdrehte die Augen. Sie konnte nicht leiden, wenn Jungs so affig waren. Was die junge Studentin dort vorne erzählte war allerdings bisher wirklich nicht besonders aufregend.

Sie standen gerade vor einer Vitrine, in der verschiedene Küchengeräte ausgestellt waren. Sarah atmete tief durch und sah verstohlen auf die Uhr ihres Handys. Na, wenigstens würde das alles hier nicht sehr lange dauern, denn die Ausstellung war nicht besonders groß. Diese Vitrine hier war bereits ihre zweite Station. Und dann sollte noch eine weitere Vitrine und zum krönenden Abschluss eine Sensation folgen. Was das sein könnte, wurde noch nicht verraten. Darauf war allerdings auch keiner ihrer Mitschüler besonders neugierig. Man folgte einfach den Anweisungen der jungen Studentin und ging von einem Punkt zum nächsten.

Zuerst mussten sie sich Rom auf der Landkarte ansehen. Als nächstes gab es einen Stadtplan der alten Stadt zu sehen. Sarah war sich ziemlich sicher, dass niemand in der Klasse verstehen konnte, was man da eigentlich sah. Die wenigsten konnten mit Stadtplänen etwas anfangen, geschweige denn, diese lesen. Wie sollte das funktionieren, wenn der Plan schon so alt war und diese Stadt in dieser Form schon längst nicht mehr existierte? Gut, dachte Sarah, Jonas kann das vielleicht. Er mag der einzige in der Klasse sein, der auch mit der zweiten Karte etwas anfangen konnte: Dort standen jede Menge Jahreszahlen und die entsprechenden Ereignisse dazu. Das ist doch nun wirklich nicht mehr interessant. Ein Stadtplan, das leuchtete ihr ein, hatte wenigstens noch die sinnvolle Funktion, sich unter Umständen in der fremden Stadt zurechtzufinden. Aber die Karte mit den Jahreszahlen? Unsinnig. Vielleicht bestenfalls für – ja, bei diesem Gedanken durchfuhr Sarah schon ein kleiner Schreck, denn sie kannte Frau Dr. Rodriguez. Die würde sich bestimmt für die Unaufmerksamkeit einiger Schüler rächen und einen Test über dieses Thema schreiben lassen. Zwar hatte Sarah schon aufgepasst – aber Jahreszahlen waren absolut nicht ihr Ding.

Dafür konnte sie mit den Ausstellungsstücken in dieser Vitrine etwas anfangen und sie hatte auch das Gefühl, dass diese Dinge wesentlich mehr mit ihrem Leben zu tun hatten. Es wurden Küchengerätschaften gezeigt – Geschirr. Da ihre Mutter arbeiten musste, war sie mittags häufig und abends hin und wieder alleine zuhause. Und wenn sie nicht verhungern wollte (was sie wirklich nicht vorhatte), musste sie sich selbst etwas Essbares zubereiten. Und dazu braucht man verschiedene Küchengeräte. Da kannte sie sich ziemlich gut aus. Sie ging davon aus, dass niemand in der Klasse sich damit so gut auskannte wie sie. Jedenfalls hielt sie sich auch für eine gute Köchin; von ihrer Mutter wurde sie immer wieder für ihre Kochkünste gelobt.

»Diese Teile hier vorne links stammen aus einem sehr reichen Haushalt. Die Kasserolle und die zwei Löffelchen sind aus reinem Silber. Das konnte sich kein normaler Haushalt erlauben. Wenn ihr genau hinschaut, sind auf der Kasserolle und den beiden Löffelchen die gleichen Motive abgebildet. Es ist also davon auszugehen, dass sie aus einem Haushalt stammen, denn der Hausherr hat sie bei einem Schmied in Auftrag gegeben. Direkt daneben könnt ihr die preiswertere Ausgabe erkennen.«

Die junge Studentin schaute unsicher auf Christina und Patrick, die sich an ihr vorbeischoben und um die Vitrine herumgingen. Es war nicht ganz klar, ob sie sich die Gegenstände genauer anschauen wollten oder ob sie etwas anderes im Sinn hatten.

Sie räusperte sich und fuhr fort: »Die drei Teller, die man hier sehen kann, sind versilbert. Der Hausherr war nicht so vermögend, sich die teurere Ausgabe leisten zu können. Es darf aber auch bezweifelt werden, dass diese Teller aus einem Haushalt stammen, denn sie zeigen unterschiedliche Motive. Und auch die Art der Prägekunst ist eine andere, sodass man fast annehmen darf, dass sie zumindest aus verschiedenen Stadtteilen Roms, wenn nicht sogar aus unterschiedlichen Zeiten stammen.«

Sarah war beeindruckt. Sie musste an die Teller und Bestecke denken, die in ihrem Schrank lagerten. Da würde sich bestimmt später niemand für interessieren. Zwar waren auf einigen der Teller auch Motive abgedruckt, aber sie konnte sich nicht erinnern, dass diese irgendetwas miteinander zu tun hatten. Das musste wohl daran liegen, dass immer mal wieder ein Teller kaputt ging und sie einen neuen kaufen mussten. Der durfte dann natürlich auch nicht besonders teuer sein, denn die Gefahr eines erneuten Bruchs war groß. Und wenn sich die Römer so teures Geschirr leisten konnten, das dann sogar fast 2000 Jahre später auf eine Wanderausstellung geschickt wurde, musste es ihnen ja sehr gut gegangen sein.

»Nun muss man nicht annehmen«, fuhr die junge Studentin fort und drehte sich zur anderen Seite, um auf weiteres Geschirr zu zeigen, »dass alle Römer so reich waren, um sich solches Geschirr leisten zu können. In den meisten Haushalten kam nur billiges Holzgeschirr oder schlichtes Geschirr aus Ton auf den Tisch. Das war Massenware, die in den kleinen Töpfereibetrieben der Stadt und vor allem der Umgebung hergestellt wurde. Das können wir hier sehen. Die gehobenere Ausführung dieser Massenware wurde mit einer glänzenden Glasur überzogen. Hier unten können wir eine Schale und eine Kuchenform sehen. Auch diese sind mit Reliefs und Randverzierungen geschmückt, waren aber dennoch preiswert zu haben. Das lag daran, dass die Töpfer mit Hilfe von Modeln das Herstellungsverfahren standardisiert hatten.«

Das war überraschend. Dann gab es ja schon vor fast 2000 Jahren fabrikmäßig hergestelltes Geschirr! Sie hatte immer gedacht, dass man früher alles schön mit der Hand hergestellt hatte und sich somit alle Gegenstände voneinander unterschieden. Und jetzt musste sie erfahren, dass damals bereits Formen hergestellt wurden, in die man die entsprechenden Vorgaben und Vorarbeiten machte, und somit ein Relief auf Tausende von Teller geprägt werden konnte. Für sie geriet ein ganzes Weltbild ins Wanken. Das war ja fast schon antike Fließbandarbeit. ›Was unterscheidet uns eigentlich von den damaligen Menschen?‹, dachte sie bei sich und wünschte sich insgeheim, diese Frage irgendwie in der bevorstehenden Geschichtsarbeit verwerten zu können. Denn sie hatte das Gefühl, dass sie die einzige war, die auf dieses kluge Thema kam.

Frau Dr. Rodriguez und die junge Studentin unterhielten sich leise, während sie der Klasse in den nächsten kleinen Raum vorausgingen.

»Das ist eine ziemlich trockene Materie.« Jonas hatte sich neben Sarah geschoben und zusammen schauten sie sich das Geschirr in der Vitrine wie in einem Schaufenster bei Tschibo an. ›Das ist irgendwie komisch‹, dachte Sarah, ›wie wir so dastehen‹, und sie richtete sich auf. »Finde ich nicht. Das ist doch interessant. Hast du dir eigentlich schon einmal überlegt, was uns von den Menschen damals unterscheidet?« Jonas verzog das Gesicht. »So was Blödes können auch nur Mädchen fragen. Wir haben einen Geschirrspüler. Ist in dieser Vitrine ein Geschirrspüler? Nein. Da ist keiner. Und das unterscheidet uns. Wir sind total anders. Oder meinst du, weil die auch mit Messer und Gabel gegessen haben, seien wir gleich?« »Die Römer haben nicht mit Messer und Gabel gegessen. Es gab nur den Löffel. Und selbst dieser diente nur dazu, sich die Sauce auf das Brot oder den Braten zu löffeln. Hattest du gar nicht zugehört?« Jonas verzog etwas angewidert das Gesicht. »Du willst doch damit nicht sagen, dass die mit den Händen ... Ich meine, alle greifen mit ihren dreckigen, speckigen Händen in eine Schüssel ... und die Sauce dann auf das Fleisch geträufelt? Das ist doch widerlich!« Sarah musste lachen. »Gut, ich esse zwar auch nicht so. Aber widerlich finde ich es nicht. Es ist vielleicht umständlich, vor allem, weil man dann alles wieder saubermachen musste, den Fußboden und den Tisch und das Sofa, auf dem man zum Essen lag. Aber dafür gab es ja Sklaven.« »Ich habe doch recht«, trumpfte Jonas auf. »Wir sind deutlich weiter als dieses Volk. Uns unterscheidet sehr viel voneinander. Wir haben immerhin die Sklaverei abgeschafft.«

Sarah stellte fest, dass sie über ihr interessantes Gespräch den Anschluss an die Klasse verloren hatten. Schnell eilten sie in den nächsten Raum, wo verschiedene Kriegsgerätschaften gezeigt wurden.

»Jetzt wird es interessant«, meinte Jonas und drängte sich ganz nach vorne, um sowohl das, was die Führerin erzählte, besser verstehen als auch die Ausstellungsstücke in der Vitrine näher in Augenschein nehmen zu können. Auffällig war aber, dass jetzt sowieso hauptsächlich die Jungs ganz dicht an der Vitrine standen, um die Ausstellungsstücke genauer betrachten zu können.

»Auf dieser Seite der Vitrine können wir die Ausrüstung eines normalen Soldaten sehen. Sein Kopf wurde geschützt durch einen Helm, der natürlich sehr schwer war. Besonders wurde hier – wie ihr sicherlich unschwer erkennen könnt – der Nacken geschützt. Man muss sich vorstellen, dass die Feinde auch mal von hinten angreifen konnten, wenn man sich durch die feindlichen Kampfreihen gekämpft hatte. Und ein Schlag mit einem schweren, scharfen Schwert gegen den Hals hatte natürlich schwere bis tödliche Verletzungen zur Folge. Aber auch die Stirn wurde besonders geschützt durch diese Verstärkung. Die Seitenklappen dienten zum einen dem besseren Sitz des Helms, zum anderen aber natürlich auch dem Schutz der Schläfen und Backenknochen. Das Gesicht selbst blieb in diesem Falle ungeschützt. Vor einem Kampf zogen die Soldaten sich ein solches Kettenhemd, das überwiegend aus Eisen bestand, über. Ihr könnt euch sicherlich vorstellen, wie das den Soldaten in seiner Bewegung behinderte.« Einige Witzbolde in der Klasse machten sofort vor, wie staksig und unsicher sich die Soldaten vor 2000 Jahren bewegt haben mussten. Einige Mädchen lachten. Die Jungs lachten am lautesten über ihre eigenen Witze. Aber auch Frau Dr. Rodriguez musste lächeln, denn einige Jungs machten das wirklich schauspielreif. Die junge Studentin jedoch war wieder etwas irritiert. Sarah vermutete, dass sie diesen Job noch nicht lange machte und deshalb eigentlich noch reichlich unsicher war.

»Aber später kam man dann auf den Gedanken, die feste durch eine flexible Plattenpanzerung zu ersetzen. Das war zum einen etwas leichter zu tragen, zum anderen konnte man sich auch sicherer bewegen, ohne den Schutz ernsthaft zu vernachlässigen.«

»Aber wenn man rennt, sind doch die einzelnen Platten in Bewegung«, meldete sich Hossam zu Wort. »Die schaukeln und geben den Körper frei. Wenn dann der Feind schnell war, konnte er in diese Lücke einstechen und den Soldaten töten.«

Die Führerin war erstaunt und im ersten Moment sprachlos. Bis jetzt hatte sich niemand aus der Klasse zu Wort gemeldet und sie hatte schon den Eindruck, sie könne ihren Vortrag eigentlich auch Schaufensterpuppen erzählen. (Sie hatte vor einigen Wochen ihren Vortrag tatsächlich vor einigen Besenstielen geübt, denen sie Perücken aufgesetzt hatte. Eine Freundin, die sehr viel Erfahrung damit hatte, meinte, es wäre wichtig, die Übung so realistisch wie möglich zu gestalten.)

»Das stimmt. Aber man darf sich das natürlich nicht so statisch vorstellen. Der Soldat hatte noch einen Schild und in der Regel auch einen Umhang. Das ist leider nicht in der Ausstellung zu sehen. Und wenn gar nichts mehr half, musste er eben Fersengeld geben. Er trug meistens Sandalen, die an den Sohlen eiserne Beschläge hatten. Damit war er in der Lage, recht schnell und vor allem sehr lange laufen zu können. Natürlich nicht zu vergleichen mit unseren heutigen Wander- oder Laufschuhen.«

Jonas schickte einen triumphierenden Blick zu Sarah, die einige Reihen hinter ihm stand.

»Die Schwertscheide, die wir hier sehen können, gehörte sicherlich einem hohen Offizier. Sie ist aus Gold und Silber gefertigt und trägt das Porträt des Kaisers Decius. Soldaten, die sich um den Kaiser und das Reich verdient machten, erhielten sie als Auszeichnung. Dieser Offizier hatte sicherlich eine besondere Leistung vollbracht, für die Decius ihm dankbar war. Die Buchstaben TIB. lassen vermuten, dass der Inhaber dieser Schwertscheide ›Tiberius‹ hieß.«

»Der hatte wohl ganz viele Feinde getötet.«

Sarah atmete tief durch. Noah sagte nie etwas, was den Unterricht oder eine Unterhaltung voranbrachte. Er sagte immer nur solche Sachen.

»Wir wissen es nicht«, nahm die Führerin den Einwurf ernst. »Die Quellen, die wir bislang haben, sagen nichts darüber aus. Jedoch erhalten wir auf diesem Ausstellungsstück noch weitere Informationen, die recht interessant sein können. Hier sehen wir, wenn ihr genau hinschaut, die Buchstaben ›p. c.‹. Das bedeutet ›praetoriae cohortes‹. Der Inhaber Tiberius gehörte also der Prätorianergarde an. Das waren Elitesoldaten, die eigentlich für den Schutz des Kaisers zuständig waren, sehr klug, sehr kampfstark.«

Die Jungs hätten sich die Nase an der Vitrine fast plattgedrückt, wenn Frau Dr. Rodriguez sie nicht zurückgehalten hätte. Sie wollten die Insignien eines kampferfahrenen Helden der Antike gerne von nahem sehen.

»Wenn diese Soldaten so gut waren, wurden sie doch auch bestimmt gut bezahlt«, fragte Jonas und ließ dabei seinen Blick von dem fabelhaften Fund nicht ab.

»Ihre Dienstzeit war in der Regel kürzer als die der normalen Soldaten, lag also bei etwa 16 Jahren statt 20 bis manchmal 25 Jahren. Und der Sold war ebenfalls höher. Er lag bei knapp 1000 Denaren. Ein einfacher Soldat der normalen Einheit verdiente etwa die Hälfte und hatte auch nach seinem Dienst geringere Zuwendungen und Vergünstigungen zu erwarten. Die Centurionen, das sind die Führer einer Legion, verdienten das Zehnfache, der Tribunus, das ist der Chef der gesamten Garde mit ihren etwa 4500 Soldaten, verdiente locker das Vierzigfache des einfachen Prätorianers.«

Jonas war beeindruckt. Natürlich wusste er, dass man das alles nicht so einfach in die heutige Zeit umrechnen konnte. Aber ihm war auch klar, dass selbst die einfachen Prätorianer sich mit diesem Einkommen selbst nach ihrem Ausscheiden aus dem aktiven Dienst ein schönes Leben machen konnten und keine Sorgen mehr zu haben brauchten.

»Hier am Rand dieser Schwertscheide kann man noch zwei weitere Buchstaben erkennen: ›p. p.‹, praefecti praetorio. Das waren diejenigen, die ganz oben in der Hierarchie standen. Dieses Schwert gehörte also mal einem Führer der Eliteeinheit des Kaisers Decius. Aber mehr können wir nicht sagen. Überhaupt wissen wir sehr wenig über diese Zeit des dritten Jahrhunderts nach Christus in Rom. Es gibt kaum berühmte oder überlieferte Schriftsteller. So sind wir auf solche Funde angewiesen. Und jetzt kommen wir zu einem sensationellen Fund, der uns in der Erforschung dieser Zeit wieder einen Schritt weiter bringen wird. Kommt bitte mit in den letzten Raum.«

»Gott sei Dank ist das jetzt bald fertig.«

»Ich schlafe gleich ein.«

»Mensch, die Tuss' ist vielleicht dröge.«

»Hast du Mathe schon gemacht?«

»Schreibe ich morgen bei Dania ab.«

So gingen die Gespräche in der achten Klasse, als sie gemeinsam den letzten Raum betraten, der völlig anders aussah als die drei vorhergehenden. Der Raum war voller Sand, was den Eindruck vermittelte, sich an einem Strand zu befinden. Vielleicht sollte das aber eine Arena sein, denn der ausgestreute Sand wurde von Steinen begrenzt. In der Mitte stand – wie von Wunderhand aufrecht gehalten – das vollständige Skelett eines Menschen.

»Uh, ist das unheimlich«, witzelte Abdullah, was ihm einen tadelnden Blick von Frau Dr. Rodriguez einbrachte.

»Selten ist es Archäologen gelungen, ein vollständig erhaltenes Skelett eines Menschen der Antike zu finden. Die Untersuchungen haben Folgendes ergeben: Wir haben hier ein etwa 12- bis 14-jähriges Mädchen vor uns. Sie starb aufgrund schwerer Kopfverletzungen. Ein großes Tier hat ihr zweimal in den Kopf gebissen. Das ist an der Schädeldecke und an den Schläfen zu erkennen. Das Gehirn wurde durch die Kraft der Bisse förmlich zerquetscht.«

Sarah wandte sich ab.

»Gab es in Rom denn so große und wilde Tiere?« Abdullah schaltete sich ein und war ziemlich aufmerksam den Ausführungen gefolgt.

»Nein, natürlich nicht. Allerdings lässt sich vermuten, dass dieses Mädchen im Kolosseum starb, bei einem Kampf mit Löwen oder Panthern.«

Noah kicherte: »Wahrscheinlich ziemlich aussichtslos, so ein Kampf für eine Zwölfjährige.«

»Das will ich meinen. Die zum Kampf ad bestias Verurteilten hatten wahrlich keine Chance. Zumeist waren sie sogar an einem Pfahl festgebunden.«

Selbst Kerstin wurde jetzt neugierig und interessierte sich für das Schicksal des Mädchens, das doch ungefähr so alt war wie sie selbst: »Was könnte ein Mädchen denn verbrochen haben, damit man sie zum Tode verurteilen konnte?«

»Nun, vielleicht hat sie jemanden getötet. Vielleicht war sie mit ihrer Familie Christin. Es kann aber auch sein, dass sie eine Sklavin war, die zum zweiten Mal von ihrer Herrschaft geflüchtet war. Wenn sie nach dem ersten Mal gefasst wurde, brannte man ihr ein ›F‹ auf die Stirn. Das bedeutete ›fugitivus‹ und meinte auch als Schimpfwort ›entlaufener Sklave‹. Anderen wurde ein Eisenring um den Hals geschmiedet, der sich nicht mehr entfernen ließ. Ein solcher Sklave brachte bei einem Verkauf natürlich nicht mehr viel Geld, aber seine Stellung war auch entsprechend schlechter. Sollte er dann noch einmal zu fliehen versuchen, war der Tod wohl die bessere Alternative für die Herrschaft. Wir wissen aber nicht, wer dieses Mädchen war. Auf eine Besonderheit möchte ich euch noch aufmerksam machen: Wenn ihr hier auf ihren rechten Fuß schaut, könnt ihr sehen, dass drei Zehen fehlen. Die Zehen, das kann man am Knochenbau erkennen, fehlten ihr schon von Geburt an. Daran trägt kein wildes Tier die Schuld. Jedoch können wir uns vorstellen, dass die letzten Minuten ihres Lebens schrecklich gewesen sein müssen. Unter dem Gejohle der Menschen in der Arena wurde sie von einem Löwen totgebissen. Es war ein grausamer Tod.«

Die junge Studentin sah in die Runde. Die Schüler waren relativ ruhig und schauten sie an. Einige flüsterten leise miteinander. Niemand schien eine Frage zu haben oder eine Bemerkung machen zu wollen. Die Führerin atmete tief durch und sagte ein wenig resigniert: »Wir sind nun am Ende unserer kleinen Ausstellung angelangt. Danke für euer Interesse und eure Fragen. Ich bin sicher, dass ihr im Unterricht dieses Thema jetzt unter einem ganz anderen Blickwinkel behandeln könnt.«

Die Schüler und Schülerinnen der Klasse applaudierten und freuten sich, dass die Führung doch schneller zu Ende war als angekündigt. In kleineren Gruppen beschäftigten sie sich auf dem Weg zurück in die Schule natürlich mit dem Schicksal des jungen Mädchens und immer wieder wurde darauf hingewiesen, dass es so alt war wie sie selbst. Dabei war den meisten nicht nur der Schuldspruch und die Tötungsart unvorstellbar, sondern auch die ›Schuld‹, die dieses Mädchen auf sich geladen haben sollte. Wie kann man in diesem Alter in die Situation kommen, einen Menschen zu töten? Und wieso war es ein Verbrechen, Anhänger einer Religion zu sein? Das Thema »Sklaverei« kannten sie eigentlich nur aus Filmen oder in ihrer Phantasie. Manche dachten dann daran, dass sie sich als Sklaven ihrer Eltern fühlten, wenn sie einmal etwas einkaufen sollten, wozu sie keine Lust hatten, und die Eltern aber keinen Widerspruch duldeten. Aber bei ernsthafter Betrachtung: Die Eltern waren ja keine Sklavenhalter und Sklave war keiner von ihnen nun wirklich, auch wenn manche hin und wieder Gedanken ans Weglaufen hatten. Alles in allem war es schon sehr schwer, über das Alter hinaus Anknüpfungspunkte zu dem Mädchen zu finden. Deshalb drehten sich die Gespräche dann auch immer mehr um die letzten Minuten im Leben dieser Unbekannten. Was mag sie gedacht haben? Hatte sie Angst? Schrie sie? Wie hätten sie sich verhalten? Einige einfallsreiche Jungs zeigten, wie man sich aus einer Schlinge befreien könnte. Wie schnell ist eigentlich ein Löwe? Da kann man doch bestimmt weglaufen – nachdem man sich vom Pfahl befreit hatte. Wie mag sie gestorben sein?

Die Szenarien, die sich in den Gesprächen entwickelten, klangen, als kämen sie direkt aus den Filmstudios in Hollywood oder aus den Werkstätten der Comiczeichner. Die Helden in diesen Geschichten waren natürlich sie selbst. Frau Dr. Rodriguez beantwortete die wenigen Sachfragen, die von einigen Schülern kamen. Am Schultor entließ sie ihre Schüler nach Hause, nicht ohne noch einmal anzumerken, dass sie sich am besten zuhause als Hausaufgabe noch einmal die Führung vor Augen halten sollten.

Jonas und Sarah waren mit ihren Freunden sowieso für den späten Nachmittag in ihrer Ruine verabredet und trennten sich ohne viel Worte, denn Sarah musste noch ein wenig einkaufen, da sie für sich und ihre Mutter das Mittagessen vorbereiten sollte.

Seit einigen Wochen konnten sie sich wieder regelmäßig in ihrer Ruine treffen. Das Gebäude hätte abgerissen werden sollen, weil auf dem Grundstück – und natürlich auch auf den benachbarten Grundstücken – ein großes Einkaufszentrum errichtet werden sollte. So wurde das gesamte Gelände einbruchsicher abgeriegelt und ein Objektschutz sorgte im Auftrag des Bauherrn Tag und Nacht für die Überwachung. Die Freunde konnten sich nicht mehr in ihrer Ruine treffen und beobachteten aber befriedigt, dass in dieser ganzen Zeit sich niemand um das Innenleben der Ruine gekümmert hatte. Ihre Einrichtung blieb deshalb unentdeckt. Die ganze Aktion ging so schnell, dass sie es nicht schafften, ihre persönlichen Dinge aus der Ruine herauszuschaffen. Aber wie so häufig bei großen Bauprojekten gab es auch hier Probleme mit dem Bauträger und dann mit der Denkmalpflege und letztlich sogar mit einem Grundstückseigentümer, von dem man bislang gar nichts wusste. Das Projekt wurde auf die lange Bank geschoben und der Objektschutz wieder abgezogen. Anfangs war der Besuch ihrer geliebten Ruine bei den Freunden mit sehr viel Herzklopfen verbunden, hatten doch auch hinter den Absperrgittern frei herumlaufende Hunde die Überwachung gewährleistet. Aber auch die waren nicht mehr da und nach dem dritten Besuch waren die Freunde schon sehr viel sorgloser.

Natürlich waren die Lebensmittel, die sie dort immer für ihre Treffen bereithielten, ungenießbar geworden. Aber ansonsten war alles in bester Ordnung und sie konnten ihre Treffen dort abhalten, wie sie es seit gut zwei Jahren gewohnt waren. Selbst die quietschende, alte Holztür war unangetastet, was ihnen immer so eine Art Heimatgefühl vermittelte.

»Das ist ja toll. Da wäre ich gerne dabei gewesen.« Daniel war völlig aus dem Häuschen, als er vom Vormittagsunterricht von Sarah und Jonas erfuhr. »Ich habe heute eine Chemie-Arbeit geschrieben. Das war gar nicht lustig.«

»Na«, bremste Philipp, »ich glaube nicht, dass man es als lustig bezeichnen kann, ein Skelett anzugucken.«

Lucie sah es gelassener: »Was ist denn schon dabei? Die wäre doch heute eh schon tot.«

»Na, so kannst du das aber auch nicht sehen. Denk doch mal daran, wie das arme Mädchen gestorben ist.« Anja war entrüstet. Sie fand, dass man nicht auf solche Art und Weise über das Schicksal anderer Menschen reden konnte.

»Glaubt ihr eigentlich, dass wir uns von den Menschen damals unterscheiden?«, meldete sich Sarah. Jonas verzog das Gesicht. »Das hat sie mich heute Morgen schon gefragt. Da musste ich ihr sagen, dass die Menschen der Antike noch keine Spülmaschine besaßen.« Philipp musste lachen. Auch Daniel fand die Anmerkung lustig und schmunzelte. »Ja, ich denke schon. Wir sind anders. Wir haben doch einiges gelernt in den vergangenen 2000 Jahren«, merkte er an.

»Ich weiß nicht«, gab Anja zu bedenken. »Manchmal habe ich auch das Gefühl, dass wir doch nicht viel besser sind. Es gibt doch viele, die freuen sich, eine Schlägerei anzuzetteln. Denkt nur an die vielen Verrückten bei irgendwelchen Fußballspielen. Oder aber die Kriege, die es überall in der Welt gibt. Oder auch, passt mal auf, letzte Woche bin ich die Kantstraße Richtung Schillergasse gelaufen. Von weitem habe ich schon gesehen, dass es da irgendwie brennen musste. Als ich dann an der Ecke war, ihr wisst, dort, wo der alte Bertram seinen Laden hat, habe ich es gesehen: Aus der Wohnung darüber schlugen Flammen aus dem Fenster. Viele Leute standen unten und glotzten. Versteht ihr? Die glotzten nur. Wie kann man das denn machen? Da waren Menschen drin. Eine Mutter hatte geschrien und hielt ihr Kind auf dem Arm. Gott sei Dank kam gerade in diesem Moment die Feuerwehr. Aber die Leute sind nicht weggegangen. Ich meine, was ist denn daran anders als an dem Glotzen im Kolosseum? Da sind die Zuschauer auch hin und haben sich angeguckt, wie dieses Mädchen von Löwen zerrissen wurde.«

Anja hatte sich richtig heiß geredet. Sie war den Tränen nah. Lucie legte ihr die Hand auf den Arm: »Na, nun komm mal wieder runter. Ist doch schon so lange her. Sicher, ich kann das ja verstehen. Das arme Mädchen hatte viele Schmerzen. Aber das kann man auch nicht mehr ändern. Und selbst wenn ihr das nicht passiert wäre, dann wäre sie jetzt auch schon tot.«

»Und das schon sehr lange«, grinste Philipp wieder.

»Wisst ihr«, meldete sich Daniel zu Wort. »Ich finde die Frage von Sarah gar nicht so blöd.« »Danke, mein Held und Retter.« Sarah warf ihm eine Kusshand zu und drehte sich zu Jonas, um ihm die Zunge rauszustrecken.

»Nein, im Ernst. Natürlich haben wir viele Dinge erfunden. Autos, Flugzeuge, Medizin und was weiß ich noch. Aber wir haben immer noch Krieg. Es gibt immer noch Gewalt und Streitigkeiten. Vielleicht haben wir uns tatsächlich nicht sehr viel weiterentwickelt.«

Jonas gähnte. »Oh, das wird ja gerade eine richtig spannende Diskussion. Mich interessiert das nicht besonders. Da muss man so viel nachdenken. Und diesen theoretischen Kram kann ich nicht leiden. Vielleicht könnten wir mal wieder ein kleines Spiel bei mir zuhause auf der Playstation machen? Das ist um Längen spannender.«

»Du bist herzlos, Jonas. Wie kann dir das Schicksal dieses Mädchens egal sein? Ich meine, guck mal, die ist elend gestorben, um dann viele Jahre später in irgendeinem kleinen Kaff in Deutschland, in einem völlig unbedeutenden Museum ausgestellt zu werden. Und dann springt da auch noch eine Horde Achtklässler um sie herum, gerade mal so alt wie sie selbst war, und macht sich über sie lustig.«

Man merkte Sarah an, dass ihr das Schicksal der jungen Römerin sehr nahe ging.

Jonas guckte ein wenig unsicher. »Ich bin nicht um sie herumgesprungen.«

»Nein, du nicht. Aber du verstehst mich doch. Ich finde das unmenschlich. Und so unterscheiden wir uns nicht von den Zuschauern auf der Tribüne. Wir sind nur einige Jahre zu spät zur Veranstaltung erschienen.«

»Und der Löwe war auch nicht da«, murmelte Philipp und blätterte in einer Zeitung. »Ach, halt doch die Klappe«, erboste sich nun auch Lucie. »Ich finde, das Thema ist schon ernst.«

Jetzt sprang Philipp auf und schleuderte die Zeitung auf den Boden. »Ihr nervt, wisst ihr das? Wir reden über eine Sache, die lange her ist. Das Mädchen ist nicht die einzige, die in den vergangenen 2000 Jahren grausam getötet wurde. Ob wir heute anders sind als die Menschen damals, weiß ich nicht. Ich weiß nämlich nicht, wie die waren. Aber ich weiß, dass ich jetzt keine Lust mehr habe, mir das alles anzuhören.«

Es wurde plötzlich ganz still in der Ruine. Lediglich die Autos waren dumpf von der Straße her zu hören. Philipp setzte sich wieder hin und sah aus, als schmolle er.

»Tja«, meinte Anja, »jetzt haben wir den Schlamassel. Wir müssen da hin und versuchen, das Mädchen zu retten!«

Alle schauten völlig entgeistert, so als habe Anja den Vorschlag gemacht, die Umlaufbahn der Erde um die Sonne zu verändern, um vielleicht etwas gegen die Klimakatastrophe tun zu können.

»Anja, es gibt so viele andere. Philipp hat es doch gesagt. Wieso sollen wir ausgerechnet in diese Zeit reisen?« Lucie versuchte ruhig und vernünftig zu sprechen, aber ihre Stimme bebte leicht. Sie wollte auf keinen Fall verreisen.

»Weil wir dieses Mädchen kennen«, murmelte Sarah ganz leise, schaute in die Runde und sprach dann deutlicher weiter, »und ich habe das Gefühl, irgendwie für sie verantwortlich zu sein. Anja hat Recht. Wir müssen da hin. Es gibt Millionen, die grausam starben. Aber dieses Mädchen kennen wir jetzt.«

»Das ist gut. Das ist echt gut.« Jonas lief hektisch durch die beiden Räume der Ruine, mit scharfem Schritt und jedes Wort mit einer ruckenden Armbewegung unterstützend. »Wir fahren da hin, suchen sie – Ach, wie war doch gleich der Name und die Adresse? –, hauen sie raus, packen sie ein und nehmen sie mit. Wieso verhindern wir denn dann nicht einfach auch noch so nebenbei den Zweiten Weltkrieg?«

»Nun krieg dich mal wieder ein«, versuchte Daniel die Wogen zu glätten. »Du selbst hast doch eben gesagt, dass du kein Interesse an theoretischen Diskussionen hast, sondern lieber etwas unternehmen würdest. Voilà, das könnten wir tun. Zwei von uns reisen dorthin und suchen das Mädchen. Es ist ja nicht das erste Mal, dass wir so was planen und auch machen.« »Nein«, insistierte Jonas. »Nicht das erste Mal. Aber eine solch bescheuerte Situation hatten wir noch nie. Und überhaupt – wie wollen wir sie denn finden?«

Alle verfielen in Schweigen und starrten vor sich hin. Keiner wollte so recht den Anfang machen, die eigenen Gedanken zu diesem Thema zu äußern. Doch dann schaute Philipp wieder auf und blickte von einem zum anderen. »Spannend. Das kann ich mir vorstellen. Ich denke, man könnte sie auch finden, Jonas. Du hast doch von den fehlenden Zehen erzählt. So viele Mädchen wird es in Rom nicht geben, denen gleich drei Zehen von Geburt an fehlen. Wenn wir das also machen, könnten wir viele Antworten finden auf Fragen, die uns bis jetzt noch gar nicht eingefallen sind. Ich möchte nicht fahren, aber ich bin für diesen Vorschlag. Hier meine Hand.« Und er hielt seine Hand mit der Handfläche nach unten in den Raum.

Damit hatte es nämlich Folgendes auf sich: Aus Erfahrung wussten sie, dass ihre Unternehmungen nur gelingen konnten, wenn sie alle mit der Durchführung einverstanden waren. Zu diesem Zeichen hielten sie die Hände übereinander. Sollte einmal jemand nicht mit einer Aktion einverstanden sein, hielt er seine Hand nicht hin – und das Vorhaben fand nicht statt. Das war schon sehr oft vorgekommen. Sie werden natürlich nie erfahren, ob diese Unternehmungen erfolgreich gewesen wären. Aber bislang hatte niemand auch nur ein Wort über abgesagte Unternehmungen verloren. Da waren sie sich immer einig gewesen und das war es, was ihre besondere Freundschaft auch auszeichnete.

Sarah streckte sofort ihre Hand hin und auch Anja ließ nicht lange auf sich warten. Auch Daniel war sofort dabei. Lucie zögerte noch und Jonas wandte sich ab. »Ich möchte auf keinen Fall reisen. Aber für die Unternehmung selbst kann ich mein Einverständnis geben.« Mit diesen Worten war ihre Hand die fünfte im Raum.

Jonas drehte sich um und sah die Freunde an. »Na, jetzt wartet ihr wohl auf mich. Ich finde diese Aktion schon ein bisschen schräg. Ich habe gar keinen Plan, wie man da vorgehen sollte, und ich glaube auch nicht, dass wir erfolgreich sind, wenn Erfolg bedeutet, dieses uns unbekannte Mädchen vor den Löwen zu retten. Aber es ist besser als hier rumzuhängen und über irgendwelche Theorien zu diskutieren. Also gut, ich bin einverstanden.« Und er legte seine Hand auf Lucies Hand. Sie sahen sich noch einmal im Kreis stehend nacheinander an, schwangen leicht die Hände auf und ab und gingen dann wieder auseinander. Sie rückten die Stühle und die beiden Sessel zusammen und berieten als erstes, wer reisen sollte.

Ziemlich schnell war klar, dass Sarah und Jonas reisen mussten, da sie das Mädchen irgendwie ja schon einmal gesehen hatten und auch sonst recht viel über sie und die Umstände ihres Todes wussten. Sodann wurde vereinbart, dass alle sich im Internet und in der Bibliothek schlau machen sollten über die betreffende Zeit, die Lage und die Situation in Rom Mitte des 3. Jahrhunderts nach Christus. Dazu erstellten sie einen Themenkatalog und verteilten die Aufgaben. In drei Tagen wollten sie sich treffen und die beiden Reisenden mit den gewonnenen Informationen versorgen. Die Abreise wurde auf den darauffolgenden Tag festgelegt.

Als sie recht spät am Abend die Ruine verließen, hatten sie alle ein Gefühl der Ewigkeit. Es lag eine besondere Stimmung in der Luft, denn sie spürten – wie schon öfter in solchen Situationen vor einer Zeitreise, dass sie auf besondere Weise mit der Vergangenheit, aber auch der Zukunft verbunden waren. Es war fast so, als würde die Zeit für sie zu einem ganz kleinen Punkt zusammenschnurren. So stellten sie sich die Ewigkeit vor.

3.
Kapitel

Ihre letzte Zeitreise lag jetzt schon nahezu ein ganzes Jahr zurück. Zum einen gab es keine Aufgaben, die sie hätten lösen können. Zum anderen waren alle mit anderen Dingen beschäftigt. Natürlich verloren sie keine Zeit, wenn sie durch die Zeit reisten. Denn die Rückkunft erfolgt bei einer kurzen Reise zur gleichen Zeit wie die Abreise; nur mit einigen Minuten »Verspätung«. So fällt es niemandem auf, wenn man weggewesen ist. Sollte sich der Aufenthalt in der Vergangenheit jedoch hinausziehen, konnte dem Zeitreisenden bis zu einem Tag in der Gegenwart fehlen. Bislang ist das nur einmal vorgekommen und hätte damals fast zu erheblichen Konflikten geführt. Als Daniel die starken Kopfschmerzen hatte und von dem Teufel aus dem Mittelalter bedroht wurde, wäre die Reise beinahe schiefgegangen.

Aber davon unabhängig blieben die Anstrengungen und die Strapazen einer Zeitreise nie einfach nur in den Kleidern hängen. Man fühlte sich dann müde und abgespannt; Lucie klagte meist über Migräneanfälle und Philipp konnte manchmal bis zu zwei Tagen nicht schlafen. Also, ein Spaziergang war eine solche Unternehmung nicht gerade. Vor etwas mehr als einem Jahr sind sie immer mal wieder einfach aus Spaß durch die Zeit gereist, haben sich verschiedene Zeiten angeschaut, sind aber auch nie lange dort geblieben. Dann fiel die Rückkunft nicht ganz so schwer. Zumeist war es Jonas, der Bastler und Tüftler, der sich den Luxus gönnte und einen kleinen Trip unternahm. Aber auch sein letzter Ausflug lag schon wieder sehr viele Monate zurück.

Dennoch blieb Jonas in Sachen »Zeitmaschine« nicht untätig. Die Zeit machte ja nicht halt, auch nicht vor der technischen Entwicklung und den Anforderungen, die man an eine solch ungewöhnliche Maschine hat. Zuerst überarbeitete er das gesamte Chassis. Die Seifenkistenausgabe kam ihm plötzlich vor wie ein Relikt aus dem 19. Jahrhundert. Die Maschine sollte schnittiger werden, moderner und vor allem leichter. Jetzt war sie so leicht, dass sogar Lucie das Chassis mit dem kleinen Finger ihrer linken Hand hochheben konnte – allerdings ohne Sitz und Technik. Auch die Sitze wurden etwas bequemer und vor allem leichter. Das Herzstück des Fahrzeugs war natürlich die unglaubliche Technik. Ihn störte eigentlich immer, dass das Gerät irgendwo geparkt wurde und sie es mit Zweigen und Ästen und Sand vor neugierigen Blicken schützen mussten. Ihm kam die Idee, es so zu konstruieren, dass es nicht zu sehen war. Leider war ihm dieses Vorhaben bislang noch nicht gelungen. Er war sich zwar sicher, dass es einen Weg geben musste, aber er hatte ihn noch nicht gefunden. So gab er sich mit der zweitbesten Möglichkeit zufrieden: Auf Knopfdruck konnte man das Gerät verschwinden lassen. Um es zu benutzen, musste es jedoch sichtbar sein. Das bedeutete, dass auch er die Maschine nicht besteigen konnte, wenn sie unsichtbar war, selbst wenn er wüsste, wo sie stand. Man ging dann quasi durch sie hindurch. Den Schalter für diese Sichtbarmachung musste man bei sich tragen und durfte ihn nicht verlieren. Denn sonst gab es keinen Weg zurück. Das barg gewisse Risiken.

Dann wollte er noch an einer Rückversicherung basteln. Es könnte ja sein, dass dem Zeitreisenden etwas passierte. Es wäre doch gut, wenn man von hier wie von einer Kommandozentrale aus die Rückreise des Betreffenden arrangieren könnte. Aber das war ihm ebenfalls noch nicht gelungen. Jonas hatte bei den Gedanken an die vielen Probleme, die seine Neuerungen mit sich brachten, große Bauchschmerzen.

Es gab aber auch Vorteile. Der Sender, den die Zeitreisenden am Arm oder auf eine andere Weise bei sich zu tragen hatten, verband diese mit den Daheimgebliebenen. Sie konnten sich eine SMS schicken, über die Zeit hinweg miteinander reden (wobei die Qualität der Verbindung vom Sonnenstand in beiden Zeiten abhängig war) und Informationen austauschen. Das war wichtig, wenn sie – wie jetzt für die Reise nach Rom – über wichtige historische und politische, vielleicht auch kulturelle Zusammenhänge informiert sein mussten. Manchmal kann es das Leben schon sehr erleichtern, wenn man weiß, wie ein anderer denkt und handelt, und vor allem warum.

Ihm war es auch gelungen, in den Sender ein GPS-System einzubauen, wobei diese Arbeiten nicht ganz zu Ende gebracht werden konnten. Seine Zeit und auch das Geld hatten nur für einen Systemeinbau in einem Sender gereicht. Wenn also zwei in die Zeit reisten, mussten sie zusammenbleiben, sonst konnte sich einer leicht verirren. In der Station zuhause konnte auch nur einer geortet werden.

Da Jonas selbst reisen sollte, war er sich der Schwierigkeiten, Probleme und Gefahren wohl bewusst. Er würde wissen, wie er damit umzugehen hatte.

Nachdem die Freunde am dritten Tag all ihre Erkenntnisse ausgetauscht und Sarah und Jonas auf den entsprechenden Informationsstand gebracht hatten, gingen sie zu Jonas Wohnung. Sein Vater war nicht da; wahrscheinlich übte er wieder mit seiner Rockgruppe. In wenigen Wochen hatten sie einen Auftritt und der Vater sprach seit Monaten über kein anderes Thema mehr. Dirk, Jonas Bruder, war wohl bei seiner Freundin, hatte die Gelegenheit beim Schopf gepackt.

Sie gingen in die Garage und Jonas legte den Schalter um, sodass die Maschine sichtbar wurde. Die Freunde raunten. Dann applaudierten sie. Zwar hatte Jonas immer wieder von seinen Bemühungen und seinen Arbeiten gesprochen, aber bislang hatte noch niemand die runderneuerte Maschine gesehen.

»Was hast du eigentlich mit der alten Maschine gemacht?«, wollte Lucie wissen.

»Viele Teile davon habe ich verändert und umgebaut hier wieder verwenden können. Der Rest war einfach nur Müll. Und den hat mein Vater zur Müllkippe gefahren.«

»Wie könnt ihr euch in Rom verständigen?«, wollte Philipp wissen.

»Wir können uns ganz normal eine SMS ...«

»Nein, ich meine mit den ›Ureinwohnern‹.«

»Ach so. Naja, das funktioniert eigentlich so ähnlich wie früher. Da habe ich noch nicht viel verändern können. Den Translator habe ich auch in diesen

Sender einbauen können. Es ist also nicht noch zusätzlich ein Gerät erforderlich. Und so wie früher auch reden wir ganz normal und der Translator erzeugt dann zeitgleich Schallwellen, die den Menschen dort vortäuschen, wir würden in ihrer Sprache reden.«

Alle bewunderten und lobten immer wieder die tolle Erfindung von Jonas, wollten dies und das noch einmal ganz genau wissen, setzten sich in die Maschine und ließen sich den Sender mit den verschiedenen Funktionen erklären. Aber eigentlich waren alle sehr aufgeregt. Es wurde ausgemacht, dass Daniel den heimatlichen Hauptsender zu sich nach Hause nehmen sollte und ihn nicht aus den Augen lassen durfte. Zusätzlich musste er natürlich auch dafür sorgen, dass er im Internet war, falls er für die beiden nach Informationen suchen musste. Die anderen drei hielten sich bereit und waren über Handy erreichbar.

Am nächsten Abend betraten Sarah und Jonas die Garage, setzten sich in die Maschine und reisten in das Jahr 250 n. Chr. nach Rom.

4. Kapitel

»Weg, weg, mach schon!«

Sarah war außer sich und schrie vor Angst. Eine Herde Elefanten kam direkt auf sie zu, wirbelte Staub auf und machte einen ohrenbetäubenden Lärm.

Diese Zeitreise fing ja gut an! Kaum angekommen und schon in der ersten lebensgefährlichen Situation! Jonas riss an seinem Steuer, drückte wie wild auf irgendwelche Knöpfe und sah aus dem Augenwinkel die Herde auf sie zurennen.

»Das kann doch nicht sein. Ich habe doch alles berechnet.«

»Ist doch egal. Hör auf zu quatschen und tu was. Die machen uns platt!«

Sarah wäre am liebsten aus der Maschine gesprungen, doch das wäre sicherlich die falsche Entscheidung gewesen. Jonas schlug mit der flachen Hand auf die Armatur, drückte immer wieder an Knöpfen, drehte an Reglern und zerrte an seinem Steuer.

»Ich schaffe das. Ich schaffe das. Komm schon. Ich habe es gleich.«

Sie waren im Kolosseum gelandet. Die Zuschauer auf den Rängen tobten und schrien. Vielleicht hatten einige sie bemerkt. Aber die meisten starrten auf die Elefanten, die gerade in die Arena gestürzt kamen und durch brennende Fackeln und widerlich riechende Rauchschwaden wild gemacht wurden. Sie sollten auf eine Gruppe von Menschen am anderen Ende der Arena zurasen. Die Zeitmaschine von Sarah und Jonas stand genau in ihrem Laufweg.

»Mach schon!!!«

Die beiden schrien sich an, wild und aufgeregt, voller Angst und Entsetzen.

So hatten sie sich die Ankunft in Rom nicht vorgestellt. Bislang waren sie noch nie in eine solche Situation gekommen. Aber wo lag der Fehler? Warum? Später! Jetzt musste erst mal ...

Und dann hatte Jonas die richtige Einstellung gefunden und der Platz, auf dem sie eben noch standen, war von einem Moment zum nächsten leer. Das war in letzter Sekunde, denn jetzt stoben die Elefanten darüber hinweg. Sie hätten sie glatt überrannt und niedergetrampelt. Nichts wäre von der Maschine übrig geblieben und sie selbst wären in einer Arena gestorben, weit weg von ihrer Heimat, weit weg aus ihrer Zeit.

Die Zuschauer im Kolosseum werden diese kurze Anwesenheit der beiden Fremden für einen Schabernack der Götter gehalten haben, einer Spiegelung des Sonnenlichts zuschreiben oder aber annehmen, dass sie doch etwas zu viel getrunken hatten. Sie hatten Glück. Nichts würde hier an ihre kurze Anwesenheit erinnern. Selbst die Elefanten wirkten nicht irritiert. Sie waren in einen Kampf auf Leben und Tod verwickelt. Aber das war eine andere Geschichte.

Jonas hatte Gott sei Dank die richtigen Einstellungen vornehmen können, und so landeten sie sicher in einem Unterholz. Weit und breit waren weder Elefanten noch sonstige direkte Gefahren auszumachen. Sie trafen die nötigen Vorbereitungen, stellten ihre Sender entsprechend ein und Jonas ließ die Zeitmaschine verschwinden.

»Mensch, guck mal, wir sind ja auf einer Insel. Ich wusste gar nicht, dass es in Rom eine Insel gibt.« Jonas war erfreut, denn so hatten sie schon einmal einen zuverlässigen Anhaltspunkt, wo sie ihre Maschine zurückgelassen haben würden.

»Das ist die Tiberinsel – oder wir sind ganz woanders, wenn du wieder die falschen Knöpfe gedrückt hast.«

»Nein, ich habe jetzt alles richtig gemacht. Mir ist ein kleiner Fehler unterlaufen. Ich habe nicht daran gedacht, die Kalenderumstellung im 16. Jahrhundert einzuberechnen. Zwar habe ich alles auf die entsprechenden Daten gestellt, aber durch diese Umstellung und die daraus folgende Änderung der Position der Erde sind wir einige Meter vom Weg abgekommen.«

»Wir sind also in der gleichen Zeit wie eben?« »Genau. Die Elefanten dürften sich gerade erstaunt die Rüssel reiben und mit den Füßen im Boden scharren, weil sie denken, wir haben uns ins Erdreich verkrochen.«

»Gut, also, wir sind auf der Tiberinsel. Und wenn du jetzt dich umschaust siehst du dort drüben den Tempel des Äskulap.«

»Willst du jetzt mit deinem Wissen protzen?«

»Quatsch, ich habe mich auf diese Reise vorbereitet – und wenn du dich vielleicht erinnerst, hatte Philipp den Auftrag, sich ein bisschen um den Stadtplan zu kümmern. Und ich finde, das hat er gut gemacht. Ich habe verstanden, was er uns erzählt hat.«

»Toll. Sehr fleißig. Wie kommt das? Sonst kannst du doch nicht so viel mit Plänen und Zahlen anfangen.«

»Ich finde, das ist ganz etwas anderes. Hier brauche ich es. Und es ist für uns wichtig, dass wir einiges wissen.«

»Lass uns gehen. Das droht schon wieder eine theoretische Diskussion zu werden.«

Plötzlich raschelte es hinter ihnen. Sie drehten sich um und sahen drei Männer direkt auf sich zukommen. Sie hatten sie noch nicht entdeckt. Schnell verschwanden Sarah und Jonas in einem Busch und hielten die Luft an. Die Männer gingen zielstrebig auf den Tempel des Äskulap zu, allerdings sehr gemächlich. Sie schienen keine Eile zu haben.

»Und er hat dich einfach hier ausgesetzt?«

»Ja, einfach so. Nur weil ich krank bin. Ich sollte an seinem Haus etwas reparieren und da ist mir ein Eisenstück auf die Hand gefallen und hat mir die linke Hand«, der Unglückliche hielt seine Hand in die Luft, »zerschmettert. Ich kann sie nicht mehr gebrauchen. Jetzt schmerzt alles und dunkle Flüssigkeit kommt aus meiner Hand.«

»Dann bist du hier genau richtig. Die Priester werden dir helfen. Ich bin vor vielen Monden schon abgeliefert worden. Mein Herr hat mich auch bis zur Brücke gebracht – und seitdem habe ich ihn nie wiedergesehen.«

»Die wollen doch ihre Sklaven nicht pflegen. Das ist alles.«

»Mein Herr meinte, das sei zu teuer. Für ihn wäre es besser, wenn er mich hier aussetzt und sich in Ostia einfach einen neuen Sklaven holt. Ich war ein knappes Jahr bei ihm.«

»Ja, das ist nicht lange. Da ist man noch nicht eingearbeitet. Ich habe mal einen Sklaven gekannt, der kam aus Thrakien. Der hatte über Wochen schweres Fieber. Seine Herrin hatte ihn gepflegt, die ganze Zeit. Jetzt arbeitet er wieder.«

»Der hat es gut. Er ist für seinen Herrn wertvoll.«

»Ja, ich bin nichts wert. Das hat mir der Herr auch immer gesagt.«

»Jedenfalls ist es gut, dass wir hierher kommen können. Da werden wir wieder geheilt.«

»Ja, das schon. Und dann? Hier ist kein Platz für alle kranken Sklaven. Du musst dann gehen. Aber glaube mir, es ist besser bei dem Herrn zu sein als ohne Geld und Ansehen entlassen zu werden.«

»Genau. Da hat man dann nämlich gar nichts ...«

Und mit diesen Worten verschwanden die drei kranken Sklaven Richtung Tempel.

»Das ist so eine Art Krankenhaus«, bemerkte Jonas. »Ja, du kennst doch sicherlich Äskulap. Komm mal mit, ich will dir etwas zeigen.«

Sarah schlich sich aus dem Gebüsch und zog Jonas mit sich. Die beiden bemühten sich, möglichst ruhig, still und vorsichtig zu gehen. Nach einigen Metern zeigte sie in eine Richtung. Jonas fiel auf, dass die Insel gemauert war und eigentlich wie ein Schiff aussah. Sarahs Fingerzeig folgend sah er die Darstellung einer Schlange, die sich um einen Stab ringelte. Woher kannte er dieses Bild? Es sah interessant aus und er hatte es auch schon einmal gesehen, die Schlange, die sich um einen Stab windet. Aber wo? Vielleicht in einem Schulbuch? »Toll, was?« Sarah strahlte und sah Jonas an. »Oh Gott, du hast keine Ahnung, was das ist, oder?«

»Nun, wenn ich ehrlich bin ... Es ist mir entfallen.«

»Denke mal an Apotheken und Ärzte!«

Jetzt fiel es Jonas wie Schuppen von den Augen. Natürlich, dieses Bild haben sich Mediziner zu ihrem Symbol gemacht.

»Äskulap ist der Gott der Mediziner, der Gott des Heilens. Deshalb kommen diese Menschen hierher.«

»Gut, vielleicht brauchen wir das auch bald mal. Jedenfalls ist es gut zu wissen. Ich kann mir zwar nicht vorstellen, dass die hier so gut in der Heilkunst sind. Wenn ich was habe, gehe ich dann doch lieber zu Dr. Bremberger.«

»Der ist aber nicht hier.«

Die beiden gingen vorsichtig weiter und sahen einige hundert Meter vor sich eine Brücke. »Wenn ich diese Richtung hier richtig einschätze, kommen wir direkt nach Trans Tiberim, wenn wir über diese Brücke gehen.«

Sarah war es recht. »Lass uns gehen.«

Schon wenige Meter von der Brücke entfernt machte sich ein eigenartiger Geruch bemerkbar. Es stank bestialisch! Zuerst fiel ihnen in diesem sonderbaren Stadtteil auf, dass viele Menschen auf den Straßen zu finden waren, die irgendetwas erwarteten. Aufgeregt zeigten sie in die Richtung, aus der die beiden Freunde gerade gekommen waren. Dann reckten sie die Hälse und schienen das Erwartete aber noch nicht zu sehen. Sarah und Jonas merkten auch, dass die Menschen hier wohl nicht sehr wohlhabend waren. Ihre Kleidung wirkte schäbig und abgerissen, sie schienen ihr Äußeres ziemlich zu vernachlässigen. Der stechende Geruch hingegen wurde immer schlimmer, und sie mussten sich ein Tuch vor die Nase halten. Das brachte ihnen einen leicht vorwurfsvollen Blick einiger Passanten ein. Am Straßenrand standen Krüge aus Ton. Hin und wieder blieb ein Passant stehen und urinierte hinein. Sarah verzog angewidert das Gesicht, achtete dann aber doch darauf, sich möglichst nichts anmerken zu lassen. Einige Meter weiter konnten sie beobachten, was mit diesen Töpfen geschah. Mehrere Arbeiter sammelten sie ein und vermischten den Inhalt mit Asche und einem Material, das wie Ton aussah. Die Arbeiter fassten mit beiden Händen in dieses Gemisch und jetzt musste sogar Jonas aufpassen, sich nicht übergeben zu müssen. Ihm fiel auf, dass einige Arbeiter offene wunde Stellen an Händen und Armen hatten. ›Kein Wunder‹, dachte er. ›Das Zeug muss ätzend sein wie Säure.‹ Mehrere dieser zubereiteten Krüge wurden in einen großen Bottich geschüttet. Dann wurden lange Bahnen von weißen Stoffen in die Spültröge getaucht, durchgezogen, gewendet, herausgezogen und wurden dann an die Luft zum Trocknen gehängt.

An einer anderen Stelle konnten die beiden Zeitreisenden sehen, dass man auch schon im Alten Rom gebleicht hatte: man stellte das gespannte Gewebe über einen Kocher, aus dem stark beißende Dämpfe kamen. Und Jonas kannte aus dem Chemieunterricht diesen Dampf: es war Schwefel. Herr Dr. Reißiger, der Chemielehrer, hatte sie immer davor gewarnt, diese Dämpfe einzuatmen. Sie können die Luftröhre und die Lungen zerfressen. Hier war niemand, der die Arbeiter warnte. Sie atmeten den ganzen Tag diese Dämpfe ein – und nicht nur sie. Der Stadtteil stank nach Urin und Schwefel und vielen anderen, wirklich sehr unangenehmen, Gerüchen.

Sarah wollte Jonas gerade bitten, doch wieder auf die andere Seite des Tibers zu gehen, als das Geschrei in der Straße sehr laut wurde und die Menschen um sie herum anfingen zu laufen. Die beiden wussten nicht so recht, was sie machen, weshalb sie laufen und wohin sie laufen sollten. Deshalb schlossen sie sich der Unruhe erst einmal nicht an. Doch zwei dicke Frauen, die laut kreischend auf die andere Straßenseite flüchteten, zogen sie mit sich.

Gerade im letzten Moment. Denn in wildem Ritt, ohne Rücksicht auf die Passanten, Kinder, Alte, Frauen und Männer, stoben sechs Pferde in kurzem Abstand an ihnen vorbei. Die Reiter schrien, feuerten zum einen ihr Pferd an und zum anderen wollten sie so die Passanten vertreiben – und sie waren nackt. Sarah war erstaunt. Niemand war empört. Ganz im Gegenteil. Die Menschen jubelten den Reitern hinterher und feuerten sie an, wünschten ihnen Glück, wobei sie einen zu favorisieren schienen und gingen dann wieder in aller Ruhe ihren Tätigkeiten nach.

An einigen Stellen wurde das Ereignis noch einmal diskutiert, aber sehr schnell schien es vergessen zu sein. Doch dann fiel ihnen auf, dass etliche Passanten sich auf den Weg über die Tiberinsel in die Stadt machten. Jonas und Sarah schlossen sich ihnen an.

Es ging in schnellem Schritt über die Tiberinsel zurück und sie achteten darauf, nicht aufzufallen. Aber niemand kümmerte sich um sie und so kamen sie auf der anderen Seite an, gingen direkt auf ein prachtvolles Gebäude zu und wendeten sich dann nach rechts, wo die Menschenansammlung immer größer wurde. Auf Denkmälern und Dächern saßen die Menschen oder klammerten sich in schwindelerregender Höhe an Säulen fest. Die Massen stimmten Gesänge an wie in einem Fußballstadion. Jonas zog Sarah an der Hand mit sich und hatte einen Platz ausgemacht, an dem sie einigermaßen gut in die Richtung sehen konnten, in die alle starrten. Ringsum standen viele Gebäude, die sie aus ihrem Geschichtsbuch kannten und womit sie sich in ihrer Vorbereitung auch beschäftigt hatten: Sie blickten auf das Forum Romanum. Die Gebäude waren durch die vielen Menschen kaum zu sehen und zu erkennen.

An einer Stelle war ein Seil wie zu einem Zieleinlauf locker gespannt. Die Menschen bildeten quer über das Forum jetzt eine Gasse und an einer Ecke brandete Jubel auf. Sarah und Jonas sahen dicht hintereinander fünf Pferde in wildem Galopp – eines fehlte. Jedoch saßen nur noch auf zwei Pferden Reiter. Die Pferde mit den beiden Reitern führten das kleine Feld an, dabei schlugen sie wie wild mit einer Art Peitsche abwechselnd auf ihr eigenes Pferd und auf den gegnerischen Reiter ein. Bei einem Denkmal setzte die Gruppe zu einer Wende an. Der Erstplatzierte nahm die Kurve zu eng und sein Pferd streifte eine Ecke des Denkmals und geriet darüber ins Stolpern. Im selben Augenblick preschte der Zweite an ihm vorbei und schlug mit der Peitsche nach ihm, allerdings ohne Erfolg. Jetzt galoppierten sie zurück auf die gespannte Schnur zu. Die drei reiterlosen Pferde folgten. Die beiden Reiter hieben auf ihre Pferde ein, die sich das Herz aus dem Leibe rannten. Der führende Reiter blutete sehr stark am Kopf, schaute sich aber immer wieder um und mit Schaum vor dem Maul stürmte sein Pferd über die Ziellinie.

Die Menge schrie wie verrückt, als er das Pferd zum Stehen brachte und abstieg. Er klopfte ihm auf die Flanke, bevor sich ein Reitknecht darum kümmerte. Die Reitknechte fingen die drei reiterlosen Pferde ein und etwas steif gingen die beiden Reiter zu einem Podium. Dann wurde das Siegerpferd, ein Schimmel, nach vorn geführt. Die Menschen stimmten einen Gesang an und warfen entzückt und begeistert jubelnd Kuchen und getrocknete Blüten auf das Tier. Als die Reitknechte das Tier ebenfalls zum Podium führten, verebbte der Jubel und fünf Männer in besonderen Gewändern begannen in einer Art melodischem Singsang etwas zu sprechen, was Jonas und Sarah nicht verstanden. Es schien für das Verständnis dessen, was da vor sich ging, aber auch nicht wichtig zu sein.

Einer der Männer schien wichtiger zu sein als die anderen, denn er ging jetzt auf das Pferd zu und strich ihm mit der Hand über den Kopf, von den Ohren bis zu den Nüstern, und das Tier senkte den Kopf zu einem Nicken. Dann näherte sich eine in ein weißes Gewand gehüllte Frau und reichte den Reitern einen Schal, womit sie sich den Kopf bedeckten, während die Zuschauer dasselbe mit ihren Togen und Oberkleidern taten. Jonas und Sarah folgten dem Beispiel.

Als der wichtigste Mann seine Litanei beendet hatte, nickte er einem Helfer zu, der dem Pferd mit einem langstieligen Hammer auf die Stirn schlug. Die beiden fremden Zeitreisenden zuckten zusammen und Sarah biss sich auf die Lippen, damit sie nicht aufschrie. Das Tier stand wie angewurzelt und völlig verblüfft, als dieser Mann ihm mit einem Messer die

Kehle durchschnitt. Das Blut wurde in zwei Gefäßen aufgefangen. Danach trat der Oberpriester (denn dies war sicherlich eine religiöse Handlung, der die beiden beiwohnten) zu dem leblosen Tier und trennte mit ein paar geübten Schnitten seines Messers den Kopf des Pferdes vom Rumpf und hielt ihn hoch.

Die Menschenmenge klatschte dreimal in die Hände, jubelte dreimal und lachte dreimal. Offensichtlich war das Teil des Gottesdienstes. Ehrerbietig legte der Oberpriester den Pferdekopf auf den Altar, bestreute ihn mit Gerstenschrot und träufelte etwas Flüssiges darüber. Dann stapelten der Oberpriester und die besonders gekleideten Frauen Brotfladen auf den Kopf des Pferdes. Der Oberpriester trat einen Schritt zurück, klatschte dreimal in die Hände und lachte dreimal. Die Menge seufzte und man nahm jetzt wieder die Tücher vom Kopf.

Der Oberpriester, seine Helfer und die Frauen verließen das Podium und bestiegen eine Bühne, die einem Tempel gegenüberstand und mit allerlei kleineren Statuen geschmückt war. Der Oberpriester trat vor und rief: »Mars ist glücklich!«

Plötzlich stürmten die beiden Reiter zum Altar, wo das Pferd geopfert wurde. Einer packte den Pferdekopf, hob ihn vom Altar, wirbelte herum und rannte los. Der andere verfolgte ihn und versuchte, ihn mit Gewalt am Weiterlaufen zu hindern. Auch andere Männer sprangen hinzu und versuchten, in den Kampf einzugreifen. Doch unter lautem Tosen und Jubel verschwand der mit dem Kopf in der Hand, verfolgt von den anderen, in den Gassen Roms. Die Menge jubelte und schob sich langsam in die Richtung, in der die Gruppe verschwunden war.

Sarah und Jonas blieben zurück. Sie ließen sich erschöpft und verstört auf den Boden sinken. Beide starrten vor sich ins Leere. Nach einer endlos langen Zeit, in der sie nichts um sich herum wahrnehmen konnten oder wollten, fand Sarah als erste Worte.

»Wieso machen die so was? Das ist doch grausam!«

»Ich weiß es nicht. Das ist eine fremde Welt.«

»Aber wir sind in Rom. Als kleines Kind war ich hier schon einmal.«

»Hier spielt der AS Rom in der ersten Liga.«

»Wir sind doch nicht bei den Barbaren. Ich dachte, das sind zivilisierte Menschen.«

»Die sehen ja auch nicht anders aus als wir. Ich verstehe das nicht. Es ist entsetzlich.«

»Was machen die jetzt mit dem Kopf?«

»Ich weiß es nicht«, antwortete Jonas. »Es sah aus wie ein Rugby-Spiel.«

»Meinst du, dass das so eine Art Sport war?«

Sarah war an sportlichen Großereignissen wenig interessiert. Eigentlich stießen diese sie sogar ab, wenn es darum ging, durch Imponiergehabe und Schlachtgesängen den Gegner einzuschüchtern.

»Nein, das glaube ich eigentlich nicht. Es sah mehr wie eine Art Gottesdienst aus. Die Menschen, die die Hauptrolle spielten, schienen Priester und Priesterinnen zu sein.«

»Aber wieso töteten sie das Siegerpferd?« Jonas überlegte. Im Religionsunterricht hatten sie im Zusammenhang mit dem Abendmahl über den Begriff »Opfer« gesprochen. Er fand das damals sehr interessant.

»Ich weiß nicht, ob ich mich noch an alles aus dem Reli-Unterricht erinnern kann. Wenn ich etwas opfere, soll es mir doch auch etwas bedeuten. Wenn ich etwas hergebe, woran ich kein Interesse habe, ist es doch auch kein richtiges Opfer. Irgendwie muss das, was ich opfere, doch auch etwas mit mir zu tun haben. Vielleicht haben sie deshalb das Siegerpferd geopfert. Es ist gut und es ist wichtig. Und wie hat der Oberpriester gerufen? ›Mars ist glücklich!‹«

Sarah hörte ruhig und aufmerksam zu. Vielleicht hatte Jonas doch recht, vielleicht waren diese Menschen hier im Vergleich zu den Menschen des 21. Jahrhunderts zurückgeblieben. Sie mochte Pferde. Und genau aus diesem Grunde würde sie ein Pferd nie opfern wollen. Schon gar nicht für Mars oder sonst einen merkwürdigen Gott.

Aber die beiden konnten nicht mehr weiterdenken. Sie hatten kaum Zeit gefunden, sich auszuruhen von der Strapaze der Zeitreise, sind sofort mitgerissen worden von den Ereignissen hier und hatten Hunger und Durst. Sie machten sich auf und gingen schwerfällig und langsam durch die Gassen. Auf den Straßen brodelte und pulsierte das Leben. Von Hand gezogene Wagen polterten über die Pflastersteine, Sänftenträger brüllten den Passanten Ermahnungen zu, Marktschreier priesen ihre Waren an, Kunden feilschten lautstark um den günstigsten Preis.

»Die Fische, die du mir andrehen willst, sind doch so verdorrt wie deine beiden Klappergäule hier. Wahrscheinlich haben die ihre Haltbarkeit schon längst überschritten. Den Gestank habe ich doch schon von weitem riechen können.«

»Deshalb sind sie ja auch so günstig. Aber lege sie wieder hin, wenn du sie nicht kaufen willst.«

»Ich habe heute einen gnädigen Tag und gebe dir drei Sesterzen. Damit bist du fein raus.«

»Was? Du willst wohl meine Kinder zu Bettlern machen. Drei Sesterzen? Die kosten normalerweise drei Denare. Aber auch ich bin gnädig heute und gebe sie dir für zwei.«

Jonas bedeutete Sarah, einige Meter weiterzugehen und nicht nach ihm zu schauen. Dann ging er unauffällig um den Stand herum. Kunde und Händler waren so sehr in ihr Feilschen vertieft, dass ihnen der Griff Jonas in den Korb, der mit Münzgeld gefüllt war, überhaupt nicht auffiel. Schnell entfernte Jonas sich wieder, drehte einen Bogen und kam dann zu Sarah zurück, die seine Tat gar nicht bemerkt hatte. Er fühlte sich nicht wohl dabei, sah aber keine andere Möglichkeit, sie mussten etwas essen. Sie gingen die Straße weiter hinab und hörten noch lange das lustvolle Feilschen der beiden. Es gab auch Geschäfte, die ein wenig an die Straßengeschäfte erinnerten, die sie kannten. Zwar gab es kein richtiges Schaufenster, aber man konnte von außen auf ausgelegte Ware, zumeist Textilien und Geschirr, blicken und diese schon einmal in Augenschein nehmen. An vielen der Geschäfte hingen Schilder, die Auskunft gaben über den Namen des Inhabers und die Produkte, die er verkaufte.

»Ich kann nicht mehr«, stöhnte Sarah und setzte sich auf einen Stein. Jonas blickte sich um und entdeckte wenige Meter weiter ein Schild, das den Laden als eine Gaststätte auswies: »Zum Olivenbaum«. Jonas schlenderte hinüber und konnte auf einem an der Wand befestigten Schild lesen: »Hey, Passant, hör zu! Wenn's recht ist, komm rein! Drinnen ist eine eherne Tafel, die dich über alles informiert!«

Das war ja mal eine witzige Werbung, dachte Jonas und ging zurück, um Sarah zu holen.

»Komm, da gehen wir jetzt rein. Ich lade dich ein.«

Sarah blickte ihm erstaunt und fragend in die Augen, aber er tat, als bemerkte er ihre Irritation gar nicht.

»Ich habe auch Hunger und Durst, und die scheinen dort so eine Art Speisekarte auf einer ehernen Tafel zu haben. Hier können wir uns ausruhen und stärken. Außerdem brauchen wir jetzt mal Zeit, um uns zu besprechen. Ich weiß noch gar nicht, wie wir hier weitermachen wollen.«

Sie wagten sich durch die offene Eingangstür und betraten einen recht düsteren, dunklen Raum. Die Kühle, die sie dort umfing, war ihnen willkommen, denn jetzt erst merkten sie, dass sie doch sehr mit der Hitze in der Stadt zu kämpfen hatten.

Die Gaststätte bestand aus einem Raum, aus einer Ecke war leise Flötenmusik zu hören. Sie warteten einen Augenblick, bis sich ihre Augen an die Lichtverhältnisse gewöhnt hatten, und steuerten dann auf einen freien Tisch zu. Es waren nicht sehr viele Menschen da und sie hofften, dass niemand sie in ein Gespräch verwickeln wollte. Danach sah es aber nicht aus. Hinter einer Art Tresen stand eine ziemlich dicke Frau, die sich auf ihre Ellbogen gestützt hatte. Ihr schien nichts zu entgehen. Die übrigen Gäste saßen verstreut an den vier Bänken. Sarah und Jonas nahmen Platz und Jonas machte Sarah auf die Speisetafel an der Wand aufmerksam. Sie war recht übersichtlich, offensichtlich waren sie nicht in einer besonders guten Gaststätte gelandet. Es gab Erbsen, Linsen, Zwiebeln, Gurken, Eier und Käse sowie Äpfel,

Pflaumen, Trauben, Himbeeren und Kastanien. Auch Kuchen wies die Speisetafel aus.

»Was trinkt man denn hier?«, wollte Sarah wissen, die am Verdursten war.

»Ich befürchte, es gibt nur Wein. Das ist doch in der Antike so üblich.«

»Ich glaube, das vertrage ich nicht. Da muss ich bestimmt kotzen.«

»Den kann man mit Wasser verdünnen. Das macht man so. Wir bestellen Wein und ganz viel Wasser.«

»Meinst du, die geben uns Wein? Wir sind doch noch nicht volljährig.«

»Ich glaube nicht, dass das hier irgendwen interessiert«, meinte Jonas und hatte sich für ein Fleischgericht mit Erbsen, Eiern und Käse entschieden.

Die dicke Frau kam, betrachtete die beiden Fremden aufmerksam, nahm die Bestellung entgegen und ging wieder. Wein und Wasser standen sehr schnell auf dem Tisch. Die Freunde schenkten sich ein wenig Wein und viel Wasser ein und stellten fest, dass das gar nicht so übel schmeckte.

»Was machen wir dann?«, wollte Sarah wissen und machte so vorsichtig darauf aufmerksam, dass sie ja nicht zum Weintrinken die weite Reise angetreten hatten.

»Ich denke, wir müssen die Schuster in der Stadt aufsuchen. Wir können ja nicht allen zwölfjährigen Mädchen auf die Füße schauen.«

Da dem Mädchen von Geburt an drei Zehen fehlten, brauchte sie sicherlich besonders angefertigte Schuhe.

»Aber das kann nur Erfolg haben, wenn wir es mit einer Tochter aus einer römischen Familie zu tun haben. Wenn sie Sklavin war, werden wir so wohl nichts finden«, merkte Sarah an und nahm eine Handvoll Erbsen. Die Chance, dass ihre Unternehmung erfolgreich war, schien vergleichbar der berühmten Suche der Stecknadel im Heuhaufen. Aber sie wollten diese kleine Chance nutzen.

Als die Wirtin zum Abrechnen kam, fragten sie sie nach einem guten Schuster, der Erfahrung im Herstellen von Sonderanfertigungen hatte. Die Frau gab gleichgültig eine Adresse an und nahm zwei der fünf Denare, die Jonas dem Händler entwendet hatte. Ausgeruht, gesättigt und zufrieden traten die Freunde auf die Straße und wären fast mit einem stattlichen Soldaten in einem roten Umhang zusammengestoßen, der sie aber in seiner Eile überhaupt nicht beachtete.

5.
Kapitel

Decius stöhnte auf und konnte einen lauten Schmerzensaufschrei gerade noch verhindern, indem er sich auf die Lippen biss. Schnell veränderte er seine Sitzposition, denn immer wieder rutschte er an dieser Stelle seines vergoldeten Thrones auf einer spitzen Unebenheit herum. Er musste unbedingt den Steinmetz und den Goldschmied einbestellen. Für was werden die denn sonst bezahlt? Die sollen sich mal um diese Dinge kümmern. Immerhin war er der Kaiser und er konnte doch wohl verlangen, dass man ihm sein Leben so angenehm wie möglich gestaltete. Und jetzt war es so, dass er sich noch nicht einmal in seinem Dienststuhl gemütlich und entspannt hinsetzen konnte, weil ihm irgendetwas in den Hintern piekte.

Die Situation nervte ihn. Eigentlich hatte er wichtigere Dinge zu tun als sich um die Reparatur eines doch recht unnützen Stuhles zu kümmern. Eigentlich – so dachte er gerade – dürfte er überhaupt nicht sitzen, denn er hatte sehr viel Arbeit. Seit er vor einigen Wochen die Regentschaft übernommen hatte, dachte er pausenlos an nichts anderes als den Erhalt und das Wohlergehen des römischen Staates und an den Schutz und die Zufriedenheit des römischen Volkes. Aber die Stimmung im Volk war schlecht, das spürte man auch in Rom und das spürte man bis in den Kaiserpalast. Nun, immerhin war er ja auch aufgrund dieser schlechten Stimmung an die Macht gekommen. Aber daran dachte er weniger. Vielmehr machten ihm die Goten Sorgen, die sich jetzt im Moment gerade daran machten, dem Römischen Reich weitere Provinzen zu entreißen. Und das ging nicht. Dagegen musste er unbedingt etwas unternehmen! Statt sich um diesen blöden Stuhl zu kümmern, wollte er sich lieber auf dem Rücken seines Pferdes den Goten entgegenwerfen und ihnen die Überschreitung der Donau verwehren. Wenn es ihnen gelänge, diesen Grenzfluss zu überqueren, dann würden die römischen Provinzen Moesia und Thrakia nicht mehr lange zum Römischen Reich gehören. Und was das bedeutete, war auch dem Dümmsten auf den Straßen Roms klar: Die Steuereinnahmen gingen weiter zurück, was die Lage in der Stadt weiter verschlechtern würde, denn Rom hing an den Steuereinnahmen aus den Provinzen wie ein Säugling an der Mutterbrust.

Doch diesen Gedanken wischte Decius schnell beiseite, denn dieser Vergleich gefiel ihm nicht. Rom war die Stadt – und ihr musste diese Milch zugeführt werden.

Er kannte Moesia, hatte er dort doch bereits gekämpft, um Aufstände niederzuringen und die Loyalität der dortigen Bevölkerung mittels Waffengewalt wiederherzustellen. Es war ihm leidlich gelungen und ihm kam damals der Gedanke, dass Rom anfange, von innen her zu faulen. Die Provinzen begehrten auf, die Steuereinnahmen gingen zurück, der Wohlstand in der Stadt konnte nicht mehr so aufrechterhalten werden, wie die Römer das seit

Jahrhunderten gewohnt waren, fremde Religionen machten sich in der Stadt und im Reich breit, die Unzufriedenheit in der Bevölkerung wuchs und auch Sitte, Anstand und Moral verfielen immer mehr.

Bei diesen Gedanken entfuhr ihm wieder ein leises Stöhnen. Der Kampf gegen die Goten lag noch in weiter Ferne, aber der Stachel in seinem Hinterteil verursachte ihm ebenso Schmerzen wie die Stimmung direkt vor den Toren des Palastes. Er durfte keine Schwäche zeigen, musste auch die Schmerzen übergehen, denn zwei seiner Centurionen standen vor ihm und starrten betreten auf den Boden. Sie wagten es nicht, ihm direkt in die Augen zu sehen. Natürlich könnte man in seinem verkniffenen Gesicht auch lesen, dass er sich große Sorgen machte um das Wohlergehen des Reiches. Und irgendwie stimmte das ja auch. Aber dieser blöde Stuhl ... Entschlossen, genervt und abrupt sprang er auf und landete etwas unsicher hin und her schwankend direkt vor den beiden Centurionen.

Die zuckten unwillkürlich zusammen und wichen einen Schritt zurück. Der Kaiser hatte sie wieder einmal überrascht. Man wusste nie so genau, was er als nächstes vorhatte. Aber jetzt sah es gerade nicht danach aus, als drohe ihnen Gefahr.

Der Kaiser ging ein paar Schritte um die Führer zweier Prätorianerlegionen herum und beobachtete sie aus dem Augenwinkel. Ganz bewusst hatte er sich diese beiden kommen lassen. Vielleicht ahnten sie es, aber das war eher unwahrscheinlich. Den Grund ihres Hierseins hatte er ihnen nicht mitteilen lassen, lediglich, dass sie sich zusammen hier einzufinden hätten. Ja, das ist schon eine blöde Situation, vor dem Kaiser zu stehen und mit gesenktem Blick abzuwarten, was denn passieren wird. Er liebte diese Spiele, denn er wusste, dass so das Heft des Handelns immer in seinen Händen blieb, weil seine Gegenüber so lange warten mussten, bis er endlich etwas sagte. Deshalb schwieg er auch heute sehr lange und freute sich über die wachsende Nervosität der beiden Spezialsoldaten.

Da standen sie, die beiden Centurionen Quintus Hortensius und Tiberius Corruptus. Beide im besten Mannesalter; beide brannten darauf, ihm zu dienen, ihm einen Gefallen zu tun, sich vor ihm auszuzeichnen. Sie wollten noch etwas werden in seiner Prätorianergarde. Ja, sie waren seine fähigsten Männer, das wussten sie. Aber nur einer konnte Präfekt seiner Elitegarde werden. Und Arius, der derzeitige Präfekt, würde demnächst in den wohlverdienten Ruhestand gehen, ausgestattet mit einer üppigen Pension und einer schönen kleinen Provinz, die ihm die Zeit nach seinem Dienst versüßen dürfte. Mit Arius hatte er sich gut verstanden.

Das war ja nicht immer so gewesen in den letzten Jahrzehnten, dass der jeweilige Kaiser und seine Elitegarde gut miteinander auskamen. Viel zu oft schon hatten die Prätorianer bestimmt, wer Kaiser werden dürfe und wer nicht. Wer ihnen nicht passte, wurde dann eben ermordet. Solange Arius Präfekt war, würde ihm das nicht passieren. Aber was, wenn er nicht mehr da war? Decius wollte sein Schicksal nicht einfach dem Zufall überlassen. Wenn er überleben wollte und wenn er seine Kraft voll in den Dienst des römischen Volkes und den Erhalt und die Erneuerung des römischen Staates stellen wollte, dann musste er sich darum kümmern, nicht von irgendwelchen Emporkömmlingen seiner eigenen Garde ermordet zu werden.

Aber noch etwas anderes bewegte ihn, und das war der eigentliche Grund, weshalb Hortensius und Tiberius jetzt vor ihm standen.

»Ich hoffe, euch geht es gut und ihr seid gut bei Kräften?«, fragte Decius und sah dabei von einem zum anderen. Die beiden hoben die Köpfe und blickten aufrecht stehend dem Kaiser ins Gesicht.

»Ja, danke für dein Interesse«, sagte Tiberius und Hortensius brummelte auch »Danke« und neigte dabei leicht seinen Kopf.

»Gut«, meinte Decius und lehnte sich jetzt an eine Marmorsäule, »das ist wirklich gut. Ich habe einen besonderen Auftrag für euch.«

»Verlange von mir, was dir beliebt, mein Kaiser. Ich werde es für dich erledigen.«

Tiberius nahm eine straffe Haltung an.

»Ja, dessen bin ich gewiss. Aber ihr braucht euch auch nicht zu sorgen. Sehr anstrengend wird der Auftrag nicht. Dürfte euch eigentlich nicht vor große Probleme stellen. Dennoch ist er mir sehr wichtig und ich wünsche, dass er zu meiner vollsten Zufriedenheit ausgeführt wird.«

Er machte eine kleine Pause und veränderte leicht seine Position. Offensichtlich hatte er sich doch am Hintern verletzt, denn er schmerzte selbst bei einem leichten Druck gegen die Säule. Die beiden Centurionen zeigten keine Regung und signalisierten durch ihre Körperhaltung vollste Aufmerksamkeit.

»Wie ihr wisst«, fuhr der Kaiser fort, »halten sich hartnäckig Gerüchte in der Stadt, dass zumindest eine religiöse Sekte Kinder entführen soll, um sie in der Nacht in ihren Versammlungen grausam und bestialisch zu töten. Bislang hatten wir keinen Grund, der Sache nachzugehen, denn von unseren römischen Bürgern liegen noch keine konkreten Vermisstenmeldungen vor. Lediglich ein paar Dutzend Meldungen über vermisste Sklavenkinder ... aber das ist ja Sache der Besitzer. Weshalb mich diese Gerüchte aber beunruhigen, ist dieses: Mein Sohn Hostilian drängt immer stärker aus dem Palast heraus und bewegt sich unbeaufsichtigt und ohne Schutz in der Stadt. Wie leicht könnte ihm da etwas passieren! Ihr versteht sicher, dass ich in großer Sorge deshalb bin?«

Hortensius konnte sich ein Zucken seiner Augenbraue nicht verkneifen. Bislang war ihm entgangen, dass den Kaiser übermäßige Sorgen um seine beiden Söhne bewegten. Aber logisch, bei der schnellen Kaisersterblichkeit in Rom musste ihm daran gelegen sein, für seine Nachfolge zu sorgen. Und was läge da näher, als die eigenen Söhne auf den Thron zu hieven. Doch wenn sie schon vorher starben, würde auch dieses Ansinnen im Keim erstickt sein.

»Das verstehe ich über alles außerordentlich«, nickte Tiberius heftig. Manchmal hatte er eine etwas verschrobene Ausdrucksweise.

»Gut, dann brauche ich ja auch nicht mehr zu sagen. Ich möchte euch also mit folgender Aufgabe betrauen: Bewacht meinen Sohn, aber haltet euch im Hintergrund. Er darf es natürlich nicht merken, denn das würde ihn beleidigen. Auch darf die Bewachung von seiner Umgebung nicht wahrgenommen werden. Und wer weiß, vielleicht gelingt uns dabei sogar ein vernichtender Schlag gegen eine verbrecherische Bande. Damit das alles aber gut verläuft, möchte ich, dass ihr beide nicht zusammenarbeitet. Jeder soll auf seine Weise meinen Sohn bewachen. Wenn er die Bewachung merkt, ziehe ich den Betreffenden sofort ab. Mit unfähigen Männern kann ich nichts anfangen. Das war's. Macht euch an die Arbeit!«

Hortensius wurde das Gefühl nicht los, dass der Kaiser mit dieser einen Aktion gleich mehrere Ziele verfolgte. Sehr geschickt: Zum einen diente ihm sein eigener Sohn als Köder für verbrecherische Gruppen. Sollte ihm ein bedeutender Schlag gegen diese gelingen, würde sein Ansehen im Volk enorm steigen. Zum anderen schien die Überwachung von Hostilian so eine Art Wettkampf zu werden zwischen ihm und Tiberius. Der Kaiser drehte sich um und verließ ohne ein weiteres Wort die Thronhalle.

Im Weggehen bemerkte Hortensius, dass Decius sich intensiv über sein Hinterteil strich und dabei noch einen vorwurfsvollen Blick auf den Thron warf. Er musste lächeln bei dem Gedanken an den verletzten Hintern des Herrschers, der nicht mehr auf seinem Thron sitzen konnte. ›Kleine Ursachen bestimmen manchmal den Gang der Weltgeschichte‹, dachte er und grüßte wie Tiberius noch einmal den Rücken des ächzenden Kaisers.

Gemeinsam gingen die beiden ab. Eigentlich verband sie nichts. Tiberius stand der zweiten Legion der Prätorianer aus der ersten Kohorte vor und war schon als junger Prätorianer in die Ermordung der beiden Kaiser Balbinus und Pupienus verwickelt. Man erzählte sich, dass er es war, der mit gezücktem Schwert in den Palast eindrang und die beiden unglücklichen Kaiser niedermetzelte. Aber das konnte auch ein Gerücht sein, das Tiberius selbst in die Welt gesetzt hatte, um Eindruck zu schinden und innerhalb der Prätorianergarde seinen Anspruch auf das Amt des Präfekten zu unterstreichen. Hortensius stand der dritten Legion vor. Ihn nahm Tiberius jedenfalls nicht ernsthaft als Konkurrenten wahr. Hortensius war viel zu aufrichtig und ehrlich. Er würde für seinen Kaiser in den Tod gehen. Ihm waren die Machenschaften der Prätorianer ein Graus und ihm schwebte eine Eliteeinheit vor, auf die der Kaiser sich in jeder Lage verlassen konnte. Politik durfte seiner Meinung nach von den Soldaten nicht betrieben werden. Sie dienten einem Kaiser, der sich um den Staat und seine Bevölkerung kümmerte. Wie Hortensius mit dieser Einstellung so hoch aufsteigen konnte und vor allem so lange schon bei den auserwählten Soldaten sein konnte, war Tiberius ein Rätsel. Und tatsächlich fühlte Hortensius sich nicht immer wohl in seiner Rolle und in seinen Aufgaben.

Aber gerade jetzt hatte er das Gefühl, dass sie eine sinnvolle Aufgabe bekommen hatten.

»Es ist sicherlich am besten, wenn jeder so arbeitet, wie er es für richtig hält«, meinte er zu Tiberius, der ihn nur mit einem leichten Nicken bedachte.

»Hostilian darf nichts merken. Beim leisesten Verdacht würde er abtauchen. Der Kaiser würde uns holen ...«, »... und wir beide würden sehr schlecht aussehen«, vollendete Tiberius den angefangenen Satz.

»Hören wir auf mit dem Gequatsche und machen unsere Arbeit. Du gehst dort entlang und ich hier – unsere Wege trennen sich jetzt.«

Und schon stand Hortensius alleine vor dem Palasttor und schaute dem stramm davoneilenden Tiberius hinterher. Das wird sicherlich keine leichte Aufgabe. Zwar sagte der Kaiser das Gegenteil, aber mit diesem Tiberius als Konkurrenten würde das eine höchst gefährliche Unternehmung werden. Hinter jeder Ecke konnte ein von Tiberius geschickter Dolchträger auf ihn lauern. Doch das wäre wohl zu einfach. Tiberius war auch gerissen. Ihm würde sicherlich auch etwas anderes einfallen, ihn reinzulegen.

Hortensius schaute von den Stufen des Palastes auf das Treiben zu seinen Füßen. Er liebte Rom, es war aufregend und lebendig. Und genau das wollte er erhalten wissen. Und es durfte nicht sein, dass der Sohn des Kaisers in Gefahr geriet. Und es durfte nicht sein, dass sich Gruppen in der Stadt breit machten, die dunkle Geschäfte betrieben oder Ritualmorde begingen oder durch ihre Religion zum Umsturz im Staat aufriefen. Das wollte er verhindern. Rom war nicht mehr so schön wie es früher – zumindest in den Erzählungen der Alten – gewesen war, aber vielleicht konnte er einen Beitrag dazu leisten, dass es wieder so werden könnte. Warum nicht?

Er zuckte mit den Achseln und stieg die Stufen des Palastes hinunter, um sich in das Getümmel zu begeben.

6. Kapitel

Nach dem Besuch in der Taverne fühlten sich unsere beiden Abenteurer besser und sie gingen etwas selbstsicherer durch die Straßen dieser pulsierenden Weltstadt. Menschen aus allen Teilen der damals bekannten Welt bevölkerten die Straßen, Tempel und Läden. Niemand beachtete sie – außer den beiden jungen Männern, von denen sie schon seit dem Verlassen der Taverne verfolgt wurden. Die beiden folgten den Freunden in recht großem Abstand und achteten darauf, nicht entdeckt zu werden. Allerdings fiel auch auf, dass sie selbst sich immer wieder umsahen. Es hatte ein wenig den Anschein, als würden sie ihrerseits eine Verfolgung oder Überwachung befürchten.

Die dicke Wirtin hatte ihnen einen Schuhmacher im Forum des Trajan genannt, einem besonders beliebten Einkaufszentrum. Sie liefen durch die Via Sacra. Hier gab es sehr edle Geschäfte. Sarah und Jonas hatten zuerst einmal nur Augen für die wunderschönen Ringe aus Gold und Silber, die Ketten mit eingefassten grünen Smaragden, Armreifen aus blauen Saphiren, Ohrgehänge aus Opalen und Diamanten aus dem Orient, edle Stoffe aus Arabien, Seide aus China und die Kleidung in den wunderschönsten Farben.

Sarahs Schritte wurden immer langsamer, ihre Augen dagegen wurden immer größer. Jonas strich mit der Hand über die feine Seide und war fasziniert von der Farbigkeit des Schmucks und der Kleidung. Wahrscheinlich sahen die Verkäufer ihnen an, dass sie als Kunden nicht in Frage kamen, denn sie wurden kein einziges Mal angesprochen, was sie aber auch nicht gewollt hätten.

»Das ist ja toll hier«, flüsterte Sarah und Jonas gab ihr recht. Natürlich, Rom war der Mittelpunkt des mächtigsten Staates. Rom war die Hauptstadt – caput mundi, Hauptstadt der Welt, wurde sie genannt. Und deshalb konnte man hier alles, was es gab, kaufen. Viele Menschen kamen in diese Stadt. Und das bedeutete viele Kunden. Leider war es nicht unbedingt üblich, dass die Preise an der Ware angebracht waren, wie es in Deutschland der Fall war.

Auch die Lebensmittel waren sehr ansprechend dargeboten und wurden lecker und appetitlich präsentiert.

»Ich glaube, das ist hier verdammt teuer«, flüsterte Jonas leise Sarah ins Ohr.

Sie nickte: »Das könnten wir uns sicherlich nicht leisten, ich meine, wenn wir hier normal leben würden. Also, ein normaler Mensch kann sich diese Dinge bestimmt nicht kaufen.«

Sie gingen langsam an den Ständen und den Geschäften vorbei und konnten ihre Ansicht bestätigt sehen, wenn sie auf die Kundschaft achteten: Sehr viele Sänften wurden durch diese Straße getragen und an den meisten waren die Vorhänge verschlossen. Neben den Sänften lief häufig eine Person her, die sich hin und wieder mit demjenigen, der in der Sänfte saß, verständigte und dann sicherlich auf dessen Geheiß etwas kaufte. Zuvor wurde meist heftig gefeilscht.

Sarah fiel auf, dass die Ware sehr selten mitgenommen wurde, obwohl der Kunde bezahlte. Sicherlich wurde diese Ware zu einem späteren Zeitpunkt dem Käufer geliefert.

›Keine schlechte Idee‹, dachte sie, ›das könnte man bei uns auch mal einführen. Ich fände das schön, wenn mir die Einkäufe gebracht werden würden.‹ Doch dann musste sie leise lachen, denn so viel kaufte sie ja nie ein und der Bote hätte sich sicherlich mit ihren bescheidenen Einkäufen unterfordert gefühlt.

Sie schlenderten weiter und sahen am Ende dieser luxuriösen Straße eine große Markthalle: das Forum des Trajan. Das Forum befand sich auf dem Quirinal, einem der sieben Hügel, auf die diese prächtige Stadt einst gebaut worden war. Wenige Meter vom Eingang entfernt bestaunten die beiden eine hohe Säule, auf deren Spitze sich offensichtlich ein Kaiser ein Denkmal gesetzt hatte. Sie gingen langsam um die Säule herum. Ein langer Fries wand sich spiralenförmig empor und stellte verschiedene Szenen dar. Immer wieder konnten sie Darstellungen des Herrschers erkennen, der auch auf der Spitze als Statue zu sehen war.

»Das sieht aus wie eine Schriftrolle«, bemerkte Sarah.

»Das ist ja wie ein Comic.«

Jonas fand das zwar recht interessant. »So richtig verstehe ich das aber nicht. Ich finde, Comics sind einfacher. Was soll das sein?«

»Das weiß ich natürlich auch nicht. Aber es scheint irgendwie um einen Krieg zu gehen.«

»Klar, geht es bei den ollen Kaisern ja immer.«

»Ja, sicher. Schau, hier ist eine Schlacht dargestellt, dort geht es weiter mit einer Flussüberquerung, und komm mal hierher. Da sieht man, wie verhandelt wird. Diese Figur dort oben kenne ich, das ist die Siegesgöttin Victoria. Und anschließend geht es wieder mit kriegerischen Auseinandersetzungen weiter. Toll. Das ist eine ganze Geschichte. Hier scheint es um zwei Kriege zu gehen, die dieser Mensch, der dort oben steht, ausgefochten hat – und wahrscheinlich hat er sie sogar gewonnen und die Macht Roms gestärkt.«

Jonas schaute gar nicht mehr auf die Säule, sondern starrte unverwandt Sarah an, die sich richtig in Ekstase geredet hatte.

»Du bist ja ganz schön schlau.«

»Hör auf, veräppeln kann ich mich alleine. Ich finde das spannend. Und vielleicht ist dir aufgefallen, dass hier«, Sarah zeigte nach links, »und dort«, jetzt zeigte sie nach rechts, »eine Bibliothek ist.« Jonas drehte seinen Kopf erst zur linken, dann zur rechten Seite.

»Natürlich können nicht alle Menschen lesen zu dieser Zeit. Und für die ist diese Säule genau das richtige. Das ist wie bei uns.«

Jonas guckte verdutzt. »Wieso wie bei uns? Wir können doch alle lesen.«

»Ja, die meisten. Aber nicht alle verstehen, was sie lesen. Viele lesen doch auch am liebsten Comics. Und am allerliebsten ohne Text. Komm, lass uns jetzt mal da reingehen. Wir müssen diesen Schuster finden.«

Als sie sich dem Haupteingang des Forums zuwandten, konnten sie nicht sehen, wie die beiden jungen Männer um die Säule herumkamen und sie nicht aus den Augen ließen. Sie blieben stehen und betrachteten neugierig die Säule, so, als hätten sie sie noch nie gesehen. Offensichtlich suchten sie danach, was die beiden Freunde so interessiert haben könnte. Dann tuschelten sie kurz miteinander, schauten sich vorsichtig um und gingen in einem Bogen ebenfalls auf den Eingang des Forums zu, worin Sarah und Jonas soeben verschwanden.

Das Forum erinnerte sie an die Markthalle, die sie von Zuhause kannten – nur sehr viel größer. Auch war es hier lauter, was zum einen sicherlich an der Akustik lag, denn Ziegel und Beton waren die hauptsächlich verwandten Baumaterialien. Zum anderen kamen hier Menschen zusammen aus der nahen Wohngegend, die sicherlich nicht zu den vornehmsten zählte. Hier waren keine Sänften zu sehen und die Menschen redeten sehr laut und schroff miteinander, was sie in der Via Sacra so nicht gesehen hatten. Die Größe des Forums überwältigte sie. Durch einen Bogengang ging es in das Innere der Halle. In der Halle ging es fünf Etagen nach oben. Auf jeder Etage waren Läden mit einer Arkade davor.

Sarah stöhnte auf, als sie sah, dass aufgrund der vielen Menschen, die durch die Arkaden und in den Läden flanierten und einkauften, kaum ein Durchkommen war. »Wir müssen in die vierte Etage«, jammerte sie und wäre eigentlich am liebsten umgekehrt.

»Es hat keinen Sinn zu jammern«, meinte Jonas streng, »wir müssen da hoch. Komm!« Mit diesen Worten nahm er Sarah am Arm und gemeinsam machten sie sich an den Aufstieg und zwängten sich durch die Masse, die aus Ellbogen und scharfkantigen Einkäufen zu bestehen schien. Die beiden jungen

Männer hatten jetzt große Mühe zu folgen, und wenn Sarah und Jonas sich nur einmal umgesehen hätten, wäre ihnen aufgefallen, dass nur wenige Meter hinter ihnen die Masse recht unsanft auseinandergeschoben wurde. Aber der Lärm in der Halle verhinderte, dass die Protestschreie zu ihnen durchdrangen.

Jeder Laden war etwa vier Meter breit und hatte keine Tür, denn die gesamte Breite war offen für die Kunden. Innen drin schien es sehr geräumig zu sein. Aber offensichtlich hatten sie eine Zeit erwischt, in der die gesamte Welt in dieses Forum zum Einkaufen gekommen war. Hastig, schiebend und stoßend gingen sie an den Läden vorbei. Manche luden zu einem Imbiss oder einem Getränk ein, in anderen wurde Getreide gemahlen, verarbeitet und verkauft. Es gab Waren aus allen Teilen des Reiches und sogar aus dem fernen China.

Jonas zog Sarah mit sich. Stolpernd und verschwitzt erreichten sie endlich das vierte Stockwerk und schon der dritte Laden auf der Etage war der besagte Schuster. Jonas ging sofort in den Laden. Sarah blieb kurz davor stehen und schaute sich noch einmal um. Sie blickte auf das Treiben im Erdgeschoss und staunte darüber, dass das hier sich eigentlich kaum von den Kaufhäusern unterschied, die sie kannte. Es gab Geschäfte und Verkäufer, es gab Waren aus aller Welt, es gab Kunden, die sich selbst den Weg versperrten und hektisch nach den günstigsten Angeboten suchten, es gab Flegel, die sich durch die Menge hindurchboxten, um dann plötzlich vor einem Laden stehenzubleiben.

Sarah schaute genauer hin. Sie fand die beiden Kerle, die sich eben so kraftvoll durch den Pulk am

Etagenaufgang hindurchgewühlt hatten, reichlich ungezogen. Und jetzt waren sie abrupt vor einem Stoffladen stehengeblieben und schauten neugierig und interessiert auf die ausliegende Ware. Der eine nahm sogar einen Stoffballen in die Hand und befühlte ihn. Komische Kerle. Aber solche Typen kannte sie. In der Stadt konnte man sie überall treffen.

Sarah seufzte und wand sich ab. Sie folgte Jonas in den Laden des Schuhmachers. Dieser erklärte Jonas gerade, dass er jemandem mit fehlenden Zehen einen gewickelten Schuh empfehlen würde, da dieser den besten Halt versprach.

»Aber ist ein solcher Schuh nicht zu teuer?«

»Zu teuer? Ich bitte dich. Nein. Es ist doch egal, wie ich einen Schuh herstelle. Ich muss nur die Sohle verändern und die Riemen anders schneiden, sodass man Halt hat. Aber das mache ich doch mit jedem Schuh.«

»Also, du hast keine höheren Herstellungskosten für diese Spezialanfertigung?«

»Du hast mich nicht verstanden. Alle Schuhe sind Spezialanfertigungen. Natürlich gibt es nicht viele Schuhmacher, die diese Art von Schuhen machen können. Deshalb verlange ich auch etwas mehr für meine Schuhe. Ich bin eben der beste.«

»Ja, das habe ich auch gehört. Hast du denn schon einmal einen Schuh für ein junges Mädchen, der drei Zehen fehlen, angefertigt?«

»Du kannst mir glauben, ich kann das und wenn du Probleme mit deinen Füßen hast, bist du bei mir bestens aufgehoben.«

Jonas druckste ein wenig herum. Ihm war es unangenehm, den freundlichen Schuster um eine Information anzubetteln, ohne ihm einen Auftrag zu geben. Aber er hatte nicht mit dem Mitteilungsbedürfnis der Römer gerechnet.

»Ach, ich verstehe. Du suchst ein Mädchen. Aber du hast doch eines. Dazu noch ein sehr hübsches.«

Sarah lächelte etwas gequält. »Ich bin die Schwester.«

»Ja, das dachte ich mir. Also, um auf deine Frage zurückzukommen. Ich habe solche Schuhe schon zweimal angefertigt. Das erste Mal liegt schon gut zwanzig Jahre zurück. Das war ein kleiner Junge. Keine Ahnung, was aus ihm geworden ist. Ich habe ihn nur zweimal gesehen. Und dann ist ein Mädchen seit etwa drei Jahren Kundin bei mir. Sie ist jetzt vierzehn Jahre alt. Die ersten Jahre ist sie wohl ohne Schuhe gelaufen oder hatte die Schuhe ihrer Geschwister an – ich weiß es nicht. Doch eines Tages kam sie zu mir und bat mich um Rat. Ich konnte ihr helfen und sie war mit meiner Arbeit wohl sehr zufrieden, denn sie ist vor etwa einem halben Jahr zum letzten Mal hier gewesen. Du musst wissen, dass meine Schuhe zwar lange halten, aber nicht mit den Füßen mitwachsen. Ich denke, dass ich erst in zwei bis drei Jahren wieder von ihr höre, sofern die Götter mir ein so langes Leben schenken wollen.«

Jonas war aufgeregt. Er hatte das Gefühl, ganz dicht an dem Mädchen dran zu sein.

»Weißt du, wer sie ist? Ich meine, kannst du mir ihren Namen nennen?« »Lucia Cornelia Merula heißt deine Angebetete. Aber mehr kann ich dir nicht sagen.«

Jonas merkte, dass er errötete. Sarah sah das und musste insgeheim lachen, ließ sich aber nichts anmerken.

»Sie kommt, wir messen aus, sie bezahlt und geht. Ein hübsches Mädchen«, fuhr der Schuhmacher fort. »Wahrscheinlich aus gutem Hause. Allerdings auch ein wenig merkwürdig. Ich habe nie gehört, dass sie sich für irgendetwas bei einem unserer Götter bedankt. Wenn ich ehrlich sein soll, glaube ich, sie ist Christin.«

Jonas und Sarah tauschten einen kurzen Blick.

»Wie kann ich denn dieses Mädchen finden?« »Oh, da kann ich dir nicht helfen. Das musst du schon alleine bewerkstelligen. Aber da sie aus gutem Hause ist, dürfte dir das nicht schwer fallen.«

Dann schaute er Sarah und Jonas in die Augen. »Ihr kommt nicht aus Rom, oder?«

Jetzt hatte Jonas es plötzlich sehr eilig. Jedoch wollte er sich auch nichts anmerken lassen und sagte deshalb beiläufig: »Nein, wir sind, äh, nein. Vielen Dank für die Hilfe. Wir machen uns dann mal auf den Weg. Auf jeden Fall werden wir dich weiterempfehlen.«

Und mit diesen Worten verließen die beiden zügig, aber nicht überhastet, den Laden. »Na, das ist doch schon einmal etwas. Jetzt wissen wir, wer dieses Mädchen ist.«

»Tun wir das?« Sarah war skeptisch. »Wir haben einen Namen. Aber gleichzeitig hat der Schuhmacher uns auch gesagt, dass es einige Menschen gibt, die nur zwei Zehen haben. Wir können nicht sicher sein.«

»Ich glaube, diese Lucia Cornelia Merula ist das Mädchen, das wir suchen. Ich habe das irgendwie im Gefühl. Und bedenke auch, dass er meinte, sie wäre wahrscheinlich Christin.«

»Aber Jonas, das ist doch noch überhaupt nicht sicher. Wir wissen doch noch nicht einmal, ob das Mädchen im Museum eine Christin war.«

»Sie ist es. Glaube mir. Ich spüre das.« Sarah zog ihre Augenbrauen nach oben. »Jungs und Gefühle. Das kann ja nichts werden!«

Plötzlich erhob sich in einer Ecke der dritten Etage ein Geschrei. Viele Menschen liefen dorthin. Auch Jonas und Sarah packte die Neugierde und folgten der Menge. Ein streng aussehender Mann, der eine Art Uniform trug, warf gerade einem Verkäufer mehrere Fleischstücke vor die Füße.

»Dich werde ich lehren, falsche Ware zu verkaufen. Du hast diesem Mann dreißig Denare dafür abgenommen.« Er deutete auf einen etwas verschüchtert danebenstehenden älteren Mann. Offensichtlich gehörten die Fleischstücke, die jetzt im Dreck des Forums lagen, ihm.

»Aber er hat doch ein gutes Geschäft damit gemacht«, meinte der Verkäufer und versuchte, einen ruhigen Eindruck zu machen. Dabei war er offensichtlich ziemlich aufgeregt, was sicherlich nicht verwunderte angesichts der beiden Rutenbündelträger, die den Offiziellen begleiteten.

»Erzähle nichts. Das ist Blödsinn. Dieses ganze Zeug ist bestenfalls ein paar Asse wert. Du Gauner, du weißt doch hoffentlich, wer ich bin und was meine Aufgabe ist?«

Jetzt konnte der Verkäufer nicht mehr an sich halten. Er schien den Tränen nahe, hatte doch dieser resolute Mann wohl eine besonders bedeutende Stellung.

»Ja, ich weiß, und ... Was soll ich tun? Das Fleisch war in Ordnung und sein Geld wert, bis du es in den Dreck geworfen hast.«

»Ich habe es in den Dreck geworfen? Sei vorsichtig, was du sagst, sonst werde ich dich doch mitnehmen müssen. Ich wollte gerade davon Abstand nehmen.« Der andere Mann machte den Eindruck, als würde er am liebsten im Boden versinken.

»Lass schon gut sein, Rufus. Ich dachte nur, dass dreißig Denare ein bisschen teuer sind für das Fleisch. Deshalb habe ich mich an dich gewandt. Alles in allem war der Handel aber schon in Ordnung.«

»Also, Alter, gib dem Kunden das Geld zurück und dann vergessen wir die ganze Angelegenheit.«

Der Händler beeilte sich, aus seiner Kasse dreißig Denare zu kramen, händigte sie dem Kunden aus und verschwand in seinem Laden. Das Fleisch blieb im Dreck liegen und Rufus grinste selbstgefällig und verschwand mit den beiden Rutenträgern in der Menge. Der Kunde schaute zuerst auf das Geld in seiner Hand, dann auf das am Boden liegende Fleisch und machte sich dann missmutig davon. Er wollte etwas für das Abendessen besorgen, vielleicht hatte er Familie oder eine Abendgesellschaft. Jetzt hatte er kein Fleisch und musste seinen Speiseplan ändern. Die Menge verstreute sich wieder und alle diskutierten den Fall noch angeregt und lautstark.

Auch Jonas und Sarah waren beeindruckt von der Anwesenheit einer polizeiähnlichen Organisation im Forum.

»Das gibt einem doch immer ein etwas ruhigeres Gefühl«, meinte Jonas, »wenn die Polizei, dein Freund und Helfer, in der Nähe ist.«

»Ich weiß nicht«, gab Sarah zu bedenken. »Ich hatte das Gefühl, dass dieser Rufus mehr an sich dachte als an die Auseinandersetzung zwischen den beiden Männern. Das ist dann auch nicht schön.«

Auch die beiden jungen Männer hatten die Szene beobachtet. Jedoch achteten sie sorgfältig darauf, dass der Forumswächter sie nicht bemerkte. Dazu versteckten sie sich hinter den Auslagen eines benachbarten Bekleidungsgeschäftes und linsten immer mal wieder um die Ecke, um zu sehen, was denn da genau vor sich ging. Dennoch wäre einem guten Beobachter nicht entgangen, dass ihre Aufmerksamkeit den beiden Fremden aus einer anderen Zeit galt. Wobei sie sicherlich nicht wissen konnten, dass sie aus einer anderen Zeit kommend Rom einen Besuch abstatteten. Und sie konnten die Gespräche der beiden nicht verfolgen.

Sarah und Jonas verließen das Forum.

»Ich denke, es muss so etwas geben wie ein Einwohnermeldeamt«, meinte Jonas und sah sich um, als müsste dieses in unmittelbarer Nähe zu finden sein. »Ich denke nicht, dass wir einfach nur einen Passanten fragen müssen, um ihre Adresse zu erfahren.«

Sarah schaute ratlos von einem Ende des Platzes zum anderen. So richtig konnte sie sich nicht vorstellen, wie sie weiter vorgehen sollten. Vielleicht wäre das Fragen eines Passanten doch der richtige Weg. Aber irgendwie schien es nicht gerade erfolgversprechend. Zuhause würde man das ja auch nicht so machen und da war der Vorschlag von Jonas schon recht sinnvoll, das Einwohnermeldeamt aufzusuchen.

»Ich glaube, du hast Recht. Wir sollten ein solches Amt suchen. Wenn Lucia Cornelia Merula in Rom wohnt und römische Bürgerin ist, wird das dort verzeichnet sein. Meinst du, so etwas haben die in dieser Zeit schon?«

Da war sie wieder, diese Frage, die sie von Anfang an begleitete: Was unterscheidet das Leben der Menschen damals in Rom von uns heute? Vielleicht war es ja das Einwohnermeldeamt.

Aufgeregt gingen sie zum Forum Romanum zurück. Sie glaubten sich fast schon am Ziel ihrer Reise. Sollten sie dieses fremde Mädchen finden – und daran gab es ja jetzt kaum noch einen Zweifel –, würde ihnen ihre Rettung auch gelingen. Wie sie das genau anstellen wollten, wussten sie noch nicht. Aber zu gegebener Zeit, darauf vertraute vor allem Jonas, würde ihnen schon etwas Gutes einfallen. Sie waren derart in ihr Gespräch vertieft, dass sie plötzlich völlig überrascht vor einem Stand stehen blieben, an dem Menschen verkauft wurden.

»O Gott«, flüsterte Sarah, »das wollte ich eigentlich nicht sehen!«

Doch es war zu spät. Sie standen davor und mussten sehen, wie ein Händler eine Sklavin nach vorne holte und sie als Ware anpries: »Und hier sehen wir Cyskia. Sie kann einige lateinische Worte. In der Küche und auf dem Hof wird es keine Schwierigkeiten geben, meine Damen. Aber ich sehe schon, ihr seid beunruhigt, weil ihr das Zeichen auf ihrer Stirn entdeckt habt. Es stimmt, vor vielen Jahren ist sie ihrem damaligen Herrn entlaufen. Aber das war eine Dummheit, die sie nie wieder machen wird. Und man muss auch sagen, dass dieser Herr sie über alle Maßen verprügelte. Und wie ihr wisst, darf das nicht sein. Er wurde vom Ädilen zur Rechenschaft gezogen. Wenn man Cyskia ordentlich behandelt, wird sie dankbar die ihr übertragenen Aufgaben erledigen, wobei – wie ich sagen darf – sie sich für keine Arbeit zu schade sein wird. Meine Herren, habt ihr mich verstanden? Also, ich sehe schon, diese hübsche Sklavin erregt eure Aufmerksamkeit und euer Begehren. Und im Preis komme ich euch entgegen: Mehr als 150 Denare habe ich für sie bezahlen müssen. Ich lasse sie dem glücklichen Käufer für 120 Denare. Was sagt ihr? Ist das ein gutes Angebot? Komm, dreh dich noch mal, damit dich die werte Kundschaft auch von allen Seiten sehen kann.«

Das junge Mädchen zierte sich, aber der Händler packte sie fest am Oberarm und drehte sie einmal um die eigene Achse. Sarah war fassungslos und schaute nach Jonas. Der aber guckte in eine andere Richtung. In einem Türrahmen stand ein anderes Mädchen. Sie stand auf einem Bein. Das andere hatte sie lässig auf einen Vorsprung gesetzt.

Jonas drehte sich zu Sarah um: »Siehst du das?« Sarah nickte. Ihr war sofort aufgefallen, dass das Mädchen nur zwei Zehen hatte – am rechten Fuß.

»Ich rede mit ihr!« Jonas wartete gar nicht auf Sarahs Einverständnis, sondern ging sofort hinüber. Doch in diesem Moment drehte sie sich um und ging in den Hauseingang. Jonas beschleunigte seinen Schritt und Sarah konnte sich nicht recht entscheiden, was sie jetzt tun sollte. Sie schaute auf einen Mann vor ihr, der gerade die junge Sklavin für einen noch geringeren Preis gekauft hatte und nach vorne ging, um seinen Kauf abzuholen und den Preis zu bezahlen. Aus irgendwelchen Gründen klatschten die umstehenden Zuhörer und Sarah konnte nicht umhin, sich das Gesicht von Cyskia genauer anzuschauen. Aber sie fand keine Aufregung oder Ablehnung darin. Vielleicht war es tatsächlich so, dass die

Sklaven froh waren, wenn sie in einer guten Familie untergekommen waren. Kann schon sein, aber Sarah konnte sich mit diesem Gedanken nicht sonderlich anfreunden. Resigniert drehte sie sich wieder in Richtung der Eingangstür, in der das andere Mädchen verschwunden war. Sie schaute quer über den Platz und ihre Augen bewegten sich hektisch von einer Seite zur anderen. Das konnte doch nicht sein – wo war denn Jonas geblieben?

›Der Idiot, was macht er denn jetzt schon wieder? Er hätte doch wenigstens mal auf mich warten können – oder mir Bescheid sagen, dass er mal schnell um die Ecke geht‹, dachte sie entrüstet und spürte ein wenig Aufregung aufsteigen. Sie ging zuerst langsam in Richtung Tür und rannte dann aber doch immer schneller. Dabei versuchte sie, den gesamten Platz zu überblicken.

Aber Jonas war nicht zu sehen.

»Das glaub' ich jetzt nicht«, flüsterte sie vor sich hin, als sie die Eingangstür erreicht hatte. Sie ging hinein, durchquerte eine kleine Halle und kam dann in einem ruhigen, stillen Garten wieder heraus. Durch diesen Garten führte nur ein kleiner Weg, den sie nahm. Am Ende des Weges kam wieder ein Tor – und sie stand auf einer anderen Straße, die ebenso überfüllt war wie alles, was sie bisher in Rom gesehen hatte.

›Verdammt. Was soll das denn jetzt werden?‹

Sie traute sich nicht, nach Jonas zu rufen und stellte sich auf einen Stein, um die Straße besser überblicken zu können. Aber weder zur Linken noch zur Rechten war eine Spur ihres Freundes zu entdecken. Auch versuchte sie, das Mädchen ausfindig zu machen, was ihr aber auch nicht gelang. Dann fiel ihr ein, dass Jonas vielleicht noch hinter ihr herrennen würde; aber sie sah nirgendwo hektische Bewegungen in der Menge. Frustriert ließ sie sich auf dem Stein niedersinken und überlegte, was sie jetzt tun sollte.

›Am besten wird es sein, ich gehe wieder zu dem Ausgangspunkt zurück. Jonas wird bestimmt gleich kommen.‹

Sofort sprang sie auf und ging wieder zu dem Tor zurück. Aber es ließ sich nicht öffnen. Irgendjemand hatte es in den vergangenen Minuten verschlossen. Sie schaute sich um. Einfach über das Tor klettern wäre sicherlich zu auffällig gewesen. Es musste ja einen Grund geben, warum man dieses jetzt verschlossen hatte. Immer unruhiger werdend betrachtete sie die Umgebung des Eingangs, fand aber keine befriedigende Lösung. Es schien ihr nichts anderes übrig zu bleiben als zu hoffen, dass Jonas tatsächlich auch diesen Weg genommen hatte und in wenigen Minuten hier an diese Stelle zurückkommen würde.

Nicht gerade beruhigt von dieser Aussicht ging sie zu dem Stein und setzte sich wieder hin.

›Ich bin ja blöd!‹

Natürlich, sie konnte ihm ja eine SMS schreiben, vielleicht hatte er ihr ja schon geschrieben. Sie hatte ihren Sender noch gar nicht eingeschaltet. Natürlich konnte sie das hier, wo alle sie sehen konnten, nicht machen. Sie suchte sich einen Platz, wo sie von anderen nicht beobachtet werden konnte. Sie hatte ihren Sender am Oberarm befestigt. So konnte er durch das langärmelige Gewand nicht entdeckt werden. Etwas umständlich legte sie ihren Oberarm frei und endlich war es auch gelungen, den Sender zu aktivieren. Eine

Nachricht lag nicht vor. Schnell hatte sie eine SMS an Jonas abgeschickt. Jetzt musste sie warten.

Sie stellte ihr Armband auf Vibrationssignal und setzte sich wieder auf den Stein, damit sie das Tor im Auge behalten konnte. Sie beobachtete das Treiben der Menschen in der Straße hinter dem Capitol, sie achtete auf die jungen Mädchen, sie sah fluchende Lastenträger und Eseltreiber, die versuchten, sich durch die Massen einen Weg zu bahnen. Hier gab es fliegende Händler, die ihre Waren anpriesen: Kuchen, Süßigkeiten, Würstchen, Wein, Wasser. Mitten auf der Straße saß ein Mann, der sich von einem Friseur unbeeindruckt von der wogenden Menschenmasse die Haare und den Bart schneiden ließ. Aus einem Haus in ihrem Rücken hörte sie fürchterliche Schmerzensschreie und nach kurzer Zeit kam hastig eine ältere Frau heraus, die sich mit verzerrtem Gesicht den Mund hielt. Sarah spürte ein Zucken im Mund, denn instinktiv wusste sie, dass dieser Frau ein Zahn gezogen worden war.

›Au Backe‹, dachte sie und nahm an, dass die bemitleidenswerte Frau sicherlich keine Betäubung erhalten hatte. All dem Treiben und den großen und kleinen Geschichten der Straße schaute sie zu und vergaß darüber die Zeit. Die Hitze des Tages war längst abgekühlt und langsam brach auch schon die Dämmerung herein. Noch immer saß Sarah auf dem Stein und bemerkte, dass auch das Treiben nun nachließ. Viele Menschen kamen vorbei, aber Jonas oder das Mädchen waren nicht darunter.

Jonas blieb verschwunden und Sarah spürte in sich eine Taubheit, weil sie nicht wusste, was sie jetzt machen sollte.

7.
Kapitel

Gaius Valens Hostilianus Messius Quintus nahm sich einen Pfirsich aus der üppig gefüllten Obstschale, die ihm von der hübschen ägyptischen Sklavin gereicht wurde, und biss hinein. Der Saft spritzte ihm ins Gesicht und tropfte auf den Boden. Er kümmerte sich nicht darum.

Er wurde von allen Hostilian genannt, und dieser Name gefiel ihm auch. Was ihm nicht gefiel, war seine Stellung in der Familie und damit seine Position im Palast. Noch nicht einmal die Sklaven hatten den Respekt vor ihm, der einem Kaisersohn gebührte. Natürlich taten sie, was er ihnen befahl, aber ihm entging nicht, dass sie seinem Vater Decius und seiner Mutter Herennia mehr gehorchten. Nun, sie waren eben Augustus und Augusta. Die beiden liebten sich sicherlich, denn sie hatte ihn geheiratet, als er noch nicht einflussreich war. Dabei hätte sie auch andere Männer haben können. Seine Mutter war schön, wie er fand, und stammte aus einer wichtigen und alten römischen Senatorenfamilie.

Hostilian seufzte und biss noch einmal in diese saftige Frucht. Eigentlich hatte er keinen Appetit. Er warf den angebissene Pfirsich in die Ecke und erhob sich von seiner Liege. Er war wirklich missgelaunt. Als Nachzügler in der Familie stand er immer im Schatten seines großen Bruders. Herennius war schon über zwanzig und in vielen Dingen der Berater seines Vaters. Dieser ließ sich das zwar nicht so deutlich anmerken, um innerhalb des Palastes und bei den Garden keinen Neid zu erregen, aber man merkte, dass Herennius ihm sehr wichtig war.

Und Hostilian war der kleine Sohn. Dabei war er schon vierzehn Jahre alt und es wurde langsam Zeit, dass er sich auch endlich einmal beweisen konnte. Jeden Tag ließ er sich im Garten des Palastes von Arachus im Schwertkampf unterrichten. Er machte sehr gute Fortschritte und sein Lehrer lobte ihn über alle Maßen. Hostilian war jedoch selbstkritisch genug, um zu erkennen, dass er noch längst nicht so weit war, als Feldherr in den Kampf zu ziehen. Ihm fehlte nicht nur die Geschicklichkeit und Gewandtheit mit dem Schwert, sondern er musste auch an seinen körperlichen Kräften arbeiten und Muskeln aufbauen. Aber er war jung und selbst ein Bartflaum wollte sich noch nicht in seinem Gesicht zeigen. Er brauchte Erfahrung.

Wütend trat er gegen eine mächtige Amphore, die sein Vater von einem früheren Feldzug aus Pannonien mitgebracht hatte. Wie sollte er Erfahrung innerhalb dieser Mauern sammeln können? Wie sollte er lernen, einen Freund von einem Feind zu unterscheiden, wenn er von Speichelleckern umgeben war? Wie konnte er seine Instinkte ausbilden, wenn er ferngehalten wurde von Herausforderungen, die seine Entscheidungen und seine Tatkraft verlangten?

Herennius ritt durch die Stadt und in die nahen Provinzen. Ihm traute der Vater sogar den Befehl über die Truppen zu und Hostilian wusste, wenn das Reich in den Krieg gegen die Goten ziehen musste, dann würde sein großer Bruder dabei sein und sich mit dem Vater das Kommando teilen. Und wer weiß, vielleicht würde er ihn zuvor sogar noch zum Kaiser machen. Und er? Was war mit dem jungen Sohn, was war mit Hostilian? Er würde währenddessen bei seiner Mutter sitzen und auf die Rückkehr der beiden warten.

Solche Gedanken durfte er erst gar nicht zulassen, denn so wurde seine Stimmung noch schlechter. Mit einem Wink scheuchte er die Sklavin aus der Halle. Er wollte niemanden sehen, weil er sich in diesem Zustand selbst nicht leiden konnte. Er musste nach draußen, er musste in die Stadt, er wollte sehen, wie die Menschen leben, er wollte ein Abenteuer erleben und bestehen. Vielleicht würde sein Vater ihn dann auch ernst nehmen und ihm eine Aufgabe und Verantwortung geben.

Das Leben bei der Mutter war langweilig. Sicher, er liebte sie. Sie war gut zu ihm und ein Römer weiß, was er seiner Mutter schuldig ist. Aber das konnte ja auch nicht alles sein. Ein römischer Mann gehörte in die Welt und nicht an den Rockzipfel der Mutter. Und wozu lebte man denn, wenn nicht dafür, Taten zu vollbringen?

Vor einigen Tagen saß er hinter der mächtigen Säule, die die Thronhalle vom kleinen Saal trennte. Er setzte sich hier oft hin in der heißen Mittagszeit, weil es dort angenehm kühl war. Er las gerade aus einer Schriftrolle des Sueton über den Kaiser Augustus, denn er versuchte, sich auch auf geistigem Gebiet fortzubilden, um als späterer Kaiser seinen Aufgaben in jeder Hinsicht gerecht zu werden. Wie so oft zu dieser Zeit saß sein Vater nebenan auf dem

Thron und führte irgendwelche dienstlichen Gespräche. Er hatte gelernt, sich davon in seiner Konzentration nicht stören zu lassen. Doch an diesem Tag war etwas anders: Sein eigener Name fiel in dieser Unterhaltung. Zuerst war es ihm gar nicht aufgefallen, aber dann musste er doch hinhören und ließ die Schriftrolle vorsichtig sinken.

Er sollte beschattet werden! Sein eigener Vater wollte ihn beschatten lassen, weil er ihm nicht traute! Nein, ganz so war es dann doch nicht. Er machte sich Sorgen um ihn. Aber das ist fast genauso schlimm. Er machte sich keinerlei Sorgen um Herennius, sondern vertraute darauf, dass er sein Leben meisterte. Nur ihm traute er das nicht zu. Er sollte bewacht werden und diese beiden dummen Centurionen, die sich nicht leiden konnten, das spürte er, sollten in einer Art Wettkampf für seine Sicherheit sorgen. Wie kam sein Vater eigentlich auf die Idee, dass er sich in der Stadt umtun wollte? Er hatte mit niemandem darüber geredet, niemand konnte davon wissen. Ja, eigentlich hatte er bis zu diesem Zeitpunkt selbst noch nicht einmal davon gewusst.

Seit diesem Gespräch hatte Hostilian keine Ruhe mehr. Sein Vater hielt ihn für ein Kind. Gut. Dazu kam aber die Angst des Vaters vor einer bestimmten Sekte, die Kinder opferte. Hostilian hatte noch nie davon gehört. Er musste sich erkundigen.

In den Schriften konnte er nicht viel darüber finden, so viel war klar. Also ließ er seinen Lehrer Panamides kommen. Der kannte sich gut aus in der Stadt und vor allem wusste er gut Bescheid über die vielen unterschiedlichen Kulte und Sekten, die es gab.

»Das ist ein ziemlich heikles Thema, mein lieber Freund.«

Das mochte er an Panamides. Er nahm ihn ernst.

»Ich habe noch niemanden getroffen, der von Kinderopfern erzählen konnte, weil er es selbst gesehen hätte. Aber die Gerüchte halten sich hartnäckig. Zum einen gibt es eine syrische Sekte. Sie beten die Göttin Atargatis an. Ihre Priester kastrieren sich selbst und die Anhänger sind im Gesicht oder am Hals tätowiert. Für die meisten Römer sehen sie erschreckend aus mit ihren langen, sehr ungepflegten Haaren und ihren wilden ekstatischen Tänzen. Kein vernünftiger Mensch würde sich diesem wilden Kult nähern. Und wer zum Anhänger gemacht wurde, kommt nie wieder zurück. Vielleicht hält sich auch deshalb die Ansicht, dass sie in der Nacht nackt durch die Straßen Roms ziehen, sich mit Schlamm und Kot beschmieren und Kinder, die noch unterwegs sind, rauben und in ihren geheimen Verstecken grausam opfern. Aber das kann niemand bezeugen und bislang habe ich auch noch von keinem Kind gehört, das vermisst wird und nicht wiedergefunden wurde. Die andere Sekte ist seit zwei Jahrhunderten in der Stadt bekannt. Man nennt sie Chrestus-Anhänger. Es wird erzählt, dass dieser Chrestus der Sohn des einzigen Gottes gewesen wäre und von den Römern getötet wurde. Nun, die Römer haben ja schon viele Menschen getötet, aber dieser hier, so wird erzählt, soll wiederauferstanden sein und immer noch leben. Sie beten ihn an und treffen sich zu diesem Zweck an geheimen Orten. Niemand weiß, was sie dort machen, denn sie halten dicht. Viele Kaiser haben schon versucht, diese Sekte, die irgendwie auch etwas mit den Juden zu tun hat, zu vernichten. Von Nero wird erzählt, dass er sogar halb Rom angezündet habe, um ihnen die Schuld dafür zuzuschreiben. Das glaube ich aber nicht. Die Chrestus-Anhänger lassen nichts nach außen dringen. Sie lassen nicht ab von ihrem Glauben und sie erzählen nicht, was sie machen. Manche sagen, dass sie den Leib ihres Gottes essen und dessen Blut trinken. Wie kann man das? Das verstehe ich nicht. Ich kann mir vorstellen, dass sie menschliches Blut trinken und das Fleisch der gerade Getöteten essen zu Ehren ihres Gottes. Aber auch das hat noch niemand gesehen. Nun, mein lieber Herr und Freund, das ist alles, was ich darüber weiß. Und es ist wie immer: unsere Neugierde ist groß wie ein Elefant, aber unser Wissen ist so klein wie eine Maus.«

Hostilian war schockiert. Was Panamides ihm da erzählte, war neu für ihn. Von der Sekte der Chrestus-Anhänger hatte er zwar schon gehört. Er wusste auch, dass immer wieder einige ihrer Leute im Kolosseum starben, weil sie nicht einsichtig waren. Aber er hatte das immer für eine Staatsangelegenheit gehalten. Von der anderen Sekte jedoch hatte er noch nie etwas gehört. Sein Leben war bestimmt von Jupiter und Juno, die dem Götterhimmel vorstanden. Man opferte ihnen und sie ließen sich dann auch oft zu einem guten Schicksal überreden. Es wurden Tiere geopfert und dabei floss ziemlich viel Blut, natürlich. Aber niemand in Rom würde auf die Idee kommen, Menschen zu opfern.

Nachdem er Panamides entlassen hatte, reifte in ihm ein Gedanke. Wenn diese beiden Sekten tatsächlich so gefährlich waren, wie ihm geschildert wurde, dann musste ihrem Treiben Einhalt geboten werden. Und wenn sie tatsächlich Kinder opferten, dann waren sie zu vernichten. Wenn sie aber nicht gefährlich waren, dann musste auch das bekannt werden. Sein Gerechtigkeitssinn ließ nicht zu, dass man anderen Unrecht tat. Hostilian fühlte, dass sich ihm hier eine Gelegenheit bot, seinem Vater zu beweisen, dass er bereit war zu großen und wichtigen Aufgaben.

Für seinen Vater sollte er den Lockvogel spielen, so viel hatte er verstanden. Also gut, er war der Lockvogel, aber einer, der sich selbst klar war über seine Rolle. Er würde die beiden blöden und dummen Prätorianer austricksen und sich selbstständig in der Stadt umsehen. Es war kein Problem, unbemerkt in die Stadt zu kommen. Die beiden würden ihm nicht folgen können und würden ihn auch nicht finden, wenn er es nicht wollte. Aber er brauchte jemanden, der ihn in der Stadt zu den Sekten führen könnte. Am besten natürlich jemanden, der so alt war wie er. So würde er am wenigsten auffallen und noch besser wäre es, wenn es ein Mädchen wäre, denn dann würden sie überhaupt nicht ernst genommen werden von den Sektenanhängern, und er könnte sich gut in den Gruppen umsehen. Außerdem – sie waren ja Kinder und dann würden sie, sollten sie Kinder als Opfer suchen, sich sofort über sie hermachen wollen. Das war gut. Und was meinte Panamides – die Opfer wurden in der Nacht gesucht? Also, vielleicht würde sein Plan ja gelingen.

8. Kapitel

»Mädchen, kommt essen!« Erhitzt und erregt vom wilden Ballspiel rannten die beiden Mädchen quer durch den Garten und lieferten sich einen Wettlauf. Nachdem ihr Lehrer gegangen war, fanden sie noch einige Augenblicke Zeit, sich auszutoben. Das Lernen der griechischen Vokabeln, der geometrischen Figuren, der mathematischen Formeln und der Redekunst war auf die Dauer sehr langweilig. Zwar waren sie einigermaßen zufrieden mit dem neuen Lehrer, den der Vater von Merula für sie ausgesucht hatte, nachdem sein Vorgänger eines Tages plötzlich nicht mehr erschienen war, aber manche Dinge könnte er doch ein wenig interessanter gestalten.

Merula war die Tochter des Hauses. Sie hatte schwarze Haare und sehr dunkle Augen. Trotz ihrer kleinen Behinderung am rechten Fuß war sie körperlich sehr tüchtig und liebte alle Arten von Spielen und konnte auch sehr gut laufen. Auch jetzt hatte sie den Wettlauf wieder gewinnen können, indem sie als erste an dem Türpfosten zum Haus anschlug. Und sie konnte sich über ihren Sieg wirklich freuen. Das hatte nichts mit Schadenfreude Junia gegenüber zu tun.

Junia hatte ihre Herrin früher immer gewinnen lassen. Aber seitdem sie von Merulas Vater in die Freiheit entlassen worden war, fühlte sie sich dazu nicht mehr verpflichtet. Und es kam sehr häufig vor, dass sie im Spiel oder im Wettlauf gegen ihre einstige Herrin gewann. Der Vater hatte sie vor vielen Jahren – sie selbst erinnerte sich kaum noch daran – auf dem Markt gekauft. Ihre Eltern wurden von den Römern getötet in einem Krieg, der eigentlich ihr ganzes bisheriges Leben lang andauerte. Sie wurde auf einem Schiff nach Rom gebracht, zusammen mit Hunderten anderer Gefangener. Und dann konnte sie sich noch an einen langen Fußweg erinnern, der sie schließlich bis nach Rom führte. Hier nahm sich eine mitgefangene ältere Frau ihrer an und kümmerte sich um sie. Sie sorgte auch dafür, dass es Merulas Vater war, der sie kaufte. Junia würde nie erfahren, wie sehr sie von ihr angepriesen wurde und welche Vorzüge sie ihm genannt hatte. Sie hatte diese liebe Frau nie wieder gesehen, dabei würde sie sich heute gerne einmal bei ihr bedanken.

In diesem fremden Haus musste sie von Anfang an arbeiten und in der Küche und im Garten helfen. Zuerst schlief sie in einem kleinen Raum außerhalb des Haupthauses zusammen mit zwei weiteren Sklaven. Doch später wurden diese beiden in die Freiheit entlassen und dann hatte der Vater sie ins Haupthaus geholt. Wahrscheinlich hatte Merula bei ihrem Vater gebettelt, denn sie schliefen seit diesem Zeitpunkt in einem Zimmer.

Zwischen den beiden Mädchen war es von Anfang an eine Art Freundschaft, die Junia allerdings lange Zeit nicht als solche empfand. Die beiden waren im gleichen Alter, was ihren Umgang miteinander erleichterte. Junia aber war nicht freiwillig in diesem fremden Land mit seinen seltsamen Gebräuchen. Sie war jedoch in der Familie immer gut behandelt worden und Merula schenkte ihr sehr oft Kleider, die sie selbst nicht mehr tragen wollte. Manchmal sogar solche, die sie ihrer Mutter abgeluchst hatte. So achtete Junia darauf, nicht anzuecken, das Missfallen ihrer Herrschaft nicht zu erregen und Merula im Spiel gewinnen zu lassen.

Aber eines Tages machte der Vater etwas, womit sie nie gerechnet hätte: Er händigte ihr die Freilassungspapiere aus. Sie hatten nie darüber gesprochen, sie hatte sich nie darüber Gedanken gemacht, denn sie war ja noch sehr jung. Freiheit hieß, dass man sich um sich selbst kümmern musste. Und das bedeutete auch Verantwortung und Pflicht. Aber wie hätte sie das schaffen können? Sie hatte keine Möglichkeit, sich um sich selbst zu kümmern. Sie war ein junges Mädchen, eine Ausländerin, ohne eine Ausbildung und ohne Verwandte, die sich hätten um sie kümmern können. Das hatte der Vater doch gewusst. Dann aber stellte sich heraus, dass er sie gar nicht aus dem Haus haben wollte. Er wollte eine weitere Tochter haben.

So ähnlich hatte er es jedenfalls ausgedrückt. »Alle Menschen sind gleich und haben nur einen Herrn«, meinte er. Zu diesem Zeitpunkt war Junia nicht klar, was er damit gemeint haben könnte. Sie genoss währenddessen ihren neuen Status, der allerdings die Aufgaben nicht sehr veränderte. Sie half im Haus und im Garten. Aber das tat ihre Freundin Merula ebenso. Dagegen bekam sie jetzt Unterricht und konnte Schreiben und Lesen, Rechnen und die Kunst des Redens lernen. Und wie ein trockener Schwamm sog sie all das neu Erlernte in sich auf.

Auch Merula war eine gute Schülerin und zusammen gelang es ihnen oft, den Lehrer mit ihren Fragen zu nerven und vor schier unlösbare Probleme zu stellen. Ob ihr erster Lehrer so verzweifelt war, dass er deshalb nicht mehr wiederkam? Die beiden Mädchen stürmten in das Haus, das nicht mehr besonders groß, aber sehr schön und sauber war. Vor einiger Zeit mussten einige Gebäudeteile verkauft werden.

Die Eltern hatten den Tisch schon gedeckt und saßen bereits.

»Beten wir heute nicht?« fragte Junia, als sie den Vater schon kauen sah. Der legte sofort die Brotschnitte weg und machte ein ertapptes Gesicht.

»Oh, entschuldige, äh, ich dachte, wir hätten ...«

Die Mutter lachte. »Euer Vater kam aus dem Amt und wäre vor Hunger fast zusammengebrochen, der arme Kerl.«

Der Vater arbeitete im Amt des Ädils und war zuständig für die Wasserleitungen und Thermen. Das war eine sehr verantwortungsvolle Aufgabe, denn das Wasserleitungssystem in Rom war vorbildlich in der ganzen Welt. Die Bürger der Stadt waren stolz auf ihre Thermen und verbrachten jeden Nachmittag damit, sich darin zu entspannen, zu waschen, Geschäfte und Politik zu machen und sich zu unterhalten.

»Doch«, fuhr die Mutter fort, »natürlich beten wir heute vor dem Essen auch wieder.«

Und gemeinsam sagten sie dann, indem sie den Kopf senkten und die Hände falteten: »Jesus Christus, danke für dieses Essen und danke für diesen Tag. Beschütze die Menschen, die wir lieben, und segne die, die uns hassen. Amen.«

Dann gab es kein Halten mehr, denn auch die beiden Mädchen waren vom Lernen und vom Spielen so hungrig und durstig geworden, dass die Mutter schon befürchtete, sie habe nicht genügend bereitgestellt. Aber am Ende hatte es doch gereicht und alle wurden satt. Dann unterhielten sie sich und sprachen darüber, was ihnen an diesem Tag passiert war. Merula musste noch einmal eine unverständliche Redewendung besprechen, die sie heute gelernt hatte, und Junia kam mit einer mathematischen Formel nicht klar. Die Mädchen redeten wild und aufgeregt durcheinander und ließen auch ihre sportlichen und spielerischen Aktivitäten nicht unerwähnt. Der Vater versuchte zu helfen, wo er konnte und die Mutter gab Ratschläge, wo es ihr nötig erschien. Währenddessen wurden die letzten Reste des Essens aufgegessen und auch die Karaffen waren mittlerweile geleert. Die Mädchen halfen der Mutter beim Abräumen und trugen das Geschirr nach draußen, wo sie es schnell an der Wasserstelle säuberten und wieder an seinen Platz räumten. Mutter und Vater saßen noch einige Zeit zusammen, während Junia und Merula im Eingang sitzend ein Geschicklichkeitsspiel spielten.

»Der neue Kaiser wird einige Dinge verändern wollen, habe ich gehört«, sagte der Vater, der für solche Informationen an einer guten Quelle saß. Das Amt des Ädils war in der römischen Ämterlaufbahn eine Voraussetzung, um zu höheren Ehren zu kommen. Und als einer der leitenden Beamten hörte man aus vielen Richtungen so allerlei.

»Er ist wohl der festen Überzeugung, dass die Römer sich wieder mehr ihrer Religion zuwenden sollten. Und das bedeutet, dass andere Religionen keinen Platz mehr haben in diesem Reich.«

Die Mutter schaute ihn fragend an. »Ich weiß auch nicht. Es könnte sein, dass wir noch mehr aufpassen müssen, was wir sagen. Ich denke, wir sollten einfach zurückhaltend sein und kein öffentliches Aufsehen erregen.«

Freilich wollte er seine Arbeit nicht gefährden, denn sie war ihm aus zwei Gründen besonders wichtig: Zum einen war die Wasserversorgung eine überragende kulturelle Leistung in der Stadt und durfte nicht gefährdet werden. Zum anderen hatte er Verantwortung für seine Frau und die beiden Mädchen.

»Meinst du, es reicht, wenn wir uns nach wie vor still verhalten?«

»Ja«, versuchte er seine Frau zu beruhigen, »niemand braucht etwas über unseren Glauben zu wissen.«

Seine Frau schaute dennoch sorgenvoll: »Ich glaube nicht, dass man das auf die Dauer geheim halten kann. Jedes Mal, wenn wir draußen beten oder Kerzen anzünden, kann man das doch sehen. Und wer weiß, die Versammlungen …«. Es bestand sicherlich die Gefahr, dass in den kleinen Versammlungen, die sich hin und wieder trafen, Spitzel dabei waren oder Menschen, die aus irgendeinem Grund jemanden verraten und ausliefern wollten. Aber bislang hielt die Gemeinschaft ziemlich gut zusammen.

»Wenn der Druck erhöht wird …?« »Nun warten wir erst einmal ab«, wiegelte ihr Mann ab, der das Gespräch auch mit Rücksicht auf die Mädchen beenden wollte. »Bis jetzt ist ja noch gar nichts beschlossen worden.«

»Wie wird man denn eigentlich so richtig Mitglied bei euch?«, wollte Junia von Merula wissen. Die Gebete bei Tisch mochte sie sehr, aber sonst hatte sie bisher keinerlei Erfahrungen mit dieser, aber auch mit keiner anderen Religion, denn in ihrer Heimat war sie noch viel zu jung dazu gewesen. »Man wird getauft. Dazu wirst du unter Wasser getaucht.«

»O, das ist ja komisch. Ich war schon oft im Wasser und bin auch schon oft getaucht.« Merula musste lachen. »Ja, aber das ist etwas anderes. Ich weiß auch nicht genau. Das machen erst Erwachsene und die sagen dann, dass sie an Jesus Christus glauben.«

»Ach so«, Junia verlor schon das Interesse, »dann hat das alles ja noch ein bisschen Zeit.«

Mit diesen Worten beendeten sie zusammen mit dem Spiel auch ihr Gespräch und gingen einige Schritte vor das Haus, von wo sie in der nun schon ziemlich weit vorgeschrittenen Dämmerung auf die Stadt sahen. Das Haus lag auf dem Quirinal, einem der sieben Hügel Roms, im Norden der Stadt. Die Bewohner hier gehörten zwar nicht zur römischen Oberschicht, hatten aber in der Regel keinerlei wirtschaftliche Sorgen, was man auch an den kleinen, aber durchweg feinen Häuschen sehen konnte.

Anders als die Menschen dort unten, südwestlich des Wohnortes von Merula und Junia. Dort in der Subura drängten sie sich in Häusern mit sechs Stockwerken, zumeist schlecht erhalten und immer wieder vom Feuer bedroht.

Etwas weiter im Süden konnten sie das Forum Romanum mit den bedeutendsten und wichtigsten

Bauwerken der alten Stadt sehen. Und im Westen blickte man auf das Marsfeld, dort, wo früher sich die Truppen versammelten, und den Tiber, der genau hier einen Bogen um die Stadt machte, als wolle er den Kontakt mit ihr meiden und ihr ausweichen. Die beiden Mädchen liebten diesen Rundblick auf die Stadt, bevor sie sich schlafen legten, denn man hatte von hier den Eindruck als lege Rom sich ebenfalls schlafen.

9.
Kapitel

Sarah fror und ihre Zähne klapperten. Sie kuschelte sich tief in ihre Tunika hinein. Aber auch das half nichts. Die Nacht in Rom war recht mild; es war also nicht die Temperatur, die sie frösteln machte. Sie hatte Angst.

Sie war alleine und vor Stunden schon hatte sie Jonas verloren. Es war kein Lebenszeichen von ihm zu bekommen. Ihr Sender zeigte an, dass die SMS abgeschickt worden war. Aber Jonas antwortete nicht. Sie mochte sich gar nicht vorstellen, was das bedeuten konnte. Lange hatte sie ausgehalten auf dem Stein vor dem Haus, das Jonas irgendwie verschluckt zu haben schien. Aber dann wurde es unangenehm. Immer wieder kamen Männer, die sie anglotzten. Sie gingen um sie herum, als wäre sie ein Ausstellungsstück oder eine Ware, die man begutachten könne, bevor man sie kauft. Sie reagierte nicht und schaute demonstrativ in eine andere Richtung. Aber mit der Zeit wurde ihr das doch zu lästig und sie zog es vor, ihren Platz zu verlassen und sich in eine etwas entlegenere Ecke der Straße zurückzuziehen.

Noch immer konnte sie nicht lassen von dem Gedanken, dass Jonas hier doch wieder auftauchen müsste. Sie befürchtete zwischenzeitlich auch, dass mit seinem Sender etwas nicht in Ordnung war und er in ihre Zeit zurückgeholt wurde. So eine Art Betriebsunfall. Die neue Zeitmaschine war ja vorher noch gar nicht erprobt worden. Schnell aber wischte sie diesen Gedanken wieder beiseite. Das war doch zu phantastisch und durfte einfach nicht sein. Aber was war mit ihm? Wo war er? War er in Gefahr? Wie konnte sie ihn finden? Und wie würde sie ihm helfen können? Ob er sich auch Sorgen um sie machte?

Das alles konnte doch eigentlich gar nicht wahr sein! Schließlich hatte sie sich ja nicht wegbewegt von der Stelle, an der sie getrennt wurden. Vielleicht wartete er auf der anderen Seite des Gebäudes? Sarah zuckte zusammen. Natürlich! So musste es sein! Aus irgendwelchen Gründen war er wieder auf der anderen Seite gelandet, dort, wo sie die Sklavenversteigerung beobachtet hatten. Und jetzt saß er da und machte sich um Sarah Sorgen. Man kennt so was ja aus dem Kino: Da sitzen die Menschen an verschiedenen Orten und warten aufeinander.

Das war es, sie musste auf die andere Seite! Aber wenn er genau jetzt auch so dachte? Irgendjemand musste jetzt aber doch handeln, sagte sie sich, und ging die Straße entlang, um eine Lücke in der Häuserbebauung zu finden, die ihr den Weg auf die andere Seite eröffnete. Man musste nur zügig gehen, den Blick nach unten gerichtet und niemanden anschauen, dann wurde man auch nicht angesprochen. Festen Schrittes ging sie und fand tatsächlich nach etwa fünfzig Metern eine Stelle, die auf die Parallelstraße führte. Jetzt ging sie immer schneller, konnte aber von weitem schon sehen, dass niemand dort auf sie wartete. Jonas blieb verschwunden.

Sie stöhnte auf und war jetzt zum ersten Mal sogar fast den Tränen nahe, denn Hunger und Durst nagten ebenfalls an ihr und sie wusste nicht, wie sie ohne Essen und Trinken durch die Nacht kommen sollte.

›Ich bin vielleicht lustig,‹ dachte sie bei sich, ›ich weiß ja noch nicht einmal, wo ich schlafen kann. Ich kann mich doch nicht einfach hier auf die Straße legen – obwohl ich genau das jetzt gerne machen würde. Ich bin so müde, so müde!‹ Mit diesen Gedanken ging sie einfach weiter und hoffte so, Hunger, Durst und Müdigkeit vertreiben zu können.

Das war aber schwer, denn von allen Seiten schlugen ihr leckere Gerüche entgegen, da fast jedes zweite Haus einen Imbiss zu beherbergen schien. Aus so mancher Taverne klang fröhlicher Lärm, Flötenspiel, Gesang und Geschrei. Sie überlegte kurz, ob sie sich einfach an einen Tisch setzen sollte in der Hoffnung, dass jemand Mitleid mit ihr hatte. Aber dann entschied sie sich doch dagegen, denn sie wollte nicht noch mehr eindeutige Angebote von allein umherziehenden Männern erhalten. So blieb ihr vorerst nichts anderes übrig als das Gebiet des Forum Romanum hinter sich zu lassen.

Sie ging wieder zurück Richtung Trajans-Forum. Irgendwie hatte sie das Gefühl, dort sicherer zu sein. Das ist in fremden Städten häufig so: Die Orte, die wir zuerst gesehen haben und an denen wir uns wohlfühlten, werden schnell zu einem sicheren Hafen in unbekannter Umgebung. Sie sah, dass in der Nachbarschaft viele höhere Häuser standen, zumeist sechs Stockwerke hoch, wie sie zählte.

Hier waren ebenfalls noch ziemlich viele Menschen auf den Straßen und niemand beachtete sie. ›Und wenn Jonas die Fremde gefunden hatte und mit ihr verhaftet wurde? Und morgen dann den Löwen zum Fraß vorgeworfen wird?‹ Sie schüttelte heftig den Kopf. Welche Gedanken einem kommen, wenn man hungrig, durstig, müde und verzweifelt ist!

›Aber so abwegig ist das doch nicht.‹ Sie spürte, wie die Verzweiflung überhand nahm. Was sollte sie machen, wenn sie Jonas nie wieder sehen würde? Würde sie dann hier in dieser unbekannten Zeit gefangen bleiben, vielleicht selber einmal als Fundstück in einem kleinen Provinzmuseum in Deutschland enden?

»Wir wissen nicht, wer dieses Mädchen war. Aber sie hatte einen Sender am Arm. Wir nehmen an, dass sie eine Zeitreisende war und nicht mehr nach Hause gefunden hatte.«

Sarah schluchzte und konnte die Tränen plötzlich nicht mehr zurückhalten. Sie fühlte sich so schrecklich alleine wie noch nie in ihrem ganzen Leben. Selbst die Streitereien und Auseinandersetzungen damals mit ihrer Mutter waren nichts gegen diese Einsamkeit und diese Angst, von der sie jetzt befallen wurde. Sie ließ sich auf einer Bank nieder und vergrub ihr Gesicht in ihren Händen. Das Schluchzen wurde immer stärker und sie hatte keine Gewalt mehr über sich. Die Tränen liefen durch die Finger hindurch und tropften auf ihre Tunika. Ihr Körper wurde in Wellen von Weinkrämpfen geschüttelt. Es war ihr egal, ob jetzt jemand kam und sie ansprach. Sie würde sowieso nicht reagieren können. Es war ihr egal, was die Leute über sie dachten. Sie wünschte sich weg, zurück in die Zukunft, aber das blieb ein Wunsch, der von einem neuerlichen Weinkrampf abgelöst wurde.

Plötzlich spürte sie eine Hand auf ihrer Schulter. Wie lange lag diese da schon? Sie konnte nicht aufschauen, hatte zu wenig Kraft, ihren Kopf aus den Händen zu heben. Die Hand aber regte sich nicht. Sie lag dort mit einem leichten Druck, veränderte nicht ihre Position und schien nichts anderes zu wollen, als dort zu liegen. Das tat gut, irgendwie. Sie schaute immer noch nicht auf, spürte aber, dass die Krämpfe abebbten. Hin und wieder schluchzte sie noch, aber die Tränen flossen nicht mehr und sie beruhigte sich langsam. Noch immer lag die Hand dort. Niemand sprach. Wer wohl zu dieser Hand gehörte? Sie hatte sofort gespürt, dass das nicht Jonas sein konnte. Aber wer war es? Diese Hand wollte trösten, so viel war sicher. Dann fühlte sie sich stark genug, langsam ihren Kopf aus den Händen zu heben. Noch immer regte sich die fremde Person nicht. Sarah schluckte und schluchzte, aber sie beruhigte sich und blinzelte, um die restlichen Tränen aus den Augen zu lösen. Dann drehte sie sich vorsichtig um. Hinter ihr saß, in einer Toga mit einem Purpursaum, ein gutaussehender Junge. Er hatte schwarze lockige Haare und sehr dunkle Augen, die ruhig und fest auf sie blickten. Noch immer rührte sich der Junge nicht. Sarah räusperte sich und drehte sich halb zu ihrem Tröster um.

»Ähem, entschuldige. Ich bin nicht immer so.« Der Junge sah ihr immer noch in die Augen und lächelte leicht.

»Weißt du, ich habe gerade ein paar Probleme.«

Noch immer schwieg der fremde Junge und nickte.

»Ja, ich bin schon ziemlich lange unterwegs. Und ich weiß auch nicht, irgendwie habe ich kein Geld und bin sehr müde.«

Verdammt, sie war nicht recht vorbereitet. Sie wusste nicht, was sie diesem fremden Römer erzählen sollte. Diese Situation hatten sie in ihren Vorbereitungen einfach nicht vorgesehen. Wie sollte sie dem Jungen ihre Situation erklären? Wie kam ein so junges Mädchen in die Stadt ohne Geld und ohne Familienanschluss? Sie war unglücklich und wäre am liebsten wieder davongelaufen.

»Wie heißt du?«, fragte ihr Gegenüber.

»Sarah«, antwortete sie und war unsicher, ob das gut war, denn es könnte ja sein, dass es diesen Namen in Rom zu dieser Zeit gar nicht gab.

Aber der Name schien akzeptiert worden zu sein, denn der junge Römer stellte sich ebenfalls vor: »Hostilian«, sagte er nur knapp und hob dabei leicht den Zeigefinger seiner rechten Hand. Sarah räusperte sich wieder und nickte. Dann schaute sie verlegen nach unten. Sie überlegte, wie das hier jetzt weitergehen könnte.

Aber Hostilian spürte, was mit ihr war: »Hast du Hunger und Durst?«, fragte er. Sie sah ihn an und nickte heftig. »Gut, dann komm.«

Er nahm sie bei der Hand und zog sie einfach mit sich. Sie wehrte sich allerdings auch nicht. Welche Wahl hatte sie schon? Vielleicht würde sie so die Nacht doch noch gut überstehen und morgen würde sie dann ausgeruht und frisch Jonas suchen können.

Er führte sie in eine Gaststube, die offensichtlich von etwas besserem Ruf war als die, die sie mit Jonas aufgesucht hatte. Hostilian sprach mit dem Wirt und es war ihm anzumerken, dass er sich gut auskannte, wie man bestellte und wie man mit dem Wirt redete. Nach kurzer Zeit standen auf ihrem Tisch eine große

Karaffe Wasser und eine fast ebenso große Karaffe Wein. Hostilian schenkte fleißig ein, aber sie bedeutete ihm, ihr nur wenig Wein einzuschenken. Doch ganz ohne ging es dann natürlich auch nicht. Etwas später kamen dann verschiedene Saucen, unterschiedliche Fleischsorten, Fisch, Gemüse und Brot auf den Tisch.

Sarah musste lachen. »Kommt noch jemand?«

Hostilian guckte irritiert. »Wieso fragst du?«

»Naja, ich finde, das reicht, um halb Rom satt zu machen.«

»Nein«, wehrte er ab, »es kommt niemand mehr und du sollst essen. Wenn du satt bist, freue ich mich.«

Sie ließen es sich nach Herzenslust schmecken und tauschten sich über die unterschiedlichen Geschmäcker und die Kochkünste verschiedener Völker aus. Sarah achtete darauf, keine Namen zu nennen, sondern nur von »Osten« für die Türkei und von »Westen« für Spanien und Frankreich und von »Norden« für Deutschland zu sprechen und hoffte, dass sie keinen Fehler machte. Ihr reichhaltiges Mahl wurde mit dem Nachtisch abgeschlossen: Trockenfrüchte, Nüsse, Kuchenbrösel und verschiedene Gewürze waren in entsteinte Datteln gefüllt, die in einem Fruchtsaft getränkt serviert wurden.

Sarah war jetzt dankbar, dass Hostilian so viel bestellt hatte, denn das war wirklich lecker. So saßen sie, aßen und tranken. Und Sarah spürte, dass viele Gläser mit wenig Wein auch betrunken machen können. Sie wurde lustiger und die Gaststube schien sich um sie zu drehen. Plötzlich und unvermittelt fragte Hostilian: »Kennst du Atargatis?«

Sarah fragte nach und glaubte dann, zu betrunken zu sein, um richtig verstehen zu können. Sie schüttelte lachend den Kopf.

Aber Hostilian war offensichtlich noch nicht zufrieden: »Und Jesus Chrestus?« Jetzt glaubte sie wieder, falsch gehört zu haben. Aber immerhin, diesen Namen kannte sie.

»Ja«, nickte sie bestätigend. Was soll's!

Doch plötzlich stockte ihr der Atem und ihr Kopf war schlagartig klar. Sie musste aufpassen, hatten sie doch in ihren Vorermittlungen erfahren, dass Christen in diesem Rom keine guten Karten hatten. Sie musste vorsichtiger werden. Sofort rückte sie ihren Krug an das andere Ende des Tisches. Hostilian schien das nicht zu bemerken. Er reagierte auf ihre Antwort genauso wie auf die Nennung ihres Namens, nämlich gar nicht.

»Ich bin ziemlich müde. Du siehst auch so aus, als könntest du einen Moment Schlaf gebrauchen.«

O ja, wenn er wüsste, wie sehr sie den Moment herbeisehnte, sich endlich in ein Bett legen zu können. Noch nie hatte sie ein solches Bedürfnis verspürt. Hostilian ging zu dem Wirt, legte etwas auf die Theke von dem Sarah annahm, dass es das Geld war, mit dem er die Rechnung beglich, kam wieder zurück und zog sie an der Hand hinaus. Gemeinsam liefen sie so einige Minuten, vorbei an anderen Tavernen und anrüchig erscheinenden Spelunken. Plötzlich bog ihr Fremdenführer scharf nach links ab und gemeinsam gingen sie durch einen Hauseingang hindurch und drei Stockwerke nach oben.

Dort klopfte er an eine Tür, die ziemlich schnell geöffnet wurde. Ein mürrisch dreinschauender Mann fragte nach dem Grund ihres Klopfens. Hostilian verlangte zwei Zimmer, die nebeneinander zu liegen hätten, und seine Ausdrucksweise klang wieder sehr bestimmt und keinen Widerspruch duldend. Er bat nicht um ein Quartier, er verlangte es. Sarah sollte es recht sein.

Nachdem Hostilian mit dem Wirt alles geregelt hatte, betraten sie ihr Zimmer. Es war recht eng. Das Bett füllte fast den gesamten Raum, obwohl es nicht besonders groß war. Sarah hatte den Eindruck, dass sie sich darin wahrscheinlich nicht ausstrecken können würde.

Hostilian setzte sich sofort auf das Bett. »Ich muss kurz mit dir reden. Ich denke, du bist in großer Gefahr.«

Sarah stockte schon wieder der Atem. Was hatte sie denn noch alles zu erwarten?

»Ich habe dich deshalb hierher gebracht. Es mag sein, dass irgendwelche Leute hinter dir her sein werden, wenn du so alleine und heulend auf der Straße sitzt.«

Ach so. Das meinte er.

»Ja, die waren schon hinter mir her, aber ich habe sie abgeschüttelt und nicht beachtet. Sollen die sich doch andere Frauen suchen.«

Er begriff sofort und schüttelte verneinend den Kopf.

»Nein, die meine ich nicht. Es dreht sich um Sekten, die in ihrem Wahn Kinder opfern.«

Jetzt war Sarah wieder aufgeregt. Sie dachte nicht zuerst an sich, sondern – an Jonas.

»Pass auf, du musst mir helfen. Du hast gesagt, dass du einen Jesus kennst. Woher?«

Das wird ja immer besser hier. Zuhause wurde man nie gefragt, ob man an Jesus Christus glaubt.

»Ich bin Christin«, sagte sie knapp und ließ dabei Hostilian nicht aus den Augen. Aber der schaute sie nicht an, sondern schien intensiv nachzudenken.

»Hast du Kontakt zu der Gruppe hier in Rom?«

Schon wieder nahm das Gespräch eine Wendung, die ihr nicht behagte. Was sollte sie sagen? Nein, aber nein, natürlich konnte sie die Frage verneinen, sie hatte ja keinen Kontakt.

»Du musst mir helfen. Wir müssen diese Gruppe finden und ich muss wissen, ob sie dort Kinder opfern.«

Sarah versuchte nachzudenken. Aber das fiel ihr immer schwerer. Die Augen waren müde und in ihrem Kopf machte sich eine bleierne Lähmung breit. Sie hatte das Gefühl, irgendwie handeln zu müssen, aber sie wusste nicht wie. Sie hatte den Eindruck, etwas sagen zu müssen, aber sie wusste nicht was. Sie konnte nicht mehr zuhören, sie konnte nicht mehr denken, sie konnte und wollte nicht mehr reden.

»Sag mal, Hostilian, ich glaube das zwar alles nicht, es scheint mir sehr unsinnig zu sein, aber ich kann beim besten Willen nichts mehr sagen. Ich bin schrecklich müde. Wollen wir nicht morgen weiterreden?« Sofort stand der junge Römer auf und räumte Sarahs Bett.

»Entschuldige. Natürlich. Heute Nacht können wir sowieso nichts mehr ausrichten. Ich bin nebenan, wenn du mich brauchen solltest. Schlafe gut.« Aber Sarah hörte nichts mehr. Sie war in ihrer Tunika auf das Bett gefallen, lag quer und schlief bereits. In ihren Träumen sah sie immer wieder Jonas, der einmal von Löwen bedroht wurde und ein anderes Mal gegen Hostilian kämpfte.

10.
Kapitel

»Ich will dir mal was sagen«, erregte sich Tiberius und drohte mit der Faust, »ich kann diese Sekte nicht leiden. Und ich werde sie finden und aufreiben. Und wenn du mich fragst, wird der Kaiser auch diesen Weg gehen. Er kann nämlich gar nicht anders.«

Hortensius drehte sich um und suchte nach einer Bank oder einem Mauervorsprung, wo er sich anlehnen oder hinsetzen könnte. Er wusste, dass Tiberius jetzt in seinem Element war. Das wollte er schon immer: heimlich und unerkannt die Geschicke in der Stadt lenken. Wahrscheinlich hatte er seine Legion schon eingeschworen – und wie er die Jungs kannte, würden die auch kurzen Prozess mit den anderen Prätorianern machen, wenn sie sich nicht fügen wollten.

Endlich hatte er eine Stellung gefunden, die ihn die nächsten Minuten des Wortschwalls aushalten ließ.

»Decius will Kaiser bleiben. Und er kann dies nur, wenn er sich mit uns gut stellt. Und wir sind gegen diese Chrestus-Leute. Die stinken, das kann ich dir sagen. Die stinken, dass man es in ganz Rom riechen kann. Wenn die noch stärker werden, dann haben wir bald keine Sklaven mehr, dann ist es auch aus mit den Provinzen und dann wird es letztlich auch dich nicht mehr geben.«

»Damit kann ich leben«, bemerkte Hortensius gelangweilt.

Wieso ging er nicht einfach und ließ diesen Blödmann stehen? Aber er wusste, dass er vorsichtig sein musste. Tiberius war ein machtgieriger, schleimiger und totgefährlicher Soldat. Er war wie ein Speer, den irgendjemand einmal geworfen hatte und der jetzt aber völlig selbstständig entschied, wen er treffen und töten wollte. Wenn er Präfekt werden würde, dann bräuchte es in Rom überhaupt keine Kaiser mehr zu geben, denn die Prätorianer hätten vollends die Macht übernommen. Aber was sie politisch erreichen wollten, blieb auch Hortensius unklar, denn ein politisches Profil hatte die Garde wirklich nicht.

»Hör mal, lass uns zusammenarbeiten. Es wird nicht dein Schaden sein.«

Hortensius verzog unmerklich die Mundwinkel. Auch diese Leier kannte er; sie kam in den letzten Jahren immer wieder. Vielleicht war Rom sogar auf diese Verbindungen aufgebaut: Man hat eine Stufe des Berges erklommen und warf einem Freund das Seil zu, damit auch der sich hoch hangeln konnte. Andere blieben so zurück und man warf das Seil einfach weiteren Freunden zu, die dann natürlich auch dafür sorgten, dass man selbst nicht zurückgelassen wurde. Seilschaften nannte man das auch – und so sorgte man dafür, dass man an der Spitze unter sich war. Hortensius hatte Glück gehabt und sich aus eigener Kraft an seine Position gearbeitet. Aber er spürte auch, dass der Wind rauer geworden war und er sich nicht mehr sehr lange halten können würde, wenn der Wind weiter so blies wie er es gerade tat. Seine Hoffnung war Decius. Der wollte das Reich erneuern und etwas tun gegen die immer weiter um sich greifende Armut und gegen die Bedrohung der Reichsgrenzen von außen. Hortensius hoffte wenigstens, dass dies der überzeugte Wunsch des Kaisers war. Tiberius dagegen wollte Decius als Marionette haben, die tun sollte, was die Prätorianer wollten. Und er selbst stand irgendwie dazwischen.

Er stieß sich von der Mauer ab und ging zwei Schritte auf Tiberius zu. »Ich glaube, das war es, Tiberius. Wir haben nichts gemeinsam. Dein Weg ist nicht mein Weg. Ich kenne die Chrestus-Anhänger nicht. Ich kenne viele andere Religionen aber auch nicht. Ich finde, sie sollen alle leben, wie sie wollen, solange sie mich in Ruhe lassen und das Reich nicht gefährden. Wer das nämlich tut, der hat die Freiheit im Reich verspielt und der kann auch nicht mit Gnade rechnen. Das sehe ich auch so. Du aber willst aus Machtgier die Sekten vernichten, um ...« Er suchte nach Worten. »Ach, ich weiß auch nicht. Du bist eben so. Ich möchte, dass das Reich wird, wie es einmal war. Davon träume ich. Und das unterscheidet uns grundsätzlich.«

Tiberius funkelte ihn wütend an und hielt mit der Linken seinen Schwertknauf umklammert. »Pass auf, du Träumer, was du sagst, ich bringe dich sehr schnell in das Tullianum. Das grenzt an Hochverrat, was du da sagst.«

Hortensius sah ein, dass es keinen Zweck hatte. Das Gefängnis reizte ihn nicht und Tiberius war nicht nur dumm, er war auch jähzornig. Mit solchen Menschen war nicht gut Kirschen essen.

»Lass dein Schwert stecken. Wir haben einen Auftrag und der trennt uns ja sowieso. Also erledigen wir ihn.«

In diesem Moment kam Nessos, der engste Vertraute des Tiberius, herein und flüsterte diesem etwas zu.

Hortensius wandte sich ab und ließ die beiden in Ruhe ihre Informationen austauschen. Doch als er sich wieder umdrehte, stand er alleine. Die beiden waren leise und unauffällig verschwunden. Er war erstaunt. Das war doch wirklich nicht Tiberius Art – leise zu verschwinden. Normalerweise achtete er darauf, dass jeder im Raum mitbekam, wenn er kam oder ging. Hier war etwas faul. Zu blöd, dass er gerade jetzt unaufmerksam geworden war. Er hatte den Verdacht, dass Tiberius genau dies beabsichtigt hatte mit seiner blödsinnigen Diskussion, die doch zu nichts führte. Er musste herausbekommen, was geschehen war. Schnell verließ auch er den Raum und grinste unwillkürlich. Natürlich verbreitete Tiberius überall Angst und Schrecken, und wenn er an Informationen kommen wollte, holte er sie sich mit Gewalt. Doch nicht alle Informationen sind auf diese Art und Weise zu bekommen.

Er richtete seine Schritte in Richtung Küche, wo die dicke, aber sehr resolute Elwine stand und den Sklaven und Sklavinnen gerade kräftig einheizte. Der Kaiser erwartete am Abend eine sehr große Gesellschaft zum Essen, und alles musste gerichtet werden. Elwine war der gute Geist in diesem Teil des Palastes und Hortensius mochte sie – und sie mochte ihn, weil er immer ein gutes Wort für sie hatte und wusste, wo man die besten Stücke in der Stadt bekommen konnte, wenn es sie auf dem Markt schon längst nicht mehr gab.

»Mach, dass du rauskommst«, blökte Elwine.

Eine gepflegte Umgangssprache war nicht gerade ihre Stärke.

»Was ist los, Elwine?«, fragte Hortensius.

»Was los ist, was los ist ... Ich will dir mal was sagen: Das Leben ist nicht mehr einfach in diesem blöden Land. Hier macht doch gerade jeder, was er will. Die Sklaven begehren auf und halten sich nicht mehr an die Ordnung. Die Herren sind unmäßig und verprügeln die Sklaven, wo sie nur können. Früher hätte es das nicht gegeben. Hier habe ich zwei, schau, die beiden Jungs aus Afrika. Die meinen, sie könnten hier mit dem Fleisch tun und lassen, was sie wollen. Und dann wird es ungenießbar. Ja, wenn ich einen Stock hätte, dann würden sie tun, was ich will. Aber das mache ich nicht. Die sollen einsehen, dass das Fleisch ganz langsam gegart werden muss. Und sie sollen es machen, weil sie es einsehen, nicht, weil ich einen Stock habe. Es gibt keine Ordnung mehr. In der Familie nicht, auf der Straße nicht, selbst bei den Soldaten nicht. Hortensius, sag, wo soll das noch hinführen?«

Hortensius machte ein nachdenkliches Gesicht. Er kannte die Nöte und Probleme von Elwine sehr gut. Sie erzählte ihm oft davon. Ihm war auch schon der Gedanke gekommen, ob dieser Ungehorsam der Sklaven von der Religion der Chrestus-Anhänger herrührte. Die predigten doch, dass alle Menschen gleich seien und es nur einen Herrn und Gott gäbe. So hatte er es jedenfalls einmal von einem seiner Prätorianer gehört. Das wäre doch eigentlich ein guter Grund, diese Sekte zu vernichten. Aber auf der anderen Seite waren auch die Herren nicht mehr das, was sie einmal waren. Viele verhielten sich ihren Sklaven gegenüber arrogant und gewalttätig. Es war tatsächlich etwas faul in dieser Ordnung. Grundlegend.

Aber Hortensius wollte jetzt nicht über die allgemeine Verfassung im Reich mit Elwine diskutieren.

»Ja, du hast recht«, stimmte er ihr zu, um gleich anzuschließen: »Weißt du aus dem Palast irgendwelche Neuigkeiten? Klatsch oder Tratsch?«

Elwine schaute ihn von unten nach oben mit schräggelegtem Kopf an, überlegte, kratzte sich am Kinn und kam dann auf ihn zu. Er beugte sich zu ihr hinab, damit sie ihm besser ins Ohr flüstern konnte: »Herennius vermisst seinen Bruder.«

Der Centurio versteifte sich und sah aus wie vom Blitz getroffen. Das war es, was Tiberius in Fahrt brachte. Hostilian war verschwunden, weg, hat einfach den Palast verlassen.

Elwine drehte sich zur Kochstelle und schlug einem Sklaven mit der flachen Hand auf den Hinterkopf: »Pass doch auf, Dummkopf, was du da schon wieder anrichtest. Wie oft soll ich das noch sagen! Oder willst du in dem Topf landen?« Das wollte er sicher nicht.

Hortensius eilte nach oben und aus dem Palast. In seiner Aufregung wusste er gar nicht, was er jetzt als erstes machen sollte. Noch hatte es keinen Sinn, seine Legion zu holen. Sein Widersacher würde das vielleicht tun, jeden Stein in Rom umdrehen und zuvor die Häuser niederreißen und verdächtige Personen foltern bis sie irgendetwas sagten. Aber er fand, dass das nichts bringen würde. Er rannte die Stufen des Palastes hinab und hatte diesmal kaum Augen für das muntere Treiben auf der Straße. Ganz im Gegenteil störte ihn dieses jetzt, weil er sich so nicht schnell genug vorwärts bewegen konnte.

Er ging direkt zum Tempel von Castor und Pollux. Ein berühmter Dichter hatte einmal gesagt: »Geh hinter den Castor-Tempel, dort begegnet man jenen, denen man nur zum eigenen Schaden traut.« Er machte sich nicht viel aus philosophischen Weisheiten, hatte noch nie etwas dafür übrig. Er glaubte daran, dass man Menschen brauchte, die die Augen offen halten konnten und bereit waren, ihre Informationen mit ehrlichen Menschen zu teilen.

Am Eingang zum Tempel stand jeden Tag der blinde Crabo. Er hielt die Augen offen, natürlich nicht wörtlich zu verstehen. Aber er bekam vieles mit, was in der Stadt los war und worauf man ein bisschen aufpassen musste. Er stand auch jetzt wieder da und Hortensius ließ ein paar Asse in sein Körbchen gleiten. Crabo brauchte nicht nachzuzählen. Alleine durch den Klang konnte er sagen, welcher Betrag bei ihm ankam.

»Centurio, schön dich zu sehen!«

Das war seine übliche Begrüßung. Kein Mensch wusste, weshalb er sein Augenlicht verloren hatte. Aber niemand hatte ihn auch je klagen hören. Er stand an dieser Tür und diesen bevorzugten Platz machte ihm niemand streitig.

»Hast du eigentlich mal daran gedacht, mein lieber Centurio, mir einige Denare in den Korb zu legen statt dieser lächerlichen Asse? Das Geld ist doch eh kaum noch was wert. Für diese Asse kann ich mir so gut wie nichts mehr kaufen. Alle wollen sie nur noch wenigstens Denare, obwohl auch hier kaum noch Silber drin ist. Also, was ist, legst du noch was rein?«

Crabo war blind, aber er konnte geschickt verhandeln. Der Centurio seufzte und legte noch einen Denar obendrauf.

»Aber nicht verprassen.«

»Versprochen. Ich bleibe hier für immer stehen und warte, bis dein Denar in meinem Körbchen Kinder bekommen hat.«

Der Centurio schmunzelte.

»Ich suche jemanden, Crabo. Den jüngsten Kaisersohn.«

»Hostilian?«

»Wenn du etwas hörst, gib mir Bescheid. Es ist wirklich wichtig.«

»Na, wenn du zu mir kommst ist es doch immer wichtig. Hatte ich noch nie anders erlebt. Klar, mache ich. Was Schlimmes?«

»Keine Ahnung. Aber ich habe ein schlechtes Gefühl.«

»Mach ich. Kannst dich auf mich verlassen.«

»Ach, und noch was ...«

»Ich weiß schon, kein Wort zu niemandem und schon gar nicht zu Tiberius.«

Hortensius klopfte dem Blinden auf die Schulter. Offensichtlich wusste in Rom jeder von seiner innigen Freundschaft mit Tiberius, wenn sogar ein blinder Bettler davon wusste ... Allerdings war Crabo auch nicht irgendjemand. Er musste einfach ein wenig seine Augen und Ohren offen halten und sich erkundigen.

Als nächstes ging er zu den Wohnquartieren der Vestalinnen, die direkt an ihrem Tempel und der Regia, dem Amtssitz des Pontifex Maximus gegenüber lagen. Eine seiner vielen Cousinen tat hier ihren Dienst. Sie kam als Siebenjährige an diesen Ort und war verpflichtet, dreißig Jahre für die Göttin Vesta Dienst im Tempel zu leisten und darauf zu achten, dass das Herdfeuer im Tempel nicht erlosch. Sie hatte es gut getroffen, denn als Vestalin war man in der römischen Gesellschaft schon etwas Besonderes – mehr konnte eine Frau nicht werden, es sei denn Augusta. Allerdings musste sie als Vestalin Jungfrau bleiben. Jede Sache hatte eben einen Haken.

Er traf Tiburia vor dem Quartier sitzend an. Auch sie hatte noch nichts von dem Verschwinden Hostilians gehört, versprach aber ebenfalls aufzupassen und ihm sofort Meldung zu geben, wenn sie etwas hörte.

Hortensius überlegte, wen er noch fragen könnte und befürchtete, dass der Vorsprung des Tiberius mittlerweile uneinholbar sein könnte. Aber so schnell wollte er dann doch nicht aufgeben und entschloss sich, seine Kontakte in der römischen Unterwelt anzuzapfen.

Jetzt musste er sich aber wirklich sputen, denn bis zur Subura war es ein gehöriger Fußweg.

In der Taverne »Zum brüllenden Löwen« traf er Bractus, der ihm immer mal wieder einen Gefallen tat, da er mit seinen Jungs dessen Lokal beschützte, wenn es in der Stadt wieder Ärger mit den Behörden oder verschiedenen Banden gab, die sich an den Kassen bereichern wollten. Hin und wieder nahm er dann auch die Einladung des Wirtes zu einem opulenten und kostenfreien Mahl an. Man musste ja auch als Centurio sehen, wo man bleibt.

Bractus stellte sofort einen Becher Wein auf den Tresen als er den Raum betrat. Hortensius dankte und trank in einem Zug das kühle Nass.

»Ich suche den jüngsten Kaisersohn. Weißt du was?«, fragte er ihn ohne Umschweife.

»Soll der weg sein? Hat's bei Papa wohl nicht mehr ausgehalten? Ja ja, das ist so bei den Kleinen, das ist so bei den Großen.«

»Bractus, hast du etwas Auffälliges gehört in den letzten Stunden?«

»Man erzählt sich, dass Metius Fuvetius einen Jungen geraubt habe und ihn gefangen hält. Aber mir ist noch nicht zu Ohren gekommen, wer dieser Junge sein sollte.«

Hortensius erschrak. Das war wirklich die schlechteste Nachricht, die man erwarten konnte. Wenn dieser Junge Hostilian war, dann konnte er jetzt bereits anfangen, seine Restlebensstunden zu zählen.

»Schenke mir noch einen ein, oder nein, nimm einen größeren Becher. Ist das Alter des Jungen bekannt? Bist du dir sicher, dass Metius wieder aktiv ist?«

»Ein Junge, noch nicht alt genug für die Toga. Mehr habe ich nicht gehört.« Hortensius knallte den Becher auf den Tresen und murmelte mit zusammengepressten Zähnen etwas, was man wohlmeinend als Dank verstehen konnte. Dann stürmte er hinaus. Er wusste nicht, wo er Metius finden konnte. Aber er wusste, wo seine beiden Leibwächter ein und aus gingen. Dort aber konnte er nicht alleine hingehen. Er eilte zu seiner Legion. Einige seiner Jungs würden sich freuen, diesen Metius vor die Fäuste zu bekommen. Doch er musste sich sputen. Er hing mehr an seinem Leben, als er zugeben wollte.

11. Kapitel

Nur mit großer Kraftanstrengung gelang es ihm, die Augen so weit zu öffnen, dass er durch den schmalen Spalt eine Wand vor seiner Nase erkennen konnte. Er hatte Kopfschmerzen und auch das wenige Licht schmerzte in den Augen.

Er schloss sie wieder. Es eilte ja nicht.

Jonas konnte nicht sagen, wie lange er schon hier lag. Er konnte sich noch nicht einmal daran erinnern, wie er überhaupt hierher kam und was ihm passiert war. Mit geschlossenen Augen ließ es sich etwas besser nachdenken. Auch die Kopfschmerzen waren so erträglicher. Er wollte die rechte Hand heben, um den Kopf zu befühlen; vielleicht war er niedergeschlagen worden und hatte jetzt eine Beule. Aber er konnte die Hand nicht bewegen: Er war gefesselt.

Jetzt erschrak er, denn die Wirklichkeit drängte sich ihm scheibchenweise in sein Bewusstsein. Vielleicht war es die immer noch recht wirksame Betäubung, vielleicht aber auch kluges Handeln, wenn er sich nicht wehrte gegen den Zustand, an dem er zurzeit nichts ändern konnte. Er war gefesselt, sein Kopf schmerzte, er lag hilflos am Boden in einem Raum, den er nicht kannte. Er versuchte, die einzelnen Fakten aufzulisten.

Gut.

Wieder durchfuhr ihn die Angst.

Gut? Nichts war gut!

Gefangen in einer fremden Zeit in einer fremden Stadt und getrennt von seiner Freundin Sarah – was sollte denn bitteschön daran gut sein?

Langsam, langsam. Er musste seine Gefühle beherrschen. Vorsichtig öffnete er wieder die Augen.

Er lag auf der linken Seite. Langsam nahmen seine Augen immer besser auf, was um ihn herum war. Er atmete langsam und gleichmäßig. Er musste sich dazu zwingen. Er hatte mal gelesen, dass das in solchen Situationen helfen könnte. Er hätte fast gelacht bei diesem Gedanken. Damit schienen andere Situationen gemeint gewesen zu sein. An seiner Lage änderte sich dadurch jedenfalls nichts.

Plötzlich hörte er ein Poltern. Es klang, als hätte jemand den Raum betreten. Jonas blieb fast das Herz stehen, aber er zwang sich, nicht aufzuschrecken und die Augen wieder vollständig zu schließen.

Er hörte etwas dicht neben seinem Kopf. Irgendjemand hatte etwas vor ihn hingestellt, fast geworfen. Es wurde nicht gesprochen, aber an den Schritten hörte Jonas, dass es mindestens zwei waren, die sich vor ihm aufgebaut hatten.

Er hätte am liebsten geschrien und befürchtete, dass er getreten oder geschlagen werden würde. Hat man doch alles schon so oft im Fernsehen gesehen.

Aber es passierte nichts dergleichen.

Die Besucher standen noch einen Moment und er hörte, dass etwas Flüssiges in eine Schale gegossen wurde.

Die werden doch nicht ...?

Gleich darauf verließen die Menschen wieder den Raum.

Jonas wartete und zwang sich, bis zwanzig zu zählen. Dann öffnete er sein linkes Auge einen kleinen Spalt weit.

Zwischen seinem Kopf und der Wand standen zwei Schalen. Das konnte er erkennen. Sein linker Arm kribbelte. Jetzt spürte er, dass er nicht nur Kopfschmerzen hatte, sondern auch sonst körperlich ziemlich mitgenommen war. Er atmete noch einmal tief ein und aus und öffnete dann langsam und vorsichtig beide Augen. Es ging, die Helligkeit schmerzte nicht mehr ganz so schlimm in den Augen. Offensichtlich hatten sie sich daran gewöhnt. Er hob leicht sein rechtes Bein und stellte fest, dass die Beine nicht gefesselt waren. Jetzt versuchte er vorsichtig, sich zu erheben. Mit viel Mühe und Willenskraft gelang ihm das endlich. Doch als er saß, sah er, dass sein rechtes Bein mit einer langen Kette an die Wand gekettet war.

Toll!

Was war das hier?

Eine der beiden Schalen enthielt offensichtlich Wasser, in der anderen war etwas hoffentlich Essbares. Es sah aber eher aus wie ein undefinierbarer Brei!

Behutsam beugte er seinen Oberkörper über die Wasserschale und trank so gut es eben ging. Er kam sich vor wie in dem Spiel, in dem ein Apfel in einem Wassereimer mit dem Mund herausgeholt werden sollte. Hier war aber kein Apfel. Das Wasser schien genießbar zu sein. Auf den Genuss aus der anderen Schale verzichtete er dann aber doch vorsichtshalber.

Er sah sich um und stellte fest, dass er in einem Raum festgehalten wurde, dessen Fenster mit einer Art Fensterladen verschlossen war. Von außerhalb konnte er Straßengeräusche vernehmen und im Raum war es hell. Es musste also Tag sein und er befand sich in der Stadt. Hoffentlich noch in Rom.

Sein Blick fiel auf seinen rechten Oberarm. Leider konnte er nicht erkennen, ob der Sender noch an seinem Platz war. Ihm wurde heiß bei dem Gedanken, dass er ihm vielleicht abgenommen worden war oder beschädigt sein könnte. Auf ein solches Abenteuer hatten sie sich zuhause gar nicht vorbereitet. Hoffentlich hatte er den Sender noch und er war noch heil!

Plötzlich ging wieder die Tür auf. Zwei Männer kamen herein und starrten ihn an.

»Hast du gut geschlafen?«

»War das Wasser in Ordnung?«

»Los, hol ihm noch etwas. Ich glaube, er hat Durst.«

»Wir müssen ihn gut behandeln. Wenn er stirbt, bevor sein Vater ihn abholen kann, haben wir natürlich auch nichts davon.«

»Egal. Hol ihm jetzt das Wasser. Alles andere macht Metius.«

Daraufhin gingen die beiden, ohne noch ein Wort an ihn zu richten. Er hätte allerdings auch nicht gewusst, was er hätte fragen oder sagen sollen. Nach kurzer Zeit kam einer der beiden Bewacher zu ihm und goss ihm erneut ein wenig Wasser ein.

»Sag mal, Kleiner, hast du gar keinen Hunger?«

»Doch. Sehr sogar«, antwortete Jonas.

»Warum isst du nichts? Ich würde dir auch noch mehr bringen.«

»Was ist das?«

»Ach«, und dabei stand der hilfreiche Mann abrupt auf, »so ein feiner Pinkel wie du ist an ein so einfaches Essen wohl nicht gewöhnt!«

Ohne ein weiteres Wort zu sagen, schnappte sich der Mann die Schale mit dem Brei, stapfte nach draußen und warf die Tür zu.

Jonas war verdutzt. Wovon hatte der Mann denn gesprochen? Vater? Reicher Pinkel? Essen? Nun, wenn man es positiv betrachtet, so überlegte er, dann könnte man wohl annehmen, dass das, was sich dort in der Schale befand, essbar sein könnte.

Er legte sich wieder hin; er wollte nachdenken. Aber es fiel ihm schwer, denn immer wieder fiel er in einen leichten, unruhigen Schlaf. Oft schreckte er hoch, horchte und versuchte sich an seine Träume zu erinnern. Aber sie hinterließen nur ein unbestimmt unangenehmes Gefühl in ihm.

Wieder wachte er auf. Es musste inzwischen Nacht geworden sein, denn es war dunkel. Sein Magen knurrte. Die Geräusche auf der Straße hatten sich deutlich verändert. Er hörte jetzt sehr viele Wagen durch die wahrscheinlich ziemlich enge Gasse rumpeln und immer wieder die Schreie und Rufe der Kutscher. Aus einzelnenWortfetzen konnte er entnehmen, dass den Lokalen und Geschäften Waren geliefert wurden. Eigentlich grenzt das schon an Ruhestörung, dachte er. Aber irgendwie war er nicht in der Situation, sich darüber beschweren zu können. Von seinen Entführern hatte er nichts mehr gehört. Manchmal fragte er sich, ob sie überhaupt noch da waren. Hunger und Durst quälten ihn und er ärgerte sich, dass er den Mann vor einiger Zeit hatte einfach so gehen lassen. Aber es half nichts.

Der Sender am Arm war noch da, aber er konnte ihn nicht bedienen. Er hatte weder etwas zu essen noch zu trinken. Und er war immer noch sehr müde.

Er wollte einfach schlafen, nur schlafen. Vielleicht würde sich etwas ändern, wenn er wieder aufwachte. Er suchte nach einer einigermaßen bequemen Stellung und schlief sofort wieder ein. Irgendwann in der Nacht vernahm er Geräusche und bemerkte im Halbschlaf, dass ihm wieder etwas zu Trinken und zu Essen gebracht wurde.

Als er aufwachte, war es bereits hell. Er hatte sich mit seiner Lage so weit abgefunden, dass es ihm gelungen war, einigermaßen gute Schlafpositionen zu finden. Er musste seine Schale in der Nacht ausgetrunken haben, denn sie war bereits wieder leer. Die Essensration war unangetastet. Doch jetzt machte er sich sofort darüber her, denn er hatte mächtigen Hunger. Dann überdachte er erneut seine Lage, die ihm nicht besonders rosig erschien. Er war gefangen und es schien bislang keine Chance auf eine Veränderung seiner Situation zu geben. Auf dem Gang hatte er in der Nacht einige Geräusche gehört; auch jetzt konnte er Stimmen hören. Leider war nicht zu verstehen, worüber die Männer sprachen.

Jedoch kamen sie langsam näher und unvermittelt öffnete sich erneut die Tür. Ein Mann stand im Türrahmen, den er zuvor noch nicht gesehen hatte. Er kam langsam auf ihn zu, musterte ihn und ließ ihn nicht aus den Augen.

»Wer bist du?«, fragte Jonas, wohl wissend, dass ihn die Antwort auch nicht viel weiterbrachte. Sein Gegenüber schwieg und beobachtete ihn weiter.

»Ich weiß nicht, was das soll. Aber irgendwie scheint ihr einen Fehler gemacht zu haben. Ihr könnt mit mir gar nichts anfangen.«

»Das lass mal meine Sorge sein«, sagte der großgewachsene Mann, der nicht älter als 25 Jahre sein konnte.

»Wo bin ich?«

»Nicht weit von deinem Schlafzimmer – ich hoffe, das beruhigt dich«, fügte er noch ironisch hinzu und wollte schon wieder hinausgehen.

»Warte mal«, stieß Jonas hervor, »du weißt doch gar nicht, wo mein Schlafzimmer ist.«

»Mir reicht es, wenn ich es ungefähr sagen kann«, meinte der Mann und verließ den Raum.

Wieder wurden seine Schalen gefüllt und diesmal auch die Fesseln überprüft. Beinahe hätten sie am Oberarm den Sender gestreift und entdeckt, aber sein Bewacher ließ es beim Überprüfen der Handfesseln bewenden.

Dann war er wieder alleine. Er spürte Verzweiflung in sich aufsteigen. Was machte Sarah? Wo war sie? Wie ging es ihr? Sie machte sich sicherlich Sorgen um ihn. Er wusste nicht, wie lange er schon getrennt war von ihr.

Was war eigentlich geschehen?

Er war dem Mädchen, dem drei Zehen am Fuß fehlten, durch das Haus gefolgt. Doch plötzlich hatte er sie verloren, ging noch einige Schritte und kam an dem Denkmal eines Gottes oder eines wichtigen Mannes an. Dort sah er sich noch einmal um. Als er sie nicht entdecken konnte, wollte er umkehren. Doch als er sich umdrehte, bekam er einen Schlag auf den Kopf. Und dann war alles dunkel.

Wie lange mochte das her sein? Mittlerweile hatte er jegliches Zeitmaß verloren. Tag und Nacht waren seine Richtwerte. Nach den Mahlzeiten konnte er sich nicht richten. Ihm kam es so vor, als kämen die Männer einfach irgendwann zu ihm, wann sie gerade Zeit hatten.

Dann reichte es ihm.

Er schrie.

Er wollte, dass jemand kommt und mit ihm redete.

Zuerst blieb vor der Tür alles still, doch dann hörte er schnelle Schritte und die Tür ging auf.

»Was willst du? Halt die Klappe. Mach deine Lage nicht noch schlimmer.«

»Ich möchte euren Anführer sprechen«, forderte Jonas. Er versuchte, seine Stimme so fest wie möglich klingen zu lassen.

»Und außerdem tut mir alles weh. Ich würde gerne mal aufstehen und etwas umhergehen.«

Sein Bewacher sah ihn an und rieb sich das Kinn. Offensichtlich war er nicht besonders geübt im Umgang mit Gefangenen.

»Ich kann dich nicht losbinden. Ich muss erst einmal fragen.«

Jonas gewann Oberwasser.

»Ja, gute Idee, Mann, geh und frag. Ich warte solange und bewege mich nicht weg. Versprochen.«

Manchmal hilft ein wenig Zynismus, um die eigene Situation erträglicher zu gestalten.

Der Mann verschwand und schloss die Tür. Lange Zeit hörte man nichts. Sehr lange. Doch irgendwann, es war bereits wieder dunkel, öffnete sich die Tür und der Mann, der schon einmal hier war, stand vor ihm. Wieder schaute er ihn sehr lange an, dann nahm er ein Messer und schnitt die Handfesseln durch. Jonas rieb sich die Hände, um sie wieder besser zu durchbluten.

»Danke. Und was ist mit der Kette?«

»Du brauchst dir keine Hoffnung zu machen, wir sind im sechsten Stock und im Gang stehen so viele Männer, da kommst du nicht vorbei.«

»Na, ist doch gut. Dann kannst du mir doch auch die Kette abnehmen.«

Der Anführer schaute ihn misstrauisch an, dann öffnete er aber das Schloss und Jonas atmete tief durch. Natürlich war er nicht frei. Aber jetzt war die Situation ein wenig besser zu ertragen.

»Weshalb bin ich hier?«

»So viele unserer Brüder und Freunde sind in den Kerkern deines Vaters. Du bist der Schlüssel zu ihrer Freiheit.«

Jonas stutzte. Das verstand er nicht genau. Dieser Mann schien ihn zu verwechseln.

»Ich heiße ...«, und für einen Moment stutzte er. Konnte er diesem römischen Mann des 3. Jahrhunderts so einfach seinen Namen sagen? Vielleicht gab es diesen ja nicht.

»Du brauchst dir keinen anderen Namen auszudenken. Ich weiß, du bist Hostilian, der zweite Sohn des Kaisers Decius. Hör also auf und spiele kein Theater mehr.«

»Ich bin ..., nein, ich meine ..., also, wenn ich mal was sagen kann ...«, stotterte Jonas und suchte verzweifelt nach Worten, die diesem Mann hier deutlich machen konnten, dass er sich irrte.

»Die Menschen in den Provinzen hungern, sie werden ausgebeutet und müssen arbeiten für fremde Herrscher, andere werden als Sklaven verkauft und landen in den Palästen von euch oder anderen Reichen. Du führst ein ruhiges und angenehmes Leben. Dein Vater wird sich bereichern wie das alle anderen auch getan haben. Auch auf dich wartet der Kaiserthron. Vielleicht wird dein Vater auch ermordet. Kam ja schon oft vor in der letzten Zeit. Aber es kommt immer wieder ein neuer Kaiser und die Lage wird nicht besser. Und jetzt ist es genug. Die im Kerker schmachtenden Sklaven müssen freigelassen werden.«

Jonas war verwirrt. Ihm schwirrte alles im Kopf herum und er war kaum noch in der Lage, einen vernünftigen Gedanken zu fassen. Wenn er das richtig verstanden hatte, hielt ihn dieser Mann für jemand anderen.

»Wie soll ich dich anreden?«, fragte er.

»Nenne mich Metius. Ihr werdet sowieso bald noch mehr von uns hören.«

»Metius, du irrst dich. Mein Name ist Jonas. Und ich bin nicht der, für den du mich hältst.«

Metius drehte sich um und ging zum Fenster. Er sah durch den Laden auf die Straße. Neben den vielen Lieferwagen, die über das Pflaster polterten gingen auch einzelne Passanten ihren nächtlichen Vergnügungen nach. Manche trugen eine Lampe bei sich, um so vermeintlich besseren Schutz vor Straßenbanden zu haben. Doch gerade konnte Metius sehen, dass ein Passant von zwei Mitgliedern einer ihm bekannten Bande in eine dunkle Nische gedrängt und dort ausgeraubt wurde. Die Räuber flüchteten schnell und der Passant schrie viel zu spät um Hilfe. Bis die ersten bei ihm eintrafen, waren die Räuber mit ihrer Beute bestimmt schon über den Tiber in Trans Tiberim.

Er schmunzelte und drehte sich wieder Jonas zu, der von all dem natürlich nichts mitbekommen hatte.

»Ist gut«, meinte er zu Jonas. »Du bleibst hier. Morgen wird sich jemand bei deinem Vater melden. Er soll ruhig noch ein wenig schmoren.«

Damit wollte er den Raum verlassen.

»Der Kaiser wird mich gar nicht vermissen!«, schrie Jonas und spürte langsam den Ernst der Lage.

»Das tut mir leid«, antwortete Metius, »manche Söhne haben Rabenväter. Aber das gibt es überall!«

Und dann war er verschwunden.

Jonas trat voller Wut gegen die Wand. Er trommelte gegen die Tür und schrie, aber es folgte keinerlei Reaktion. Nachdem er sich wieder beruhigt hatte, ging er zum Fenster und stellte fest, dass der Laden einfach zu öffnen war. Er sollte auch nicht ihn an der Flucht, sondern die Sonne am Eindringen hindern. Er schaute auf das nächtliche Treiben in schwindelerregender Tiefe und suchte instinktiv nach einer Möglichkeit, wie er seinem Verließ entkommen könnte. Zum Dach war es nicht weit und er konnte auch sehen, dass er es wahrscheinlich auch erreichen konnte. Er war recht gewandt und würde sich eine solche Aktion schon zutrauen. Aber wie würde es dort oben weitergehen? Was war auf dem Dach?

Da hörte er auf dem Gang Stimmen und schloss schnell das Fenster.

»... Fabianus in Gefahr«, konnte er gerade hören. Offensichtlich waren die Banditen zur Bewachung vor seiner Tür abgestellt, denn sie standen direkt davor und unterhielten sich leise.

»Was hast du gehört?«

»Er soll schon in den nächsten Tagen geholt werden. Die wissen, wo er ist.«

»Meinst du, er soll auch am Opfer teilnehmen?«

»Der Kaiser hat das Edikt noch in der Schublade, habe ich gehört. Aber ich glaube, er will gleich zu Beginn ihre Spitzen vernichten.«

»Ja, das ist klug von ihm. Alle Achtung. Wenn er was macht, dann schlägt er gleich richtig zu.«

Der andere Mann lachte leise.

»Bei denen kann er es ruhig machen. Ich habe mit den Christen nichts zu tun. Die sind sich untereinander ja noch nicht einmal einig. Bischof – ich lache mich kaputt. Der soll diesen Haufen Irrer führen. Wie kann man das?«

Die beiden redeten noch weiter. Jonas verstand auch jetzt nicht sehr viel. Er dachte, dass diese Unterhaltung nicht besonders wichtig für ihn wäre. Deshalb verlor er schon nach kurzer Zeit das Interesse und überlegte, wie er seinem Gefängnis entkommen könnte. Natürlich, er konnte versuchen, den Anführer zu überzeugen, dass er nicht der Sohn des Kaisers war. Das schien aber wenig erfolgversprechend. Er konnte jetzt sofort durch das Fenster flüchten. Das schien ihm derzeit auch nicht gerade besonders attraktiv zu sein.

Vielleicht konnte er ...

Wieso hatte er nicht schon längst daran gedacht?

Natürlich!

Es war ja nicht wie früher. Er konnte doch mit Sarah in Kontakt treten. Vorsichtig tastete er nach seinem Sender und stellte fest, dass Sarah ihm bereits eine Nachricht geschickt hatte. Sie lebte. Er atmete auf. Schnell tippte er eine Meldung, jedoch ging das sehr umständlich, denn er war die Tastatur nicht gewohnt. Sie war klein und er hatte eine andere Systematik als bei einem handelsüblichen Handy entwickeln müssen. Er brauchte sehr lange und hatte dann einige Probleme, sie zu versenden, als er auf der Straße und kurz darauf auf dem Gang Tumulte hörte. Ohne die Nachricht an Sarah abgesandt zu haben, band er sich den Sender wieder um den Oberarm und verdeckte ihn mit seinem Gewand.

Die Geräusche wurden lauter. Es schien auf dem Gang eine handfeste Auseinandersetzung zu geben. Jetzt wagte er den Versuch, die Tür leise zu öffnen, was ihm auch gelang. Vorsichtig spähte er hinaus und konnte erkennen, dass die Bande der Kleidung nach zu urteilen offensichtlich von Soldaten angegriffen wurde. Für einen Moment war Jonas versucht, die Soldaten zu begrüßen und auf seine Anwesenheit im Zimmer aufmerksam zu machen. Die Schreie und das Waffengeklirr aber nahmen bedrohliche Ausmaße an und er hielt es doch für klüger, im Zimmer zu bleiben und sich ruhig zu verhalten.

Plötzlich gellte eine Stimme, schrill und schneidend, durch den Gang: »Centurio Tiberius befiehlt euch: Ergebt euch. Ihr habt keine Chance. Ich bringe euch ins Gefängnis.«

Jonas zuckte zusammen. Wenn er dem Centurio auch nicht erklären könnte, wer er war, würde er dieses Gefängnis gegen einen Platz im Kerker tauschen. Das wollte er freilich nicht. Aber die Geräusche auf dem Gang deuteten darauf hin, dass auch die Bande nicht mit dieser Aussicht einverstanden war.

Die Kämpfe flammten erneut auf, Schwert prallte auf Schwert oder traf den Gegner und die entsetzlichen Schreie der Verletzten schnitten durch die römische Nacht.

Jonas öffnete das Fenster und schaute nach oben. Ja, das müsste gehen. Wo das hinführte, würde er sehen. Aber hier konnte er nicht bleiben. Die Bande würde sich nicht um ihn kümmern und hatte andere Sorgen.

Er stieg hinaus und erreichte das Dach.

12. Kapitel

Nach der Flucht über das Dach konnte er sich über ein anderes Gebäude auf die Parallelstraße retten und hatte dann einen Centurio mit seiner Garde gesehen. Allerdings ohne Gefangene. Was war aus der Bande geworden? Jonas war sich nicht sicher, ob der Centurio gekommen war, um ihn zu suchen, ihn zu verhaften oder ihn zu befreien. Vielleicht hatte diese Aktion aber auch gar nichts mit ihm zu tun.

Er schüttelte den Kopf. Kaum waren sie in einer fremden Zeit gelandet, sorgten sie schon für Unruhen und Turbulenzen. Hoffentlich war es wenigstens Sarah besser ergangen. Jetzt aber musste er aufpassen, denn er hatte keine Lust darauf, Bekanntschaft mit diesem Centurio zu machen. Deshalb lief er durch die Nacht, versteckte sich in einem Hauseingang, ruhte sich an den verschwiegenen Mauern eines Tempels aus, fand einen Brunnen, um sich zu waschen und zu stärken und achtete darauf, dass er niemandem begegnete, der neugierig auf ihn sein könnte. Seine Flucht war ziemlich planlos, aber er hatte das Gefühl, dass das den besten Schutz vor Verfolgungen bot. Er brauchte sicherlich keine Angst zu haben vor den einfachen Menschen auf der Straße, aber diese Prätorianergarden und finster aussehenden jungen Männer, die auf der Suche nach einem leichten Opfer zu sein schienen, musste er meiden.

Noch zweimal war er Prätorianern begegnet und er hatte das Gefühl, dass eine dieser Gruppen diejenige war, die das Haus gestürmt hatte.

›Sie suchen mich doch‹, überlegte er und wurde noch vorsichtiger.

Als es hell wurde, nutzte er die vielen Gebäude, Denkmäler und Säulen, um unentdeckt zu bleiben. Er war lange gelaufen, jetzt aber konnte er nicht mehr. In der Ferne sah er ein sehr großes Feld. Die Mauern und Steine in der Stadt reflektierten die Hitze auf eine sehr unangenehme Art. Und dort würde er sich unter einen Baum ins Gras setzen können. Vielleicht fand er auch etwas Essbares. Und er musste sich überlegen, wie es weitergehen sollte.

Er hatte den Campus Martius, das Marsfeld, erreicht. Hier fanden häufig Wagenrennen und andere Pferdeveranstaltungen statt. Doch jetzt waren einfach viele Menschen hier, um sich auszuruhen, zu spielen, sich zu amüsieren. Jonas ging langsam über den Platz und war angetan von der Atmosphäre. Das hatte so gar nichts von der Enge und der Stickigkeit der Stadt. Es gab Platz und Luft zum Leben, niemand kam sich in die Quere und alle konnten den Beschäftigungen nachgehen, die sie wollten. Überall auf dem Gelände waren Kunstwerke verstreut, jedoch nicht wie in einem Museum in Deutschland. Die Menschen saßen darauf, die Kinder tobten und spielten zwischen ihnen und es gab keine Aufseher, die sie zur Ruhe und Ordnung gemahnt hätten. Der Tiber war nicht weit, Hügelkuppen erhoben sich am Rand und fielen flach in Richtung Fluss wieder ab. Das reinigte und kühlte die Luft ebenfalls.

Jonas ließ sich im Schatten eines großen Baumes nieder und schloss die Augen. Er musste in Erfahrung bringen, wo dieses rätselhafte Mädchen wohnte. Mit Sarah wollte er zu einem Meldeamt gehen. Das würde er jetzt alleine machen müssen. Er hoffte, dass er dort Sarah wieder treffen könnte. In der Nacht hatte er die geschriebene SMS abschicken können. Aber er hatte bislang keine Antwort erhalten und machte sich Gedanken, ob seine Technik versagte oder Sarah etwas zugestoßen sei.

Als er noch darüber nachsann, wo Sarah jetzt sein könnte und weshalb sie seine SMS noch nicht beantwortet hatte, spürte er jemanden neben sich. Erschrocken öffnete er seine Augen und stellte mit Erleichterung fest, dass es zwei Mädchen waren, die ebenfalls den Schatten des Baumes nutzten und sich ausruhen wollten. Sie waren etwa so alt wie er und sahen aus, als seien sie beide ebenfalls erschöpft. Sie hatten einen kleinen Korb bei sich, den sie jetzt auspackten. Jonas Magen meldete sich sofort beim Anblick von gebratenem Hühnerfleisch, verschiedenen Gemüsesorten, Obst und Brot. Dazu hatten sie ihren Wasserkrug beim nahe gelegenen Brunnen gefüllt und veranstalteten somit ein kleines Picknick.

Jonas stöhnte und wandte den Kopf ab. Er musste sich ja nicht zusätzlich quälen. Jedoch konnte er nicht umhin, die Gespräche der beiden Mädchen zu verfolgen.

»Ich hatte ihn gestern in einer Veranstaltung gehört. Er ist sehr klug und ich finde einfach spannend, was er erzählt«, sagte das etwas größere Mädchen. Ihre Haare umrahmten das Gesicht, sodass es wie ein wunderschönes Bild wirkte. Dabei kontrastierten ihre grünen Augen und ihre erstaunlich blasse Haut sehr schön mit dem Schwarz ihrer Haare.

»Durftest du einfach hingehen? Ich meine, haben die Eltern das erlaubt und hatte Plotin nichts dagegen?«

Das andere Mädchen war etwas kleiner. Sie hatte sehr lange, dunkelbraune Haare und auffällig war ihre leicht nach oben gebogene Nase. Jonas fiel auf, dass die beiden Mädchen unterschiedliche Dialekte sprachen. Hier freute er sich über seine technischen Erfolge, denn nur durch diese konnte er ja diese Unterschiede wahrnehmen. Die Weiterentwicklung des Translators war ihm gut gelungen.

»Nein, nein, das war alles kein Problem. Hier, probiere mal vom Hühnchen. Das ist wirklich lecker. Nein, ich hatte ja schon einiges von ihm gelesen. Vater hat einige Schriftrollen von ihm in seiner Bibliothek. Plotin meint, dass wir Gott deshalb erkennen können, weil wir ein Stück von ihm in uns tragen.«

Die beiden Mädchen schwiegen, aßen und schienen über den Satz nachzudenken.

»Das ist schön. Das gefällt mir gut. Meinst du, ich kann das nächste Mal mitkommen?«

»Klar. Ich schlage vor, dass wir zuerst mal gemeinsam ein wenig in seinen Schriftrollen lesen und dann sind wir bestens vorbereitet. Fabianus hält übrigens nicht viel von ihm. Er kann ihn nicht leiden und sagt, dieser Plotin wäre ein Ketzer und Seelenverderber.«

»Verstehe ich nicht«, überlegte die Kleinere, »er müsste sich doch freuen, dass dieser griechische Philosoph ähnlich glaubt wie er.«

»Junia, nein, das tut er nicht. Da hat Fabianus recht. Plotin ist kein Christ«, an dieser Stelle senkte sie ihre Stimme noch mehr, »aber ich bin der festen Überzeugung, dass auch Nicht-Christen vernünftige Sachen sagen. Und wir können davon lernen. Ich lese deshalb alle Schriftrollen, die Vater von den griechischen Philosophen in seiner Bibliothek hat.«

Wieder schwiegen die Mädchen und Jonas war etwas aufgefallen. Er wusste nur nicht, was es war. Irgendwie kam ihm etwas bekannt vor von dem, was sie sagten. Den Namen »Plotin« hatte er noch nie gehört und er fragte sich, ob die beiden Platon meinten, den er kannte, weil er im vergangenen Jahr ›Sofies Welt‹ gelesen hatte. Ob Plotin darin vorkam, konnte er nicht mehr sagen. Den anderen Namen, den die beiden erwähnten, hatte er erst letzte Nacht gehört: Fabianus. Er wusste aber nicht mehr, in welchem Zusammenhang und wer dieser Fabianus war.

Die Stille neben ihm beunruhigte ihn dann doch, und er schaute die beiden Mädchen an, die ihn ebenfalls von der Seite musterten.

»Ist etwas nicht richtig?«, fragte die mit den wunderschönen Haaren. Jonas zuckte zusammen und wurde verlegen.

»Nein, es ist nur ... « Er stotterte und wusste nicht so recht, wie er weitermachen sollte. Das Mädchen, das Junia hieß, lachte auf und sagte: »Guck mal, da wird einer ganz verlegen. Du bist nicht von hier, oder?«

Jonas überlegte kurz, dann entschloss er sich, einfach drauf los zu reden.

»Nein, aber ich bin schon eine Weile hier.«

»Hast du Hunger? Du guckst so verstohlen auf den Korb«, fragte Junia wiederum, die irgendwie praktisch veranlagt zu sein schien.

»Ja«, gab Jonas zu, »das kann man wohl sagen. Ich war die ganze Nacht unterwegs.«

Die beiden Mädchen sahen sich an, als wollten sie sagen ›Das haben wir uns doch gedacht‹. Dann boten sie ihm ihren Korb an. Er griff lustvoll zu und biss hungrig in das leckere Hühnchenfleisch. So etwas Tolles hatte er noch nie gegessen. Die beiden sahen ihm dabei zu und reichten ihm immer wieder abwechselnd den Korb oder den Becher. Zwischen zwei Bissen, mit vollem Mund, meinte er, um etwas zu sagen: »Heute Nacht habe ich diesen Namen schon einmal gehört. Da war auch von einem Fabian die Rede.«

Die beiden Mädchen wechselten wieder Blicke, doch diesmal sahen sie verunsichert, beinahe ängstlich aus.

»Ja«, meinte das Mädchen mit den grünen Augen, »diesen Namen gibt es recht häufig.«

»Ja«, schmatzte Jonas, »das weiß ich. Dort, wo ich herkomme, gibt es ihn auch sehr oft. Zwei Männer hatten sich unterhalten und etwas von einem Opfer erzählt und davon, diesen Fabian abzuholen. Ich habe das aber nicht verstanden.«

Jonas hielt diese Information für nicht besonders wichtig. Aber die Mädchen starrten ihn mit offenen Mündern an und sagten kein Wort. Jonas bemerkte das nach einem Moment, ließ den Becher sinken und schaute von einer zur anderen.

»Habe ich was Falsches gesagt? Ich gehe sofort, kümmert euch nicht um mich.«

»Wie heißt du?«, fragte Junia.

»Jonas«.

Ihm war fast alles egal. Er musste die Sache hier deutlich schneller vorantreiben.

»Ich bin Junia und das ist Merula.«

»Schön. Freut mich. Hallo Junia. Hallo Merula.«

»Sag mal, weißt du, was ein Bischof ist?«, fragte Merula und sah ihn ernst an.

Jonas war erstaunt. Mit einer solchen Frage hätte er nie gerechnet.

»Ich denke schon. So eine Art Anführer.«

Merula verzog leicht den Mund.

»Bist du Christ?«

Jetzt entwickelte sich dieses gemütliche Beisammensein zu einer Art Verhör, dachte Jonas und antwortete: »Nun ja, eigentlich schon.«

Ein Lächeln fand sich plötzlich auf den Lippen der beiden Mädchen und Jonas fand, dass sie das noch schöner machte.

»Pass auf«, begann Merula und näherte sich ihm. Auch Junia rückte enger heran und Jonas hatte das Gefühl einer verschworenen Gemeinschaft.

»Fabianus ist unser Bischof, schon seit vielen Jahren. Meine Eltern erzählen, dass er gewählt wurde, als ich zur Welt kam.«

Sie lachte dabei und schien sich zu freuen über die Gleichzeitigkeit der Ereignisse.

»Dein Vater hat mal erzählt, dass er ausgewählt wurde, weil die Menschen über ihm eine Taube sahen. Diese Geschichte fand ich schon immer toll.«

»Bischof«, überlegte Jonas, »so etwas Ähnliches haben die Männer gesagt.«

»Was? Was haben sie gesagt?«, fragte Junia und sah ängstlich aus.

Jonas dachte nach und kramte in seinen Erinnerungen: »Sie sagten etwas von einem Bischof, der einen Haufen Irrer führen würde, und sie meinten, die Führung müsste vom Kaiser vernichtet werden.«

»Da geht etwas vor. Ich weiß nicht, was das soll. Aber ich denke nicht, dass wir hier bleiben sollten, ohne etwas zu tun.«

Nun schien Merula das Heft in die Hand nehmen zu wollen. Aber Jonas ging das alles zu schnell. Er wusste nicht so recht, in welche Geschichte er da hineingeraten war, und so versuchte er, so gut es ging, gegenzusteuern.

»Nun macht doch keinen Aufstand. Wir haben uns doch gerade erst kennen gelernt und dieses leckere Essen gemeinsam genossen. Vielen Dank dafür. Ihr habt mich gerettet. Jetzt sitzen wir hier in diesem Park und ich kenne mich noch gar nicht aus. Wisst ihr denn nicht etwas hierüber zu erzählen?«

»Das hier ist unsere heiligste Stätte«, erzählte Merula schnell und gepresst.

»Hier sind Grabmäler vieler berühmter Männer und auch mancher Frauen. Und dort drüben, zum Fluss hin, mit weißem Marmor als Fundament eingefasst, das Mausoleum des Kaisers Augustus. Oben auf der Spitze, siehst du«, sie deutete in die Richtung, sah selbst aber nicht hin, »das ist Augustus. Können wir jetzt gehen?«

Und wie verabredet standen Junia und Merula auf und packten ihren Korb.

»Wir müssen zum Haus des Bischofs«, meinte Junia. »Das ist eine lange Strecke.«

»Ja. Aber wir müssen ihn warnen.«

Jonas stöhnte auf. Er spürte die vergangene Nacht noch in sämtlichen Knochen.

»Wie weit ist das?«

»Wenn wir uns beeilen«, meinte Merula, »sind wir in einer Stunde da.«

Jonas wurde kreidebleich. Nach einer U-Bahn brauchte er wohl nicht zu fragen.

»Kann man sich diesen Weg nicht sparen? Oder wenigstens angenehmer gestalten?«

»Mal sehen«, lenkte Junia ein, »vielleicht finden wir einen Wagen, der uns ein Stück mitnimmt. Aber wir müssen eben durch die ganze Stadt.«

»O nein!« Jonas wollte schon sitzen bleiben, als Merula sagte: »Stell dich nicht so an! Wenn ich das schaffe, dann schaffst du das auch.« Und dabei zog sie ihr Gewand ein wenig hoch und zeigte ihren rechten Fuß. Es fehlten drei Zehen.

13. Kapitel

Aufmerksame Beobachter hätten einen Schatten die Häuserreihen entlang huschen sehen können. Katzengleich nutzte er die eng beisammen stehenden Häuser und ihre Eingänge, um nicht entdeckt zu werden. Um die offenen Tavernen machte er einen großen Bogen. Doch die Menschen, die sich vom Tage hier ausruhten und schon kräftig dem Wein zugesprochen hatten, würden von ihm selbst dann keine Notiz nehmen wollen, wenn er vor ihnen stünde. An ihm wäre ihnen nichts Verdächtiges aufgefallen. Aber es gab in der Stadt einige Menschen, die ihn sehr wohl erkannt hätten. Und das waren nicht wenige. Überall konnten Spitzel lauern, darauf aus, seinen Aufenthaltsort an interessierte Stellen weiterzugeben. Und genau dies wollte er unbedingt verhindern, war er doch gerade erst als einziger einem blutigen Überfall entkommen.

Er schaute sich um und wollte die Straße wechseln, als er eine Hand auf seiner Schulter spürte. Er wirbelte herum und wäre fast von der Alkoholfahne überwältigt worden.

»Eh, wohin, du Schleicher?«

Er zog an seinem Umhang und schubste die Hand von seiner Schulter.

»Alter, lass mich in Ruhe und geh wieder rein. Genehmige dir noch einen, die Nacht ist noch jung.«

Aber der Alte ließ nicht locker.

»Wie kann ich das? Die haben mich rausgeworfen. Ich habe nichts mehr.« Jetzt fing er auch noch an zu heulen.

Einige Münzen klimperten in seinem Umhang. »Hier, ich geb' dir das. Mehr habe ich nicht. Jetzt geh!«

Und mit diesen Worten ließ er den Alten einfach stehen. Er würde sich nicht mehr an ihn erinnern, so hoffte er jedenfalls, wenn er von diesem Centurio gefragt werden würde, ob ihm etwas Eigentümliches in dieser Nacht aufgefallen sei. Und er wollte auf keinen Fall noch einmal nähere Bekanntschaft machen mit Tiberius Corruptus. Was für ein Name!

Metius Fuvetius – das war der Name des Schattens – wechselte jetzt die Straßenseite und hätte sich wahrscheinlich doch mehr um den Alten kümmern sollen. Denn plötzlich war alle Unsicherheit im Gang und in der Haltung des scheinbar Betrunkenen verschwunden und er ging festen Schrittes um die Ecke, wo er in einiger Entfernung schon erwartet wurde.

Aber davon bemerkte der einstige Anführer einer Bande von entlassenen oder entlaufenen Sklaven und rechtlosen Ausländern in Rom nichts.

Metius war dem Angriff der Prätorianer knapp entkommen. Aber er wusste, dass viele das Wüten der Schwerter nicht überlebt hatten. Den Sohn des Kaisers hatten sie mitgenommen und ihn sicherlich wieder zu seinem Vater gebracht.

Metius war wütend. In dieser Stadt herrschten Brutalität und Willkür. Die Steuern wurden schneller erhöht, als man sie bezahlen konnte, das Geld musste schnell ausgegeben werden, denn meistens bekam man am nächsten Tag für das gleiche Geld statt eines Sackes Weizen nur noch ein Viertel davon. Die Reichen traf das nicht, aber diejenigen, deren Geld sowieso kaum zum Überleben reichte, hatten das Nachsehen. Schön, der Sohn des Kaisers war wieder unter den Fittichen seines Vaters. Der würde jetzt mit der ganzen Schärfe der Schwerter der Prätorianer zurückschlagen. Metius wusste, dass es jetzt nicht mehr nur um ihn ging. Es ging um die ganze Stadt und ihre Bürger, Leute wie dieser Alte und viele andere, die schuften mussten, um sich wenigstens das leisten zu können, das sie zum Überleben brauchten.

In seiner Bande gab es zwei Christen, Marcus und Michael. Die hatten versucht, ihn zum christlichen Glauben zu bringen. Nun, manches daran klang ja auch ganz vernünftig. Sie sorgten füreinander. Geld war ihnen nicht so wichtig, sondern die Liebe für den Nächsten stand im Vordergrund. Auch die Hoffnung, dass es nach dem Tod nicht in einen langen, dunklen Gang gehe, aus dem es kein Entrinnen gab, war sicherlich reizvoll für viele Menschen. Er selbst hörte sich das an, aber er machte sich nicht besonders viel aus Religion. Was er aber sah und was er diesen Menschen hoch anrechnete, war, dass sie sich umeinander kümmerten, aber auch andere nicht verachteten. Und sie verweigerten dem Kaiser die Anerkennung als Gott. Das fand er sehr mutig. Er hatte mit dem Schwert gekämpft und schon viele getötet. Er war oft in Gefahr und hatte dem Tod ins Auge geblickt. Aber so mutig war er nicht. Und vor einigen Tagen wurde ihm von einem Bandenmitglied erzählt, dass der Kaiser einen Erlass herausgegeben hatte, in dem stand, dass die Anhänger der christlichen Religion die Götter Roms und damit vor allem den Kaiser als höchste Autorität anerkennen mussten. Metius war klar (denn das wusste er von Marcus und Michael), dass sie dies nie tun würden. Doch der Kaiser würde diesen Beschluss gnadenlos umsetzen.

Er schaute sich um und hielt sich im Schatten des prächtigen Titusbogens. Endlich war der mal zu etwas nütze, waren doch auf ihm vor allem Schändlichkeiten dargestellt, die man den Juden angetan hatte. Metius konnte sich aber jetzt keine großen Gedanken darüber machen, denn sein schwierigster Weg stand bevor: Er musste um das Theater des Flavius herum sich in den Schatten des mächtigen Kolosses von Nero, einer über dreißig Meter hohen Statue dieses Kaisers, flüchten.

Das Kolosseum! Heute waren wieder Schauspiele. Eigentlich gab es jeden Tag etwas zu sehen. Wenn es dem Volk nicht gut geht, muss man es nur unterhalten. Dann vergessen die Menschen schon ihre Sorgen. Und genau das passierte hier.

Metius spürte Zorn in sich aufwallen, schluckte diesen aber schnell hinunter. Er durfte jetzt, so kurz vor dem Ziel, nicht versagen. Der Gedanke, dass er ansonsten in wenigen Tagen ebenfalls in dieser Arena sein könnte, gefiel ihm wirklich nicht; denn dann wäre er nicht Zuschauer, sondern Teilnehmer. Und was das bedeutete, wusste in Rom jeder. Es gab keine Tötungsart, auf die die Römer für ein Schauspiel noch nicht gekommen wären. Man hetzte wilde Tiere aufeinander und freute sich, wenn sie sich zerfleischten. Man bildete Menschen extra in Schulen aus und ließ sie gegeneinander antreten. Menschen wurden an

Pfähle gebunden und Löwen oder Elefanten in die Arena geschickt. Andere wickelte man in Tierhäute, nähte diese zu und die wilden Tiere machten sich über sie her.

Glücklich und erleichtert erreichte er den Koloss des Nero und ruhte sich einen kleinen Moment aus. Fast war ihm, als hätte er einen Schatten auf der gegenüberliegenden Seite gesehen. Aber das musste eine Täuschung gewesen sein. Er konnte niemanden entdecken. Der Platz war menschenleer.

Jetzt war es noch weniger als eine halbe Meile. Als er das Haus erreichte, klopfte er an und kurz darauf wurde die Tür geöffnet. Metius war erstaunt. Vor ihm stand ein etwas untersetzter, den leiblichen Genüssen offensichtlich nicht abgeneigter Mann, dessen Haare nur noch als Kranz auf dem Kopf zu erkennen waren. Er mochte etwa 50 Jahre alt sein, vielleicht etwas älter, schätzte Metius. Der Bischof schien keinerlei Angst davor zu haben, einem eventuellen Angreifer die Tür geöffnet zu habe

Er wurde in einen großen Raum geführt, der übersät war mit Schriftrollen. Auf einem Schreibpult konnte man sehen, dass der Bischof gerade an etwas geschrieben hatte, denn die Feder lag noch frisch auf dem Pergament. Fabianus ging hin und legte sie ordentlich auf die Seite. Dann bot er seinem Besucher einen Platz an und setzte sich selbst ihm gegenüber.

»Was gibt es, so spät in der Nacht?«, wollte der Bischof wissen.

Metius war noch etwas außer Atem; vielleicht war es aber auch die Aufregung, dem wichtigsten Mann dieser christlichen Vereinigung in Rom gegenüberzusitzen.

»Ich will dich warnen«, begann Metius. »Vielleicht weißt du, dass der Kaiser mit euch aufräumen will. Am liebsten wäre ihm, es gäbe in Rom überhaupt keine Christen mehr. Also hat er sich etwas ausgedacht, was nicht schön ist. Ihr sollt alle an den Opferfeierlichkeiten teilnehmen. Falls sich jemand weigert, wird er sein Leben verlieren. Und ich habe gehört, dass man an der Spitze anfangen will. Und das bist wahrscheinlich du.«

Fabianus hatte ihm ruhig und konzentriert zugehört.

»Bist du Christ?«

Metius lachte.

»Ich hoffe nicht, dass das für die Glaubwürdigkeit meiner Erkenntnisse von Belang ist. Nein, um deine Frage korrekt zu beantworten. Ich bin kein Christ und ich habe auch nichts mit euch zu schaffen.«

»Woran liegt das?«

»Ach, hör doch auf«, Metius wurde ungeduldig.»Ich kann nicht leiden, wenn sich Sekten heimlich treffen und irgendwelche Dinge machen, von denen niemand wissen darf. Alles schön im Geheimen. Das ist doch widerlich. Nur wer etwas Schlechtes vorhat, achtet darauf, dass es niemand mitbekommt.«

Fabianus reagierte nicht und zeigte durch eine Bewegung seiner Augenbraue, dass er immer noch bereit war, zuzuhören.

»Die Götter sind Rom nicht mehr gnädig, weil ihr ihnen die Gefolgschaft verweigert. Erdbeben und Vulkanausbrüche sind Strafen, die sie sich für uns ausgedacht haben – und das geht auf euer Konto! Ihr esst Menschenfleisch und trinkt das Blut eures Gottes. Kinder werden geopfert. Reicht das? Wie kannst du fragen, weshalb ich kein Christ bin. Ich will das alles nicht mitmachen. Das ist ekelerregend!«

Fabianus sah ihm direkt in die Augen.

»Und trotzdem bist du gekommen, um mich zu warnen?«

»Ich kann nicht leiden, was in Rom geschieht. Vielleicht seid ihr daran schuld. Ich bin nur ein dummer Straßenräuber. Ich weiß es nicht. Aber auf jeden Fall seid ihr nicht alleine schuld und ich denke, der Kaiser hat auch seinen Anteil daran.«

»Ich will dir mal etwas erzählen, Metius. Metius, das ist doch richtig, oder?«

Woher kannte er seinen Namen? Metius war erstaunt. Offensichtlich hatte dieser Mann, der eine Ausstrahlung hatte, der auch er sich nicht entziehen konnte, gute Verbindungen. Er nickte nur.

»Gut. Mir ist klar, dass jeder Angeklagte seine Taten verleugnet und sagt, dass er unschuldig ist. Deshalb ist es natürlich schwer für mich, dich jetzt ohne die Möglichkeit eines Beweises vom Gegenteil zu überzeugen. Und du hast ja in vielem auch Recht. Da wir nur einen Gott haben, werden wir alle anderen, von denen behauptet wird, sie seien Götter, ablehnen. Selbst den Kaiser können wir nicht als Gott anerkennen. Er soll regieren, gut. Aber er muss wissen, dass seine Herrschaft endlich ist. Wenn er tot ist, ist es mit seiner Herrschaft vorbei. Es gibt aber eine Herrschaft über die gesamte Welt, die ewig hält. Und genau das ist unser Glaube. Wir meinen allerdings nicht den Kaiser, wir meinen noch nicht einmal Rom, denn auch Rom wird nicht immer so mächtig sein. Der einzige Gott wird Herrscher der Welt sein.«

Metius hatte aufmerksam zugehört, war aber nicht wirklich überzeugt.

»Ja, Fabianus, du magst darin recht haben oder auch nicht. Aber dein Leben ist in Gefahr.«

»Wenn du so vieles an uns auszusetzen hast, wieso interessiert dich dann mein Leben?«

Metius dachte nach. So genau hatte er sich das auch noch nicht überlegt. Aber irgendetwas hatte ihn bewogen, diesen Schritt zu gehen.

»Vielleicht deshalb, weil ihr diesem römischen System Einhalt gebieten könnt und Antworten wisst auf die Probleme, die wir in dieser Stadt, in diesem gesamten Reich haben.«

Fabianus nickte.

»Das ehrt uns. Wir haben etwas, worum wir von vielen beneidet werden: Wir sind einfach gut organisiert!«

Er lachte kurz auf, als er dies in einer Art Selbstlob feststellte.

»Ja, wirklich. Ich bin ja nur der Bischof von Rom. Und es gibt überall im Römischen Reich Bischöfe. In einigen Monaten soll in Rom ein großes Treffen aller Bischöfe stattfinden. Da wird ganz schön was los sein. Auch an dieser Vorbereitung sitze ich gerade.« Dabei wies er mit der Hand auf ein anderes Schreibpult. »Und vor kurzem habe ich Rom in verschiedene Bezirke eingeteilt. So sind Hilfe und Glaube leichter zu organisieren. Davor hat Rom Angst. Sie sehen uns als eine Macht, die dem römischen Staat gefährlich werden kann. Deshalb werden wir angefeindet vom Kaiser, vom Senat, von den Patriziern, vom Volk. Aber immer mehr Menschen bekennen sich zu Jesus Christus. Das bringt Probleme, wie du dir denken kannst.

Wir haben es nicht nur mit den Anfeindungen zu tun, von denen du selbst genügend Beispiele geliefert hast. Ich rede auch von den harschen Auseinandersetzungen, die wir innerhalb unserer Gemeinde haben. Setze zwei Christen nebeneinander und du erhältst drei Glaubensrichtungen. Verstehst du? Die einen sagen, Jesus war schon vor der Schöpfung in der Welt, die anderen meinen, er sei Teil der Schöpfung. Das sind wichtige Fragen, wie auch die Frage, ob Joseph Jesu Vater sei oder Gott. Wenn Gott Jesu Vater ist, welche Bedeutung hat dann Joseph? Und zuletzt: Was ist mit Maria, der Mutter Jesu? Sie war Jungfrau, sagen einige. Andere zweifeln daran und finden in den hebräischen Worten die Lösung.«

Metius brummte der Schädel. Er wollte doch eigentlich nur diesen Bischof zum Kofferpacken überreden und kein Gespräch über Religion und Glaubensrichtungen führen.

»Für euch sind das unwichtige Fragen«, fuhr der Bischof unbeirrt fort, »aber hieran hängt der christliche Glaube und ich bin mir sicher, dass wir noch viele Auseinandersetzungen führen werden, um sie zu beantworten.«

Er deutete auf sein Schreibpult: »Ich bin gerade dabei, eine Schrift zu verfassen, die Plotin widerlegen wird. Du kennst ihn, diesen griechischen Philosophen, der seit einiger Zeit in Rom Vorlesungen hält, zu denen auch viele meiner Gemeindeglieder kommen. So hat man immer zu tun.«

Er war aufgestanden und schaute auf die Arbeit, an der er gerade schrieb.

»Hör mal, Bischof, das ist sicherlich sehr interessant und spannend und ich denke auch, dass man nicht einfach etwas glauben soll, ohne es zuvor geprüft zu haben. Das hat mich jedenfalls das Leben gelehrt. Aber die sind hinter dir und vielen anderen her. Mach, dass du wegkommst. Sonst landest du im Kolosseum. Oder willst du an den Opferungen teilnehmen?«

»Jesus Christus, steh mir bei. Nein! Ich weiß von diesem Erlass schon seit einiger Zeit und erwartete seitdem die Schergen des Kaisers. Jetzt ist es also soweit, meinst du? Gut. Dann ist jetzt die Zeit des Bekenntnisses und der Standhaftigkeit im Glauben.«

Metius rollte mit den Augen.

»Du verstehst das sicherlich nicht. Jesus ist für seinen Glauben in den Tod gegangen. Er stand aber nicht nur für seinen Glauben, sondern auch für die Gemeinschaft seiner Gläubigen, die er ansonsten verraten hätte. Wie könnte ich meine Gemeinde verraten? Dann wäre ich kein Christ!«

Jetzt war Metius sprachlos. Dieser kleine, untersetzte Mann mit der Halbglatze sprach furchtlos vom Sterben im Kolosseum?

»Bischof, ich war Soldat und habe in Pannonien gekämpft. Ich hatte wenig Furcht vor dem Tod. Aber damals wusste ich noch, wofür ich kämpfte. Gut, das wäre heute nicht mehr so bei mir. Aber damals galt es für mich, das Reich zu retten. Aber was hast du? Da gibt es nichts zu retten. Du gehst und viele andere werden dich in das Kolosseum begleiten und alle werden sterben. Und dann ist das Licht einfach aus!«

»Dann erst wird das Licht leuchten, mein Lieber, glaube mir. Nein, ich kann nicht anders als zu dem zu stehen, was ich glaube, und für die da zu sein, die mir vertrauen. Weißt du, wir Menschen klammern uns immer an alles Irdische, dabei können wir doch eines Tages, wenn die Stunde schlägt, nichts mitnehmen. Hast du von Cyprian gehört?«

Metius schüttelte den Kopf.

»Bischof von Karthago. Du kannst ihn auch nicht kennen. Er ist abgehauen. Er hat sich aus dem Staub gemacht, hat Angst vor dem Kaiser. Überleg mal, du warst doch Soldat. Was würdest du über einen Centurio denken, der die Truppe bei Gefahr fluchtartig verlässt?«

»Ich kenne solche Leute. Zur Genüge. Erbärmliche Kreaturen. Ich würde von so einem nie wieder einen Befehl annehmen!«

Fabianus lächelte. »Das dachte ich mir. Und deshalb bleibe ich hier. Auch wenn du es nicht verstehst. Aber ich danke dir für deine Hilfe. Ich weiß, dass du ebenfalls sehr viel riskiert hast, um herzukommen und mich zu warnen. Ich werde dich in meine Gebete einschließen. Aber ich will dir auch noch etwas anderes sagen: Dieses Gerede von den Kinderopfern ... Glaube mir, wir opfern keine Kinder. Das ist eine Verdrehung der Tatsachen, es soll euch verwirren und uns bloßstellen. Da ist nichts dran. Solche Gerüchte werden in die Welt gesetzt, um zu verleumden. Suche bei den Römern. Der Täter ist bestimmt jemand, dem man es nicht zutraut, der aber ein großes Interesse am Tod von uns Christen hat.«

Dann schwieg er und wandte sich ab.

Metius stand auf. Er wusste, dass das Gespräch hiermit beendet war. Langsam ging er zum Ausgang. Dann drehte er sich noch einmal um. Fabianus stand an seinem Schreibpult und hatte die Feder bereits wieder in der Hand.

»Eines noch, Bischof. Hast du gar keine Angst?«

Der Bischof sah lange auf das Pergament, dann hob er den Kopf und sah seinen Gesprächspartner unverwandt an. »Doch, und wie. Ich könnte schreien. Aber die Angst steht immer dort, wo sie uns den Weg heraus versperren kann. Und nur durch sie hindurch können wir ans Licht kommen und sie besiegen.«

Dann senkte er seinen Kopf und beugte sich über seine Arbeit, ohne noch ein weiteres Wort an Metius zu richten. Der ging langsam nach draußen und schloss leise die Tür. Eine ganze Weile stand er da und starrte in die Nacht. Der Bischof hatte ihn beeindruckt. Aber er irrte sich. Den Tod nicht zu fürchten bedeutete nicht, dass man ihn herbeisehnen musste. Im Kolosseum zu sterben war keine Belohnung, sondern eine Ungerechtigkeit, die mit schriller Stimme Anklage gegen ihre Verursacher erhob. Metius dankte insgeheim dem Bischof für diese Erkenntnis und schlenderte langsam in Richtung des Alten Forums. ›Die Täter sitzen an Stellen, wo man sie nicht vermuten würde.‹ Ob der Bischof meinte, sie seien in der kaiserlichen Familie zu suchen?

In Gedanken versunken übersah er die Schatten, die sich dem Haus des Bischofs näherten.

14. Kapitel

Hortensius ärgerte sich und trat wütend gegen ein Schild, auf dem für den heutigen Veranstaltungstag im Circus Maximus geworben wurde. Schon wieder war es Gaius Scipio, der die Spiele ausrichtete. Er hatte sehr viel Geld und tat alles dafür, das Volk bei Laune zu halten, denn immerhin wollte er bald Volkstribun werden. Ein wichtiges und immer noch sehr einflussreiches Amt. Politisch unbedeutend, aber man konnte vor allem für sich selbst einiges erreichen. Wenigstens hatte er sich für das Auslassen seiner Wut das richtige Objekt ausgesucht.

Wieder war er einen Schritt zu langsam. Dieser elende Tiberius war ihm zuvorgekommen, hatte die Bande zerschlagen und eigentlich nur Schaden damit angerichtet. Hortensius liebte es, wenn man mit ganz kleinen Schritten vorging. Damit hinterließ man kein wüstes Schlachtfeld. Tiberius jedoch machte sich nichts daraus; er war der Ansicht, dass man nur kräftig dreinschlagen musste, um etwas zu erreichen. Nun, wahrscheinlich hatte er für seine Verhältnisse mit dieser barbarischen Methode auch oft genug Erfolg. Doch jetzt konnte man sich nicht so sicher sein, ob es tatsächlich ein Erfolg war: Die Bande des Metius Fuvetius existierte nicht mehr. Die Blutsoldaten des gewalttätigen Centurios hatten viele von ihnen getötet. Natürlich ohne Erfolg. Ein Schankwirt aus dem Haus gegenüber, den Hortensius schon seit vielen Jahren kannte und bei dem er immer wieder viel Geld ließ, hatte es ihm heimlich zugeflüstert: Von einem Jungen fehlte jede Spur – es war noch nicht einmal sicher, ob die Bande überhaupt einen Jungen gefangen hatte. Tiberius musste ähnliche Informationen haben und schien wohl auch auf der gleichen Spur zu sein, denn er suchte nach wie vor nach einem Jungen, der von der Metius-Bande entführt worden war. Und zu diesem Zwecke suchte er vor allem auch nach Metius selbst.

Der Anführer war also entkommen.

Gut. Hortensius überlegte, wie er jetzt vorgehen sollte. Er hatte seine Leute wieder entlassen und war entschlossen, vorerst alleine weiterzusuchen. Doch er wurde das Gefühl nicht los, dass es besser wäre, wenn er einen Begleiter hätte. Nur – wohin sollte er sich wenden? Die Suche nach Metius und nach dem Jungen in Rom war wie die Suche nach der Nadel im Heuhaufen. Tiberius würde den Heuhaufen anzünden und hoffen, dass das Heu verbrannte und die Nadel übrig blieb. Und wenn auch sie verbrennen würde, konnte man eben nichts ändern. Immerhin hätte er es ja versucht.

Hortensius lehnte sich an eine Mauer und beobachtete das Treiben in dieser Straße nahe der Rennbahn. Offensichtlich traf Gaius Scipio mit seinen Spielen genau den Geschmack des Volkes. Viele Menschen strömten Richtung Wettkampfbahn und waren ausgelassen und diskutierten aufgeregt die bevorstehenden Rennen und Ereignisse. Das musste doch eine hervorragende Gelegenheit für einen flüchtenden Verbrecher sein, sich hier unter die Menge zu mischen und so unerkannt und unentdeckt zu bleiben. Sicherlich hatte ein solcher Bandenanführer auch noch genügend Kontakte in der Bevölkerung, die ihn schützte und deckte. Aber was sollte das bringen?

Unwillkürlich zuckte Hortensius mit den Schultern. Wenn er einen Jungen bei sich hätte, würde er zwar nicht unbedingt auffallen. Viele Väter gingen mit ihren Söhnen zu den Wettkämpfen. Aber der entführte Junge würde bestimmt nicht entspannt und ohne Aufsehen zu erregen seinen Entführer begleiten. Also war er sicherlich nicht hier – und auch der Bandenanführer würde nicht hier sein. Wenn er diesen Jungen, wenn er den Kaisersohn wirklich entführt hat, um ihn irgendeinem fremden Gott zu opfern, dann würde das sicherlich im Untergrund geschehen. Selbst wenn er ihn zur Opferung verkaufte, würde sich das nicht vor den Augen der römischen Bürger ereignen, sondern im Verborgenen.

Hortensius musste sich also in die Abgründe Roms begeben. Er stieß sich leicht von der Mauer ab und ging einige Schritte in Gedanken versunken die Straße entlang, den Massen entgegen. Aufmerksam sah er in jedes Gesicht, hoffte, in den Augen der Menschen etwas lesen zu können, was ihm vielleicht weiterhelfen würde.

Zwei junge Männer hatten einem Schwein einen Strick um den Hals gebunden und die Hinterläufe ebenfalls so miteinander verknüpft, dass das Tier gerade noch laufen, aber auf keinen Fall entkommen konnte. Hortensius wusste, dass sie dieses Tier in dieser Nacht opfern würden. Es würde nicht besonders grausam sterben müssen, aber dennoch hielt Hortensius nichts davon, für alle möglichen Rituale

Tiere zu opfern. Dieses Schwein würde außerdem vor seinem Tod geschlagen werden.

Bei dem Gedanken daran zuckte der Centurio zusammen. Logisch, er musste den Jungen dort suchen, wo jemand für ein Ereignis oder ein Opfer gebraucht wurde. Er drehte sich um und ging Richtung Kolosseum. Dort kamen sie auf die verrücktesten Ideen, ließen Einarmige gegeneinander mit Schwertern kämpfen, die man mit zwei Händen kaum halten konnte. Zum Tode Verurteilte wurden an einen Pfahl angebunden und konnten nur mit größter Anstrengung ein Messer erreichen, um sich gegen Löwen und andere wilde Tiere zur Wehr zu setzen. Der Tod war auf jeden Fall unvermeidlich – sie konnten ihn bestenfalls ein wenig hinauszögern. Und es war erstaunlich, was Menschen alles unternahmen, um ihr Leben auch nur um einen Augenblick zu verlängern. Und das Publikum auf den Rängen freute und amüsierte sich, spornte die Todgeweihten zu Handlungen an, die fast schmerzhafter sein mussten als der Biss eines Löwen. Oft brachen sie sich das festgebundene Bein oder den Arm, um die wenigen Fingerlängen zum rettungsverheißenden Messer zu überwinden. Doch letztlich siegten immer die wilden Tiere. Wieder andere wurden in Tierfelle eingenäht und mit Tierkot beschmiert, um ihre Anziehungskraft auf die wilden Tiere zu erhöhen. Die armen Menschen liefen blind durch die Arena und starben entsetzlich schreiend unter dem ohrenbetäubenden Lärm von Jägern und Zuschauern.

Ein solches Schicksal erwartete den entführten Jungen sicherlich nicht. Hortensius konnte sich vorstellen, dass dieser mit einem guten Schwert bewaffnet gegen einen ausgebildeten Gladiator, der nur ein kleines Messer erhielt, zu kämpfen hatte. Das war ebenfalls eine sehr beliebte Form des Kampfes, konnte sich doch so das Publikum mit dem vermeintlich Schwächeren identifizieren. Manche standen somit auf der Seite des Jungen, andere auf der Seite des Gladiators, der ja durch die unzulängliche Bewaffnung wesentlich schlechter gestellt war. Natürlich hatte der Junge selten eine Chance; jedoch war diese wesentlich größer als eingenäht in einem Tierfell hilflos in der Arena herumzuirren. Und so mancher Jüngling war schon als Sieger aus der Arena gegangen und hatte so seine Freiheit zurückgewonnen.

Hortensius wählte im Kolosseum angekommen sofort den Weg in das unterirdische Labyrinth der Arena. Von oben hörte man das Publikum grölen und die Kämpfenden anfeuern. Die Luft hier unten war stickig, es roch nach Tieren, nach Angst, Schweiß und Blut. Es war ein eigenartiger, unverwechselbarer Geruch, der den Tod ankündigte. Hier ging es zu wie in einer kleinen Stadt. Von allen Seiten hörte man das Klirren von Eisen. Ketten rasselten und Schwerter schlugen aufeinander. Die rauen Stimmen der Gladiatoren überlagerten alles, denn immerhin waren sie auch die Hauptattraktionen an den meisten Veranstaltungstagen. Sie kamen aus hochentwickelten Schulen, die sich mit der Ausbildung dieser Männer beschäftigten.

»Was willst du hier?«, wurde Hortensius von einem finster aussehenden Muskelpaket angeraunzt.

»Einen anderen Ton«, befahl Hortensius, »sonst hörst du noch nicht einmal mehr das Öffnen der Gitter.«

Mit diesen Menschen musste man anders sprechen als mit dem blinden Carbo. Sie verstanden nur eine Art der Sprache. Die aber wirkte immer. Der Gladiator hatte zuerst nicht gesehen, wen er da vor sich hatte. Doch jetzt nahm er unvermittelt eine demütige Haltung ein.

»Entschuldige, Centurio, es ist so finster hier unten. Ich habe dich nicht erkannt.«

»Kennst du dich hier aus?«, wollte Hortensius wissen und schaute an dem Mann vorbei. Der sollte merken, dass er der Untergeordnete war.

»Ich? Ja, Herr, ich bin für den Ablauf hier unten zuständig.«

»Also, du regelst die Reihenfolge der Kämpfe?«

»Stimmt. Ich sehe zu, dass die Kämpfer, die gegeneinander kämpfen sollen, auch zusammen nach oben kommen. Wäre doch blöd, wenn ...«, dabei unterdrückte er das Lachen, das seinen Witz begleiten sollte.

»Ja, ist gut. Ich habe verstanden.«

Der Gladiator verstummte und auch das Lächeln wich aus seinem Gesicht.

»Kämpfst du noch?«

»Nein, Herr. Ich bin zu alt. Und ich bin froh, dass ich mich hier ein bisschen nützlich machen kann. Aber früher, noch vor wenigen Jahren, da war ich ...«

»Will ich nicht wissen!«, unterbrach Hortensius ihn barsch. »Habt ihr einen Jungen hier unten? Etwa vierzehn Jahre alt?«

Der Gladiator dachte nach und schien nicht begeistert zu sein über diese Frage.

»Ich, Herr, nein, ich weiß nicht recht ...«

»Ich denke«, fiel ihm Hortensius ins Wort und wandte sich ihm jetzt abrupt zu, »dass meine Frage sehr eindeutig war. Ist ein etwa vierzehnjähriger Junge hier, der an einem Kampf, heute oder in den nächsten Tagen, teilnehmen soll?«

Der alte Gladiator druckste und stammelte und verlagerte dabei sein Gewicht von einem Bein auf das andere. Hortensius kam mit seinem Kopf dem des anderen bedrohlich nah. Der wich unwillkürlich eine Handbreit zurück.

»Herr, vergib mir. Mir wurde ein solcher Junge heute Morgen angeboten, aber ...«

»Verdammt, rede, du Narr«, schrie Hortensius.

»Ja, aber ich habe abgelehnt. Wir haben in den nächsten Tagen ein volles Programm und ich müsste diesen Jüngling beherbergen und verköstigen. Das ist zu teuer, Herr. War das ein Fehler?«

»Wer hat dir diesen Knaben angeboten?«

»Ich weiß es nicht«, schluchzte er jetzt fast, »ich weiß es wirklich nicht. Ein Mann, auch nicht besonders alt. Der Junge war in Ketten gelegt, du weißt schon, Eisenring um den Hals und Fesseln an den Füßen. Er sah nicht gut aus. Der Händler war so ein wilder Typ, wirres Haar, behängt mit vielen Bändern und Amuletten. Aber ich hatte keine Verwendung.«

»Wie sah der Junge aus?«

»Naja, ziemlich schwarz.«

Hortensius stutzte. »Du meinst, er kam aus Afrika?«

»Das will ich meinen. So schwarz, wie der war.«

Wieder nichts! Hortensius war wütend.

»Und das ist das einzige Mal in den letzten Tagen gewesen, dass du ein solches Angebot bekommen hattest?«

»Ja, Herr, sonst habe ich von keinem Jungen gehört. Ich dachte, du hättest gerne gehabt ...«

Aber Hortensius war schon verschwunden. Er brauchte sich an diesem furchtbaren Ort nicht mehr länger aufzuhalten. Der Gladiator sagte sicherlich die Wahrheit. Hostilian war nicht hier und würde hier auch nie angeboten. Er machte sich an den mühsamen Aufstieg aus dieser Unterwelt ans Licht und konnte es gar nicht erwarten, wieder reine Luft zu atmen, weg vom Geschrei der Menschen, die darauf warteten, Tod zu bringen oder zu empfangen, und weg vom Gebrüll der Tiere, die nichts von ihrem Schicksal wussten.

Erleichtert trat er ins Freie und setzte sich auf eine umgestürzte Säule, die seit Menschengedenken vor dem Forum lag. Keiner wusste, wieso sie lag und nicht stand, was Säulen eigentlich tun sollten. Es ging die Legende, dass Kaiser Augustus diese Säule zum Dank des Wohlwollens der Götter dem römischen Volk gegenüber aufstellen ließ. Als Kaiser Nero regierte und unablässig nach seinem eigenen Vorteil trachtete, sei die Säule umgestürzt. Aber ob diese Geschichte stimmte, wusste niemand.

Hortensius ärgerte sich. Er hatte die Spur Hostilians verloren. Wenn er ehrlich war, musste er zugeben, dass er sie eigentlich noch nie hatte. Denn er wusste auch nicht, ob Metius tatsächlich einen Jungen gefangen hielt. Und wenn ja, ob dieser Junge tatsächlich Hostilian war. Er drehte sich im Kreise. Er dachte angestrengt nach. Er konnte Metius suchen oder sich auf die Fährte dieses Jungen begeben in der Hoffnung, dass es Hostilian wäre. Er konnte aber auch vom Schlimmsten ausgehen und versuchen, dies auszuschließen: Wenn die Möglichkeit bestand, dass Kinder geopfert wurden zum Dank an Götter, dann musste er sich dort umschauen. Er musste herausfinden, ob es Sekten gab, die Opferungen vornahmen.

Er eilte quer über das Forum, achtete gar nicht auf Menschen, die ihn grüßten oder ein kurzes Gespräch mit ihm beginnen wollten.

Crabo stand wie immer am Eingang des Tempels; das war sein Arbeitsplatz. Hortensius kramte in seinem Beutel unter der Tunika und fand zwei Denare, die er in den Korb des blinden Bettlers warf.

»Neuigkeiten?«, fragte er ihn, ohne sich mit Förmlichkeiten aufzuhalten.

Der Alte fühlte in seinem Korb, was ein befriedigtes Lächeln auf sein Gesicht zauberte.

»Wegen der Sache, meinst du? Nein. Hier ist es still.«

»Sag mal, alter Freund, es gibt doch jede Menge religiöse Fanatiker in der Stadt. Gibt es auch welche, die Menschen opfern? Du weißt schon, um die Götter gnädig zu stimmen, wenn Tieropfer nicht mehr ausreichen.«

Crabo hob den Kopf und richtete sein Gesicht auf Hortensius. Diesem war, als würde der blinde Mann ihn direkt ansehen. Komisch, man konnte den Eindruck bekommen, dass er ihn tatsächlich ansah. Aber das war ja nicht möglich. Er war doch blind! Oder nicht? Hortensius war verunsichert und Crabo hielt seine blinden Augen weiter auf ihn gerichtet.

»Man erzählt sich so etwas. Es gibt Gerüchte, dass die Chrestus-Anhänger Kinder opfern. Aber da ist noch eine andere Sekte, von der man das gleiche sagt. Ich weiß es nicht, aber es ist gefährlich, mein Freund.

Ich kann mir nicht denken, dass Sekten, die Menschen opfern, zimperlich mit irgendwelchen Schnüfflern umgehen. Sei auf der Hut. Du stocherst in einem Bienenstock.«

»Daran bin ich gewöhnt. Das macht mir keine Angst. Wo finde ich diese Sekten? Wo treffen sie sich? Wie komme ich dort rein?«

Crabos Gesicht zuckte. Seine Augenlider zogen sich zusammen und seine Hände begannen zu zittern.

»Du bist nicht ganz richtig im Kopf, mein Lieber. Ich will nicht meine beste Einnahmequelle verlieren. Lass ab von diesem Gedanken. Was soll es bringen? Du würdest sehen, was passiert. Du würdest es nicht aushalten und dich verraten. Und dann? Glaubst du, die würden vor dir zurückschrecken? Denke daran, wo diese Opferungen stattfinden, herrscht finsterste Nacht. Sie treffen sich in dunklen, unterirdischen Verließen und Räumen. Kein normaler Römer weiß, wo der Eingang zu diesen Orten ist.«

»Ich muss ihn aber finden. Ich muss dort hin. Ich habe einen Verdacht. Und ich glaube, dort werde ich eine Spur finden, die mir weiterhilft. Wie kann ich den Eingang finden?«

»Das wird dir alleine nicht gelingen. Aber ich kann dir helfen. Ich habe einen Freund. Der kennt sich aus. Komme nachher, bei Einbruch der Dunkelheit, zur Säule des Trajan. Dort werde ich mit meinem Freund auf dich warten. Und jetzt geh. Du verdirbst mir das Geschäft. Und meine Laune. Geh schon. Hau ab.«

Dabei wedelte er unwirsch mit seiner Hand, als könne er Hortensius vom Platz wischen. Hortensius drehte sich um und ging. Bis zum Einbruch der

Dunkelheit hatte er ja noch ein wenig Zeit. Und die wollte er nutzen.

Als er Crabo am Abend an der Säule traf, machte der ihn mit Alexandros bekannt, einem freigelassenen griechischen Sklaven. Alexandros sprach kein Wort, sondern machte Hortensius nur ein Zeichen, ihm zu folgen. Schweigend entfernten sie sich von der Säule und ließen den blinden Bettler alleine zurück.

Alexandros eilte vorweg und Hortensius hatte Mühe, ihm zu folgen. Plötzlich blieb er am Eingang zum Heiligtum der Isis stehen und bedeutete ihm, einigen Abstand zu halten. Vorsichtig schaute Alexandros sich nach allen Seiten um. In dieser Ecke Roms war es ziemlich dunkel, denn die Bebauung war nicht sehr dicht und die Wege wurden deshalb nicht beleuchtet. Rechts neben dem Eingang führten vier Stufen hinab zu einer verschlossenen Tür. Hortensius hatte weder die kleine Treppe noch die Tür jemals zuvor bemerkt. Mit leisen Schritten stieg Alexandros zur Tür hinab und klopfte in einem bestimmten Rhythmus an. Es geschah lange gar nichts, aber der junge Grieche schien nicht beunruhigt darüber. Fast regungslos stand er vor der Tür und wartete. Hortensius wurde unruhig und wollte schon etwas sagen. Bislang hatten die beiden noch kein einziges Wort miteinander gewechselt, als plötzlich die Tür quietschend und knarrend geöffnet wurde. Ein junger Mann mit freiem Oberkörper öffnete einen Spalt und spähte in die Dunkelheit. Alexandros sagte etwas, was Hortensius nicht verstand. Dann steckte der junge Mann seinen Kopf weiter durch den Spalt und besah sich Hortensius. Was er sah, schien ihn zufrieden zu stellen, denn er öffnete die Tür und winkte die beiden späten Gäste herein.

Hortensius konnte in der Dunkelheit, die nur durch eine einzige Fackel notdürftig beleuchtet wurde, einen kleinen Vorraum erkennen. Dann folgte sofort eine steil hinabführende Treppe. Der junge Mann ging voraus und Alexandros und Hortensius folgten ihm hintereinander gehend, denn die Treppe war nicht nur steil, sondern auch ziemlich eng.

Unten angelangt sah Hortensius einen niedrigen, nicht besonders großen Raum. In die Wände waren kleine Vorsprünge aus dem Stein gehauen, die offensichtlich als Sitzgelegenheit dienten. Gegenüber der Treppe war eine weitere Vertiefung des Raumes, in die man über weitere Stufen gelangte. Ein Eisengitter war über diese kleine, etwa mannshohe Vertiefung gelegt.

Der junge Mann wies den beiden Gästen einen Platz zu und Hortensius hatte jetzt Gelegenheit, sich die Szenerie genauer anzusehen. Etwa zwanzig Männer befanden sich in diesem Raum. Bis auf den jungen Mann waren alle vollständig verhüllt. Die meisten hatten sogar Kapuzen auf, die sie sich bis weit in das Gesicht hineingezogen hatten. Sie redeten nicht miteinander, nahmen von ihm und Alexandros aber auch keine Notiz. Offensichtlich warteten sie auf etwas, denn es herrschte eine nervöse Anspannung im Raum, die förmlich greifbar war.

Plötzlich öffnete sich an der Seite eine Tür. Hortensius hatte diese noch gar nicht bemerkt, konnte aber jetzt erkennen, dass sich dahinter ein langer Gang befand.

›Wo der wohl hinführt?‹, dachte er gerade, als er mit Entsetzen sehen musste, dass zwei nackte junge

Männer einen Stier in den kleinen Raum führten. Dahinter folgte ein weiterer Mann, der etwas älter war als die beiden anderen und sich einen Umhang übergeworfen hatte. Dem Stier hatten sie offensichtlich zuvor ein betäubendes Mittel verabreicht, denn er war absolut friedlich und trottete hinter den beiden auf das Gitter und blieb dort, von ihnen festgehalten, stehen.

Die Männer auf den umliegenden Bänken stimmten einen brummenden Gesang an, dessen Worte Hortensius nicht verstehen konnte. Aber der kleine Raum vibrierte durch den anschwellenden tiefstimmigen Gesang. Einer der verhüllten Männer trat vor, tauchte einen Mandelzweig in ein kleines, mit einer unbekannten Flüssigkeit gefülltes Becken und bespritzte damit den Stier. Dabei rief er immer wieder die gleichen Worte, die Hortensius wiederum nicht verstehen konnte. Kurz darauf trat der mit dem Umhang bedeckte Mann an die Treppe vor den Stier, verbeugte sich und ließ seinen Umhang fallen. Dann ging er die Stufen hinab und stellte sich unter den Stier.

In diesem Moment erhob sich ein Mann aus der Bankreihe, ließ ebenfalls seinen Mantel zur Erde sinken und stieg auf das Eisengitter. Mit Entsetzen sah Hortensius, dass er in seiner rechten Hand einen Dolch hielt. Diesen reckte er kurz in die Höhe, schrie und stach damit dem Stier in den Hals. Mit einem fürchterlichen Schrei starb das Tier und das Blut aus seiner Halsschlagader spritzte auf den Mann unter ihm, der jubelnd in dem Blut des verendenden Tieres duschte.

Hortensius stöhnte auf und vergrub sein Gesicht zwischen seinen Händen. Er hatte schon viele Menschen in seinem Leben sterben sehen, er hatte auch selbst schon Menschen getötet. Aber dieses Sterben hatte immer einen Grund gehabt. Und in diesem dunklen, niedrigen Raum konnte er den Grund nicht erkennen, weshalb dieses Tier sterben musste. Er wusste, dass in vielen Religionen Roms Tieropferungen dazugehörten. Aber bislang hatte er noch nie an einem solchen Ritual teilgenommen. Ihm war jetzt klar, dass er das auch nie wieder wollte.

Doch er durfte den Grund seiner Anwesenheit in diesem Raum nicht vergessen. Nachdem sich die Aufregung ein wenig gelegt hatte, der tote Stier den Gang wieder hinausgeschleift war und die Hauptakteure in diesem Drama verschwunden waren, hatte er Gelegenheit, mit dem Oberpriester einige Worte zu wechseln, als dieser sich ihm zuwendete und ihn fragte, woher er kam und was ihn hierher führte.

»Ich bin auf der Suche nach einem Kind«, sagte er ihm unumwunden ins Gesicht. »Es wird schon seit Tagen vermisst, und ich habe allen Grund anzunehmen, dass es für kultische Zwecke getötet werden sollte.«

Der Oberpriester streifte seine Kapuze wieder zurück und sah ihm direkt in die Augen. »Und deshalb kommst du zu uns, Centurio? Du denkst, weil wir unserem Gott Tiere opfern, würden wir es auch mit Kindern so machen?« Er schaute nachdenklich auf seine Hände und nickte. »Ja, wenn ich mir das überlege ... Wenn ich du wäre, würde ich das vielleicht auch denken.«

Dann schaute er ihn wieder direkt an. »Aber es ist nicht so. Wir opfern einen Stier, weil wir durch dieses Blut mit unserem Gott verbunden sind und weil wir aus diesem Blut Kraft erhalten, das Leben, das wir in dieser Stadt führen, zu meistern. Schau dich um, du wirst hier ausschließlich römische Bürger finden. Sicherlich, einige entlassene Sklaven sind auch darunter. Aber wenn du uns bei Tage auf dem Forum sehen würdest, würde dir nichts Besonderes auffallen. An uns ist nichts Außergewöhnliches. Und wir sind keine Mörder! Aufrichtig und mit der Kraft unseres Gottes sage ich dir: Mit der Tötung von Menschen, gleichgültig ob Kind oder erwachsen, gleichgültig ob Mann oder Frau, gleichgültig ob frei oder Sklave, haben wir nichts zu schaffen. Vielleicht will uns das jemand anhängen, weil ihm nicht gefällt, was wir hier tun, weil ihm nicht gefällt, dass auch Sklaven bei uns sein dürfen – ich weiß es nicht.«

»Aber ihr haltet eure Feierlichkeiten im Verborgenen ab. Keiner kennt den Eingang zu diesem Raum. Niemand kann daran teilnehmen.«

Der Oberpriester schmunzelte. »Du bist doch hier. Und niemand wird dich am Gehen hindern oder dich zu etwas verpflichten wollen. Die Geheimnisse unseres Gottes konntest du in dieser Zeit nicht erfahren. Für dich haben wir lediglich ein Tier getötet. Aber da du nicht daran glaubst, wirst du nicht erkennen können, was sich hinter dem Bad im Blut für Arias verbirgt – übrigens ein freigelassener Sklave aus dem Reich der Perser. Doch jetzt muss ich gehen. Im hinteren Teil werden wir jetzt die Feier fortsetzen. Ein Teil des Rituals ist, dass wir zu Ehren unseres Gottes das Fleisch dieses Stieres essen. Und ich bin schon spät dran.«

Und tatsächlich befanden sich neben dem Jüngling, der ihnen geöffnet hatte, nur noch Hortensius, der Oberpriester und Alexandros in diesem Raum.

»Pardenides wird euch hinausbringen. Er darf an dem Ritual noch nicht teilnehmen, weil er die Weihe noch nicht hat. Aber er ist uns eine große Hilfe in vielen anderen Dingen, die getan werden müssen. Pardenides, sei so freundlich und weise unseren Gästen den Weg.«

Hortensius nickte zum Abschied und folgte den beiden. Irgendetwas an der Art des Oberpriesters hatte ihn überzeugt, dass er hier auf seiner Suche nach Hostilian und vielleicht sogar anderen verschollenen Kindern nicht fündig werden würde. Ein wenig war er auch beeindruckt von der Ernsthaftigkeit dieses Mannes, der Würde und Aufrichtigkeit ausstrahlte.

Als er neben Alexandros wieder vor dem Eingang zum Heiligtum der Isis stand, warf er noch einmal einen Blick auf die nun wieder verschlossene Tür. Es war unglaublich, dass sich hinter einer solch unscheinbaren Tür ein ganz neues Universum befand.

Fragend schaute er auf Alexandros. Dieser wies in eine Richtung und ging schnellen Schrittes voraus.

Auch jetzt wählte er wieder einen verwirrenden Weg und Hortensius hatte den Eindruck, er wollte nicht, dass er sich später noch würde erinnern können, welche Wege sie gegangen waren und wohin er geführt worden war. Die Gassen in Rom waren eng und unübersichtlich. Aber Hortensius liebte seine Heimatstadt und mit einem gewissen Stolz konnte er sagen, dass er hier jeden Stein kannte. Wenn er mit verbundenen Augen an einen beliebigen Ort geführt worden wäre und hätte einen anderen Ort finden sollen, er hätte es gekonnt. So war der Versuch Alexandros, ihn in die Irre zu führen, von Anfang an zum Scheitern verurteilt. Aber Hortensius ließ sich nichts anmerken.

Nach einiger Zeit standen sie am Eingang eines bescheidenen Hauses und sein Führer durch das dunkle Rom klopfte vorsichtig und in einem bestimmten Rhythmus an. Nach kurzer Zeit öffnete ihnen eine zweifellos sehr schöne junge Frau und Alexandros sprach einige Worte, die Hortensius nicht verstand. Mit einem freundlichen, aber auch wachsamen Blick auf Hortensius gab sie den Eingang frei und bat die späten Gäste herein. Hortensius war überrascht, dass er sich in einem normalen Haus befand. Er hatte damit gerechnet, in ein Verließ geführt zu werden, vielleicht einige Stufen unterhalb der Straße. Aber weder von außen noch von innen war dieser Ort zu erkennen als Versammlungsort einer Sekte, die Kinder opfern würde.

Die junge Frau geleitete die beiden quer durch das Haus und Hortensius bemerkte, dass es innen doch weit geräumiger und auch verzweigter war, als man das von außen hätte annehmen können. Schließlich gelangten sie in einen Raum, zu dem vier Stufen nach unten führten. Die junge Frau legte plötzlich eine Hand auf seinen Arm und sagte in leisen, aber auch ruhigen Worten: »Das brauchst du hier nicht!« Dabei zeigte sie mit der anderen Hand auf sein Schwert.

Er sah Alexandros an, der nur nickte. Daraufhin nahm er sein Schwert und gab es der jungen Frau, die es sicher und ruhig annahm und auf einen kleinen Tisch neben sich legte.

Dann betraten sie den Raum. In einer Ecke stand ein Tisch, auf dem einige Blumen um einen großen Leuchter herum drapiert waren. Die Wände waren verziert mit verschiedenen Bildern. Eines zeigte einen

Mann, der ein Lamm auf seinen Schultern trug. An den Wänden und in den Ecken standen Stühle. Der Raum wurde jedoch beherrscht von einem großen Tisch, der ebenfalls mit Blumen und Leuchtern geschmückt und mit reichlich Speisen und Getränken eingedeckt war. Drumherum saßen viele Menschen, Männer und Frauen, die alle auf die neu Hinzugekommenen blickten.

Hortensius war verlegen und ohne sein Schwert fühlte er sich auch ein wenig schutzlos. Hilflos suchte er den Blick seines Begleiters, doch noch ehe dieser reagieren konnte, stand ein Mann auf und kam mit gestreckten Händen direkt auf ihn zu.

»Sei willkommen. Mein Name ist Titus. Freunde von Alexandros sind auch unsere Freunde. Tritt näher. Wir wollten gerade mit der Feier beginnen. Schön, dass du dabei bist. Alexandros, holst du bitte noch zwei Stühle? Und ihr hier, rückt mal ein wenig zusammen für unseren Freund ... Ach, ich kenne ja gar nicht deinen Namen. Wie heißt du, mein Freund?«

Hortensius räusperte sich, weil er spürte, dass seine Stimme belegt klingen würde. Er war völlig überrascht über das, was er hier sah. Das hätte er so nicht erwartet.

»Ich bin Centurio des Kaisers. Hortensius werde ich genannt.«

Ihm entging nicht, dass er nicht von allen im Raum so vorbehaltlos und freundlich empfangen wurde. Stühle wurden gebracht, Stühle wurden gerückt und Hortensius fand sich am Tisch neben einem jüngeren Mann sitzend wieder, der zu denen gehörte, die ihn nicht besonders freundlich ansahen. Aber das war er ja gewohnt. Eigentlich hatte er es immer mit Menschen zu tun, vor denen er sich in Acht nehmen musste. Lediglich in seinem eigenen Zelt und unter seiner Garde konnte er es wagen, ohne sein Schwert zu sitzen. Und jetzt war er hier, in einem fremden Haus, saß mit völlig fremden Menschen an einem Tisch und nahm an einer eigenartigen Feier teil, die er nicht kannte.

Kaum hatte auch Alexandros seinen Platz gefunden, begann Titus mit fremd klingenden Worten. Rom war voll mit fremden Sprachen. An jeder Ecke konnte man Sprachen hören, die man nicht kannte. Lateinisch und auch Griechisch waren die Umgangssprachen. Jeder Römer, der etwas auf sich hielt, konnte sich auch in Griechisch unterhalten. Aber durch die vielen Sklaven und auch die Händler aus allen Teilen des Reiches wurde das Sprachgewirr in den Gassen immer umfangreicher. Hortensius hörte, dass die Sprache, mit der Titus die rituelle Handlung vollzog ein Gemisch aus Griechisch und einer anderen Sprache war. Alle am Tisch hatten die Augen geschlossen, während Titus mit seinem Sprechgesang einen Laib Brot in die Hand nahm und diesen leicht anhob. Dabei schaute er Hortensius an und nickte ihm freundlich zu, ohne seine Handlung zu unterbrechen. Dann riss er ein Stück Brot ab, legte beide Teile vor sich hin und redete weiter. Als nächstes nahm er einen Becher und hob diesen ebenfalls leicht in die Höhe. Auch diesen stellte er anschließend neben sich und schwieg. Plötzlich spürte Hortensius, dass von links und rechts Hände seine Hände suchten. Er erschrak und schaute auf den zuvor unfreundlich blickenden jungen Mann, der jetzt mit seiner Linken seine Hand nahm und mit geschlossenen Augen drückte. Wie auf Kommando hob die versammelte Runde die geschlossenen Hände in die Höhe und gemeinsam sangen sie ein Lied. Hortensius war verkrampft, mochte aber die Handlung nicht unterbrechen. Er saß als einziger mit geöffneten Augen und blickte beklommen in die Runde.

Was geschah hier? Die Menschen machten einen ruhigen, ja, fast glücklichen Eindruck auf ihn. Sie wirkten einander zugewandt und ohne Arg. Er konnte sich nicht vorstellen, dass diese Menschen einen anderen Menschen opfern würden. Im Laufe seines Lebens hatte er so viel Menschenkenntnis gesammelt, dass ihm dieser Gedanke hier in dieser Runde unsinnig erschien. Die unfreundlichen Blicke, die ihm zu Beginn begegneten – sein Nachbar hielt immer noch mit geschlossenen Augen seine Hand in seiner –, konnte er verstehen. Er war ein Fremder, trug die Uniform des Kaisers und war somit der Repräsentant des Reiches, das die Anhänger dieses Glaubens verfolgte und in die Todesarena führte. Auch er würde in einem solchen Fall ziemlich unfreundlich schauen. Umso überraschender war es eigentlich, dass sie ihn in ihrer Runde aufnahmen und sich dazu noch mit geschlossenen Augen in eine Gefahr begaben, die sie gar nicht zu bemerken schienen. Sein Schwert lag nur wenige Fuß entfernt – und vielleicht könnte er ja auch die Tür öffnen, um Soldaten einzulassen. All das könnte diesen Menschen hier passieren – aber sie saßen mit geschlossenen Augen da, vertrauensvoll, ruhig, betend zu einem Gott, der sie zu beschützen schien und dessen Kommen sie jetzt in lateinischen Worten begrüßten.

Die Menschen öffneten die Augen und sahen einander an. Auch sein Nachbar sah ihn an und Hortensius fiel auf, dass er längst nicht mehr so unfreundlich blickte wie noch vor wenigen Augenblicken. Dann reichten sie einander das Brot, brachen sich ein Stück ab, aßen es schweigend und sehr konzentriert und nahmen dann den Becher mit Wein, den sie ebenfalls herumreichten. Jeder nippte ein wenig und gab den Becher dann seinem Nachbarn. Dann war Hortensius an der Reihe und sein Nachbar reichte ihm das Brot. Hortensius nahm es und riss sich ein wenig davon ab. Sein Nachbar sagte: »Friede sei mit dir.« Hortensius traute sich nicht, das Stück Brot zu essen und wartete ab, wie es weiterging. Nachdem sein Nachbar einen Schluck aus dem Weinbecher genommen hatte, reichte er ihm diesen mit den gleichen Worten. Unsicher nahm Hortensius den Becher in beide Hände und schaute fragend seinen Nachbarn an. Der lächelte zum ersten Mal, seit er den Raum betreten hatte, und sagte schmunzelnd: »Der Wein ist nicht vergiftet. Wenn du teilhaben willst an der Gemeinschaft mit Jesus, dann iss und trink. Wenn du aber Scheu hast, so ist das auch kein Problem. Aber gib den Becher in jedem Fall weiter.«

Hortensius konnte sich nicht entschließen, an dieser Feierlichkeit teilzunehmen, hatte auch ein wenig das Gefühl, etwas kaputt zu machen, da er diesem Glauben ja nicht angehörte. Also drehte er sich zu seiner Linken und reichte seinem anderen Nachbarn den Becher, jedoch ohne etwas zu sagen. Mit einem leichten Kopfnicken wurde ihm gedankt.

Als alle ein Stück Brot gegessen und einen Schluck aus dem Becher genommen hatten, sprach Titus noch ein kurzes Gebet und von einem Moment auf den anderen herrschte am Tisch eine andere Stimmung, die Hortensius nur zu gut kannte. Es war die Freude des Römers beim Abendessen. Er hatte sich gefragt, weshalb all die vielen Köstlichkeiten auf dem Tisch standen und mutmaßte schon, dass dies ein Teil der rituellen Handlung sei, indem auf die Leckereien fastend verzichtet werden sollte. Aber das Gegenteil war der Fall – niemand hier hielt sich zurück, man griff zu, reichte die vielen Schalen und Schüsseln herum, schenkte sich gegenseitig die Becher voll und prostete einander laut lachend und scherzend zu. Jedoch lag man hier nicht bei Tisch, sondern blieb wie zuvor auf den Stühlen sitzen. Auch verließen weder die Frauen noch sonst jemand den Raum.

»Du gehörst nicht zu uns, oder?«, wollte Titus plötzlich quer über den Tisch fragend wissen. Die Gespräche verstummten und alle blickten auf Hortensius. Der ließ den Hähnchenschenkel sinken, an dem er gerade nagte, schluckte den letzten Bissen hinunter und wischte sich langsam mit dem Ärmel seiner Tunika den Mund ab. Dann sah er in die Runde von einem zum anderen und am Ende Titus in die Augen.

»Nein. Ich gehöre nicht zu euch. Ich habe aber einen Grund, weshalb ich heute Abend hier eure Gastfreundschaft in Anspruch nehmen wollte.«

»Du musst dich nicht erklären«, erwiderte Titus. »Jeder muss das tun, was er tun muss. Wir sind alle in Gottes Hand.«

»Das mag sein. Davon weiß ich nichts«, entgegnete Hortensius. »Ich suche einen Jungen, der vermisst wird. Ich darf euch nichts dazu sagen, aber mir ist zu Ohren gekommen, dass ihr Kinder entführt und eurem Gott opfert.«

Abrupt sprang sein Nachbar auf und stieß dabei seinen Stuhl um. »Schon wieder. Ich kann das nicht mehr hören. Wieso gehst du nicht einfach und lässt uns zufrieden. Wir haben nichts mit den Heiden zu schaffen!« Dabei nahm er eine bedrohliche Haltung gegenüber Hortensius ein, der sich aber nicht rührte, sondern gelassen auf seinem Stuhl sitzen geblieben war.

»Beruhige dich. Ich sage, dass mir das zu Ohren gekommen sei. Und ich kann hier nichts sehen, was diesen Verdacht rechtfertigte. Oder habe ich etwas übersehen?«

Er liebte es, in einem Satz sein Gegenüber in Sicherheit zu wiegen, um gleich darauf eine irritierende Frage zu stellen.

»Marcus, setz dich wieder hin. Es ist alles in Ordnung. Wir haben nichts zu verbergen.«

Kleinlaut, aber immer noch brummelnd, setzte sich Marcus wieder hin.

»Weder hier noch in einer anderen Familie von Christen werden Menschen getötet«, fuhr Titus zu Hortensius gewandt fort. »Wir opfern weder Kinder noch Tiere. An dem einzigen Opfer, das wir bringen, hast du selbst gerade teilgenommen. Ein anderes kennen wir nicht. Jesus hat uns gelehrt, dass wir Brot und Wein zu seinem Gedächtnis zu uns nehmen sollen. Und das haben wir getan. Das ist unser Opfer.«

»Ich glaube euch«, sagte Hortensius. »Aber in Rom hält sich das Gerücht, dass Kinder verschwinden und nicht mehr auftauchen. Noch ist nichts Genaues bekannt. Aber ich arbeite gerade an einem Fall, der diesen Verdacht erhärten könnte. Ich suche einen Jungen. Und dieser Junge ist seit einiger Zeit verschwunden.«

Langsam erhob sich die Frau, die Alexandros und ihn in das Haus geführt hatte. Er sah sie fragend an, denn sie sah erschreckt aus. Auch Titus wurde aufmerksam. »Aurelia, was ist mit dir?«

Sie griff sich leicht verwirrt an den Kopf, fuhr sich durch die Haare und hieb plötzlich mit voller Wucht auf den Tisch. Alle erschraken und schauten sie mit großen Augen an. Auch Hortensius. Einen solchen Lärm hätte er in diesem Haus nicht erwartet.

»Die Leichengruben! Rania hat einen Freund.« Sie sprach sehr abgehackt und hastig. »Er ist einer der Sklaven, die dort hin und wieder Dienst tun müssen. In den Leichengruben. Und er hat ihr erzählt, dass in den letzten Monaten viele Kinder gestorben wären. Offensichtlich herrscht in der Enge der Subura die Pest oder eine andere Krankheit. Ich frage mich, wieso ausschließlich Kinder sterben. Die Zahl der Erwachsenen hat nicht zugenommen. Das ist doch komisch. Das kam mir schon komisch vor, als Rania davon erzählte. Aber sie wollte nichts weiter wissen. Und ich hatte es auch vergessen. Aber jetzt ...«

»Du meinst, die geopferten Kinder werden dort in die Gruben geworfen?« Wenn Titus auch aufgeregt war, ließ er es sich jedenfalls nicht anmerken.

Hortensius dachte nach. Die Dinge nahmen eine unglaubliche Wendung. Jedoch waren diese Informationen nicht dazu angetan, ihn zu beruhigen.

»Nein«, sagte er kopfschüttelnd. »Sie müssen nicht geopfert worden sein. Es kann auch sein, dass man sie getötet hat, um jemand anderen zu belasten. Oder vielleicht haben sie etwas verbrochen. Vielleicht sind es auch entflohene Sklaven, die wieder eingefangen wurden. Doch als man feststellte, dass man sich nicht auf sie verlassen konnte oder weil man keine Verwendung mehr für sie hatte, musste man sie beseitigen.

Es kann alles möglich sein. Aber mich beruhigt das jetzt nicht unbedingt.«

Er musste sofort handeln. Zwar hatte er noch keinen Plan, aber hier konnte er nicht länger bleiben.

»Ich danke euch für eure wunderbare Gastfreundschaft. Seid mir nicht böse, aber angesichts dieser Nachrichten muss ich mich sofort auf den Weg machen.«

»Das verstehe ich. Danke für deine Anwesenheit. Gehe mit Gott. Ich hoffe und bete, dass du diesen Jungen lebend und gesund wiederfindest.« Titus stand auf und legte beide Hände auf Hortensius Schultern. »Achte auf deinen Weg!«

Hortensius nickte und blickte noch einmal in die Runde. »Danke für alles. Glaubt mir, ich werde diesen Abend in meinem ganzen Leben nicht mehr vergessen.«

Alexandros sprang auf. »Ich bringe dich zur Säule zurück.«

Hortensius war überrascht. Er dachte schon, Alexandros spräche kein Latein, weil er bislang noch kein einziges Wort zu ihm gesprochen hatte.

»Danke, mein lieber Alexandros«, sagte Hortensius und lächelte dabei. »Ich weiß, wo ich bin und ich finde mich zurecht.«

Alexandros stand wie vom Blitz getroffen vor ihm. »Du kennst den Weg, den ich dich geführt habe? Ich habe mir umsonst diese ganze Mühe gemacht?«

Hortensius lächelte noch einmal, nickte kurz und wandte sich zum Gehen. Leise fiel die Tür hinter ihm ins Schloss und er trat in die dunkle, geheimnisvolle römische Nacht.

15. Kapitel

»Jonas!«

Sarah schreckte auf. Sie war schweißgebadet. Es war heiß im abgedunkelten Zimmer. Doch der Morgen musste schon heraufgekrochen sein. Sarah blinzelte. Es dauerte einen Moment, bis ihr bewusst wurde, wo sie war, wie sie hierher kam und – wer im Zimmer nebenan schlief.

Plötzlich spürte sie wieder so ein Kribbeln im Bauch. Er war nett. Und auf eine merkwürdige Art erwachsen. Sie mochte, wie er in der Gaststätte das Essen bestellt hatte, und es gefiel ihr, wie er das Zimmer besorgt und sie hierher geführt hatte. Sie fühlte sich beschützt und zum ersten Mal, seit sie in Rom war, in dieser fernen Zeit, hatte sie das Gefühl, dass alles gut werden würde.

Sie setzte sich auf und sah an sich herab. Ohne sich auszukleiden und ohne sich zu waschen war sie auf das Bett gefallen und sofort eingeschlafen. Ihre Gedanken fuhren Achterbahn. Jonas war weg, einfach verschwunden. Sie fühlte sich alleine in dieser fremden, fernen Stadt und auf eine andere Art doch Zuhause. Hostilian lag nebenan und schlief. Weshalb hatte er sich ihr eigentlich zugewandt? Sie musste ein jämmerliches Bild abgegeben haben, mitten auf der Straße; eine verwöhnte Göre, tränenüberströmt. Dabei hatte er gar nicht darauf bestanden zu erfahren, weshalb sie so heulte. Er ließ sie einfach in Frieden und schenkte ihr Aufmerksamkeit, ohne sie zu bedrängen. Das war schön.

Aber die Gedanken und die Sorgen um Jonas waren doch stärker. Sie hatte sehr schlecht geschlafen, zu viele wirre Träume waren über sie gekommen. Und in allen spielte Jonas irgendwie die Hauptrolle. Sie konnte sich erinnern, dass sie ihn in einem Traum auf einem Altar liegen sah und Hostilian stand dahinter und hob wild lachend beide Arme. In der Hand hielt er ein kurzes Schwert, das er gleich auf Jonas niedersausen lassen würde. Sie konnte sich nicht daran erinnern, ob er es auch tat, vielleicht endete der Traum an dieser Stelle, denn die nächste Traumerinnerung war, dass Hostilian sie hinter sich her zog und mit ihr zum Tiber rannte. Dort wollten sie schwimmen gehen. Am Ufer lag Jonas und schlief. Sie legte sich neben ihn und sah, dass ihm aus dem Mundwinkel Blut lief. Erschrocken rief sie seinen Namen und berührte ängstlich sein Gesicht. Da sprang er plötzlich auf und lachte sie aus, weil sie auf seinen üblen Scherz hereingefallen war. Auch Hostilian lachte. Beide rannten um die Wette und sprangen in den Fluss.

Sarahs Herz schlug selbst jetzt noch heftig, als ihr diese entsetzlichen Albträume wieder einfielen. Ihre Stimmung war auf dem Nullpunkt. Sie stand auf und ging zum Fenster. Draußen begann die Stadt zu erwachen. Ein Wagen wurde von zwei dunkelhäutigen Männern gezogen. Dahinter ging ein Aufseher, der immer wieder einige kurze Worte zu den beiden sagte. Das Rumpeln der Räder erinnerte sie daran, dass sie diese Geräusche sehr heftig in dieser Nacht gehört hatte. Aber ihr musste es irgendwie gelungen sein, sie in ihre Träume so einzubauen, dass sie nicht aufwachte.

Sie schaute auf ihren Sender. Immer noch keine Nachricht von Jonas. Ob dieses komische Teil eigentlich funktionierte? Sie musste unwillkürlich lächeln. Wahrscheinlich hatte Jonas in seiner Erfindungswut doch wieder deutlich übertrieben. Die Möglichkeit, eine SMS hier in dieser fernen Zeit zu versenden, war sicherlich nur sein Wunschtraum. Aber schön wäre es schon, wenn es funktionierte. Vor allem jetzt.

Sarah seufzte. Noch hatte sie keine Vorstellung, wie sie Jonas suchen sollte. Die Stadt war groß und er konnte überall sein. Sie drehte sich um und schaute auf die verschlossene Tür, hinter der Hostilian wohl immer noch schlief. War es Zufall, dass sie ihn kennen lernte? Jonas war verschwunden, sie verzweifelt und alleine und fremd, ein einheimischer Junge, der sich wirklich gut auskannte in den Gepflogenheiten der Stadt und der Zeit, nahm sich ihrer an – das waren doch komische Zufälle! Und dabei schien er sich noch nicht einmal für sie zu interessieren, fragte lediglich nach ihrem Namen. Er wollte die Christen in Rom ausfindig machen. So etwas Ähnliches hatte er doch gesagt, kurz bevor sie ins Bett fiel. Die Christen sollten Kinder opfern? So ein Blödsinn. So etwas hatte sie noch nie gehört.

Aber dann hatte er auch noch von einer Sekte erzählt. Und bei dem Gedanken daran wuchs ihre Angst um Jonas wieder. Sie waren vom Alter her sicherlich für ein Kinderopfer geeignet. Und Jonas würde in dieser Stadt von niemandem vermisst werden – außer natürlich von ihr.

Aber streng genommen gab es sie beide gar nicht. Sie waren Besucher aus einer anderen Zeit, Fremde, die Hilfe sehr gut gebrauchen konnten. Vielleicht wurde ihr Hostilian tatsächlich vom Himmel geschickt. Nur mit ihm konnte sie Jonas wiederfinden. Egal, welche Interessen er hatte, er war ihre einzige Chance.

Sarah straffte sich und gab sich einen Ruck. Sie durfte keine Zeit mehr verlieren, denn jeder Moment konnte für Jonas Leben entscheidend sein. Sie klopfte kurz an die Tür und öffnete sofort, ohne auf eine Antwort zu warten. Zuvor jedoch ordnete sie noch einmal ihr Gewand, denn es war verrutscht und verdeckte nicht mehr den Sender am Oberarm. Hostilian saß auf dem Bett. In der Hand hielt er eine Schreibfeder und auf seinen Knien lag eine kleine Pergamentrolle. Er schaute auf und lächelte sie an.

»Guten Morgen«, sagte er ruhig. »Ich hoffe, du konntest dich ein bisschen erholen.«

Sarah versuchte, einen Blick auf die Rolle zu werfen, konnte aber keines der vielen krakelig geschriebenen Wörter entziffern.

»Danke. Es ging. Aber ist schon in Ordnung. Was schreibst du?«

Hostilian senkte den Kopf und las in seiner Rolle. Es sah aus, als wäre er selbst neugierig, was dort zu lesen war. Dabei musste er selbst es doch gerade geschrieben haben.

»Ich überlege. Und das kann ich am besten, wenn ich einfach schreibe, was mir so dabei in den Sinn kommt. Hilft ein wenig, die wirren Gedanken zu ordnen.«

Dabei schaute er nicht auf und Sarah glaubte fast, dass er die gesprochenen Worte ablas.

»Denkst du über die Kinderopfer nach?«

Jetzt legte er mit einem Ruck die Schreibunterlagen zur Seite und richtete seinen Oberkörper gerade auf, um sich zu strecken.

»Ja, natürlich. Das hat sich in der Nacht noch nicht gelöst.«

»Woher weißt du etwas über diese Opfer?«

»Ich weiß darüber gar nichts. Ich habe davon gehört und muss wissen, ob so etwas in meiner Stadt möglich ist.«

»Und wenn es so ist, was würdest du dann tun?«

»Das weiß ich nicht. Das ist aber auch noch gar nicht mein Problem. Ich will zuerst einmal wissen, ob es so etwas gibt. Alles andere wird sich zeigen.«

»Wie kommst du denn darauf, dass Christen so etwas tun könnten?«

»Ich habe davon gehört, dass sie unter Verdacht stehen, Kinder von der Straße zu holen und in ihren widerwärtigen Kulthandlungen ihrem Gott zu opfern. Ich glaube das allerdings erst, wenn ich es gesehen habe oder wenn mir jemand davon erzählen kann, der es sicher weiß.«

»Ich kann dir sagen, dass mir davon nichts bekannt ist.« Sarah schüttelte energisch den Kopf. »Ich bin Christin. Sicherlich keine besonders fromme, aber immerhin. Ich kenne mich auch ein bisschen aus. In der Schule haben wir von der Reformation ...«

Sie biss sich auf die Lippen. Verdammt. Das konnte sie nicht sagen. Das war ja erst viele Jahrhunderte später. Sie würde sich verraten und dadurch alles kaputt machen, was sie gerade aufbauen wollte. Sie musste vorsichtiger sein. Noch so eine Unachtsamkeit und Hostilian würde ihr nicht mehr helfen und dann würde Jonas vielleicht nie wiedergefunden werden.

»Ja, äh, ich meine, nein, verstehst du? Ich kann es mir nicht denken.«

Hostilian schaute sie interessiert und aufmerksam an. »Du kennst aber die Christen in Rom nicht, oder?«

Er schien ihren dummen Fehler nicht bemerkt zu haben. Sarah atmete auf.

»Nein, ich bin ziemlich fremd hier und ich habe keinen Kontakt. Meine Eltern waren Christen, aber sie sind schon lange tot.«

Das kam bestimmt immer gut. In fast allen Geschichten, die sie gelesen hatte, waren die Eltern verstorben und die Tochter musste sich alleine durchschlagen.

»Ich bin hierher gekommen, weil ich dachte, in einer großen Stadt ist es leichter, mit dem Leben klar zu kommen.«

Jetzt lief sie zur Höchstform auf. Sie liebte es, wenn sie Geschichten erfinden konnte.

»Aber die ersten Tage waren eine Katastrophe. Ich hätte mir das alles ein wenig anders vorgestellt. Weißt du, ich bin keine fromme Christin, auch meine Eltern haben sich nicht besonders drum gekümmert. Wir waren es eben.«

Hostilian schaute sie verwundert an.

»Ich dachte, wenn man Christ ist, steht man fest zu seinem Glauben und freut sich, wenn man stirbt, weil man dann irgendwie wiederauferstehen wird.«

Sarah zuckte. Sie war wirklich nicht so besonders fest in dem, was ihre Religion ausmachte. Sie erzählte so, wie sie es kannte. Aber wahrscheinlich war die Situation zu Beginn des Christentums und der Kirche doch anders als die in ihrer Zeit.

›Du musst noch viel vorsichtiger sein‹, dachte sie bei sich und sagte: »Ja. Das stimmt ja auch. Aber weißt du, ich bin noch jung und ich denke noch nicht so wirklich an den Tod. Jesus hat uns auch gesagt, wir sollen leben. Und das versuche ich. Und deshalb bin ich hierher gekommen.«

»Und suchst du die anderen Christen in Rom?«

»Ja! Ja! Natürlich. Das wäre gut, wenn ich ein bisschen mehr Kontakt hätte. Vielleicht können sie mir helfen. Weißt du, Christen helfen sich nämlich gegenseitig. Vor allem, wenn sie in Not sind. Da genügt es schon, wenn man sich als Christ zu erkennen gibt, und schon kommen andere Christen und helfen dir. Das ist toll. Wir haben so eine Art Hilfsbereitschaft, die haben andere nicht so sehr. Und wir bauen auch so ein richtiges Hilfswerk auf. Damit wir auch Menschen helfen können, die weit weg sind.«

Sie klopfte sich innerlich auf die Schulter. Manchmal war es doch zu etwas nütze, im Religionsunterricht aufzupassen. Selbst bei einem so spröden Thema wie Diakonie.

»Davon habe ich gehört. Mein Vater ...« Jetzt stockte er plötzlich. Sarah hatte das Gefühl, als sei es ihm peinlich oder unangenehm, über seinen Vater zu sprechen.

»Äh, ich meine, mein Vater hat das auch schon gesagt. Vielleicht kann ich dir dabei helfen, deine Glaubensfreunde zu finden.«

»Und was willst du dann mit ihnen machen? Du bist doch gegen die Christen, habe ich Recht?«

Hostilian zuckte mit den Achseln und stand auf.

»Nein, nicht wirklich. Ich bin nicht gegen die Christen, ich habe nichts gegen euch. Aber ich bin auch nicht für euch. Verstehst du? Ich will es nur wissen.«

»Na gut. Lassen wir das.«

Sarah spürte, dass sie das Thema auf keinen Fall weiter ansprechen durfte.

»Und was ist mit dieser anderen Sekte. Wie heißt sie, Aragis oder so?«

»Eine Göttin aus Syrien. Atargatis, die syrische Göttin. Ich habe nur Gerüchte gehört. Und ich will mehr darüber wissen.«

»Hostilian, ich kenne diese syrische Göttin nicht, aber ich kann es mir nicht vorstellen. In Rom. Kinderopfer. Das ist doch absurd.«

»Es wäre schön, wenn du Recht hättest.«

»Weißt du irgendetwas über diese Göttin und darüber, was die Menschen machen, die sie verehren?«

Hostilian schüttelte langsam den Kopf.

»Nein, wirklich nicht. Ich habe nur ein Gespräch belauscht. Aber du weißt doch selbst, dass wir in Rom und in unserem Reich viele Religionen haben. Die Menschen kommen aus allen unseren Provinzen und bringen ihre Religion mit. Der Kaiser hatte noch nie etwas dagegen. Und ich denke, das ist auch sehr klug von ihm. Denn was sollen ihn die Religionen auch interessieren. Jeder soll das glauben, was er für richtig hält.«

Sarah fand, dass das sehr großherzig klang. Sie hatte noch nie gehört, dass der römische Kaiser tolerant war – egal welcher. Sie hatte sich aber auch noch nie mit den Religionen in diesem Weltreich beschäftigt.

»Das finde ich gut«, nickte sie nachdenklich. »Aber wieso werden Christen dann so schwer verfolgt?«

Kaum war ihr diese Frage über die Lippen entwischt, hätte sie sich am liebsten geohrfeigt. Es war ein katastrophaler Fehler gewesen. Und genau dieses Thema wollte sie doch gerade eben noch vermeiden. Nun hatte sie selbst es wieder angesprochen.

»Das fragst du? Klar. Du bist ja Christin. Wahrscheinlich bist du doch genau wie deine Glaubensgenossen.« Er wurde wütend. Die Gleichgültigkeit, die er eben noch an den Tag gelegt hatte, war verflogen. »Ihr erkennt unseren Staat nicht an. Verstehst du? Alle anderen zollen unserem Kaiser Respekt. Ihr aber weigert euch, ihn als höchste Autorität anzuerkennen. Ihr weigert euch, das Reich mit Waffen zu verteidigen. Immer entzieht ihr euch und wollt nichts mit Rom zu tun haben. Dabei pocht ihr aber immer wieder auf eure Rechte, die euch von Rom gegeben werden. Wie ist es denn mit dir: Fühlst du dich auch zuerst als Christin und dann als Römerin?«

Er sah sie herausfordernd an. Sarah fühlte ihre Hände kalt werden und den Nacken versteifen. Was sollte sie denn darauf sagen? Sie war Christin. Gut. Aber das hatte sie ihm ja schon gesagt. Ihre Mutter war nicht besonders fromm und sie selbst hatte auch nicht besonders viel Ahnung vom Christentum. Sie war es eben. Römerin jedoch war sie auf keinen Fall. Und wenn sie jetzt sagte, sie würde sich als Germanin fühlen, käme sie in eine Diskussion und Auseinandersetzung, die sie gar nicht steuern könnte. Sie hatte genau genommen ja auch keine Ahnung.

»Hostilian, bitte ...«

O, hätte sie dieses Thema bloß nie angeschnitten. Jetzt wusste sie nicht mehr, wie sie davon wieder wegkommen könnte.

»Ach, mach doch, was du willst. Ich weiß gar nicht, wieso ich mich mit einer Christin abgebe.«

Er war wirklich wütend. Irgendetwas musste ihn schwer getroffen haben. Sarah konnte seinen Ausbruch überhaupt nicht verstehen.

»Nun mach endlich mal einen Punkt«, wurde sie lauter. »Ich bin Christin und du nicht. Aber wo soll denn da bitteschön das Problem sein? Wir können miteinander reden und ich finde dich nett. Du hast mir geholfen, etwas zu essen zu finden und mir ein Bett für die Nacht besorgt. So gehen Menschen miteinander um. Das ist doch gut so.«

Aber Hostilian sah sie gar nicht an. Er war irgendwie in seiner Denkweise gefangen, die sie nicht nachvollziehen konnte.

»Ihr habt merkwürdige religiöse Praktiken ... Ihr zieht euch zurück in finstere Räume und wollt nicht, dass man euch bei dem beobachtet, was ihr tut ... Rom brannte schon einmal, weil ihr es angesteckt hattet, um das Kommen eures Gottes zu beschleunigen ... Ihr behauptet, die Römer hätten euren Gott gekreuzigt ... ihr wollt das Reich übernehmen und organisiert euch besser, als wir es je konnten.«

Aus Hostilian schien der Hass und die Sorge aus Jahrhunderten hervorzubrechen. Sarah war fassungslos. Hostilian rückte seine Toga zurecht und schnürte seinen Beutel.

»Ich gehe«, stieß er hervor. »Ich werde eure Gruppe finden und wenn ich jemanden treffe, der mir Auskunft über eure Rituale geben kann, der mir bestätigt, dass ihr Kinder opfert oder andere widerwärtige Dinge tut, dann werde ich euch vernichten.«

Sie sah sich verzweifelt im Zimmer um. Hatte sie etwas vergessen? Nein, sie hatte alles, was sie in dieser fremden Welt brauchte am Leib. Dann stürzte sie ihm entgegen und fiel ihm in die Arme. Er aber riss sich los und stieß sie heftig zurück. Sie stolperte und schlug mit dem Kopf gegen die Wand. Aber er schien das noch nicht einmal zu bemerken, riss die Tür auf und polterte die Treppe hinunter. Sarah rappelte sich auf und wischte sich unwillig und hastig durchs Gesicht. Auf der Treppe bemerkte sie, dass sie am Kopf blutete. Ihr wurde schwindelig, aber jetzt konnte sie sich auf keinen Fall hängen lassen. Hostilian war ihre einzige Möglichkeit, Jonas zu finden, und vielleicht würde er ihnen auch helfen können, das Mädchen im Kolosseum zu retten.

Aber das war gerade jetzt, als sie auf die Straße lief, nicht ihr Problem. Sie konnte ihn nicht sehen. Er musste mindestens zwei Stufen auf einmal genommen haben. Da sah sie am Ende der Straße einen Wagen – und Hostilian schwang sich gerade auf die Ladefläche.

Sarah schaute sich wild um und überlegte, wie sie ihn am besten einholen konnte. Ohne sich um ihre Kopfwunde weiter zu kümmern, lief sie hinter dem sich langsam entfernenden Gefährt her. Gut, dass es offensichtlich ein ziemlich klappriger Wagen war, der von einem ausgemergelten Esel gezogen wurde. So konnte sie ihre sportlichen Leistungen dagegen setzen.

Seit vielen Wochen war sie gut im Training, denn im Herbst wollte sie unbedingt am 10-km-Stadtlauf teilnehmen. Ihr Trainer hatte gemeint, dass sie gute Aussichten auf den Sieg in ihrer Altersklasse habe. Und das spornte sie natürlich noch viel mehr an.

›Also gut‹, dachte sie, ›absolvieren wir eben eine Trainingseinheit in Rom. Esel-Verfolgung, eine neue Disziplin im Wettkampf.‹ Sie behielt den Wagen fest im Blick und versuchte, sich ihren Lauf gut einzuteilen. Auf keinen Fall konnte sie zum Spurt ansetzen, denn dazu war der Abstand viel zu groß. Sie schätzte die Entfernung ab und wählte ein Tempo, das sie langsam, aber stetig an den flüchtenden Hostilian heranführte. Sie konnte schemenhaft seine Toga erkennen.

›Vielleicht sollte ich darauf achten, dass er mich nicht sofort sehen kann‹. Aber wahrscheinlich dachte dieser eingebildete Kerl noch nicht einmal daran, dass ein Mädchen ihn zu Fuß verfolgen könnte. Das Laufen auf diesen Straßen war nicht gerade angenehm. Entweder waren die Straßen völlig ausgewaschen und uneben oder sie waren mit riesigen Steinen belegt, in die sich die Spurrinnen der Wagen eingegraben hatten. Außerdem trug sie zum Laufen auch nicht unbedingt die richtigen Schuhe.

›Ich will ja hier auch keine Meisterschaft gewinnen oder einen Rekord laufen‹, dachte sie. Ihr Trainer hatte ihr empfohlen, keine negativen Gedanken zuzulassen beim Laufen. Deshalb achtete sie einfach auf ihren Atemrhythmus und beobachtete den Wagen. Allerdings war es ratsam, trotz allem auch auf den Straßenbelag zu achten, denn ein falscher Schritt und sie hätte ein doppeltes Problem, weil zu dem Verlieren Hostilians dann noch ein schmerzender Fuß hinzukäme. Nach einiger Zeit jedoch hatte sie ihren Rhythmus gefunden und wusste, dass sie so lange würde laufen können. Aber wohin wollte Hostilian?

Als diese Frage gerade in ihr aufstieg, spürte sie ein Kribbeln am linken Oberarm. Zuerst achtete sie nicht darauf. Nach einiger Zeit war dieses unangenehme Gefühl aber nicht mehr zu ignorieren und gerade, als sie sich ärgern wollte über diese Unpässlichkeit, fiel ihr ein, dass das wohl ihr Sender war, der ihr meldete, dass sie eine SMS empfangen hatte. Jetzt wurde sie von einem Moment auf den anderen kurzatmig und Panik begann aufzusteigen. Sie lief weiter in ihrem Tempo und überlegte, was sie machen sollte. Es war sicherlich eine Nachricht von Jonas. Sie konnte jedoch nicht stehen bleiben, denn sie durfte auf keinen Fall Hostilian verlieren. Die Unebenheit der Straße verlangte ihre ungeteilte Aufmerksamkeit. Die Meldung konnte sie im Lauf also nicht lesen, an eine eventuelle Antwort war in keinem Fall zu denken. So entschloss sie sich, keinen weiteren Gedanken an die Meldung zu verschwenden und das Lesen auf den Zeitpunkt zu verlegen, wenn sie dazu wieder in der Lage sein sollte.

Und wenn Jonas ihre sofortige Hilfe brauchte? Sarah schluckte und wurde sofort wieder kurzatmig. Das durfte nicht sein! Das konnte auch nicht sein. Sie schob den Gedanken daran sofort beiseite. Ihr Trainer hatte ganze Arbeit geleistet. Sie stellte fest, dass sie sich dem Wagen langsam näherte.

Mittlerweile hatten sie die Stadtmauern passiert und die Bebauung am Straßenrand hatte sich verändert. Irgendwie bekam man das Gefühl, dass die Gebäude hier nicht bewohnt waren. Manche waren von hübsch angelegten Gärten umgeben, andere sahen aus wie Miniaturpaläste, mitunter etwas zurückversetzt. Auch auf dieser Straße gab es Fußgänger und rumpelnde Pferdekarren. Jedoch war der Verkehr hier etwas ruhiger.

Der Wagen war jetzt etwa 50 m vor ihr, schätzte Sarah, doch plötzlich konnte sie erkennen, dass Hostilian nach ihr Ausschau hielt, sie sogar beobachtete. Das war ja wohl ein starkes Stück! Er ließ sie hinter sich herlaufen! Sie wurde wütend und verlor sofort wieder ihren Rhythmus und an Boden. Aber da hielt Hostilians Wagen plötzlich an. Er sprang heraus. Sarah verlangsamte nun ihr Tempo und ließ ihn nicht aus den Augen. Er hatte sie tatsächlich bemerkt, setzte sich auf einen Stein am Straßenrand und beobachtete sie. Sie wurde langsamer und langsamer, bis sie etwa 15 m von ihm entfernt nur noch ging. Sie sahen sich an. Sarah ging auf ihn zu und blieb wenige Schritte von ihm entfernt stehen.

Keiner sagte ein Wort. Sarah spürte ihren beschleunigten Puls und war ziemlich außer Puste.

»Kompliment. Das war echt stark.« Hostilian sah ihr direkt in die Augen. »Ich habe so etwas noch nie gesehen.«

»Ich habe so etwas auch noch nie gemacht – 6000 Meter Verfolgungsrennen eines Eselwagens.«

Sarah schnappte immer noch nach Luft, wusste aber nicht genau zu unterscheiden, ob sie wegen des Laufes oder der Situation so kurzatmig war. Hostilian lächelte. »Ich habe mir eingebildet, du wärest hinter mir hergelaufen.«

»Ja, das kann man auch so sagen, denn du warst ja auf dem Wagen, den der Esel zog.«

Sie sahen sich an und mussten plötzlich beide lachen.

»Ich habe, ich will ..., ich meine, du ... ach, einen Moment, ich muss erst mal richtig nach Luft schnappen.«

Hostilian stand auf und ging einen Schritt auf Sarah zu. Dabei ließ er seinen Blick nicht von ihr.

»Tut mir leid. Ich war blöd und dumm. Können wir das vergessen?«

»Ja. Deshalb bin ich ja auch so schnell gelaufen, weil ich dir das auch so sagen wollte.«

»Wir vergessen es einfach und tun so, als hätten wir uns nie darüber unterhalten.«

Sarahs Gesicht wurde wieder ernster. »Ich weiß nicht. Ich habe das Gefühl, als würdest du mich wegen meiner Religion ablehnen – und das finde ich dann wirklich nicht in Ordnung.«

»Tue ich nicht, glaube mir. Tue ich wirklich nicht. Es ist nur so, dass ich eure Religion recht merkwürdig finde und immer wieder Dinge höre, die ich nicht hinnehmen kann. Und dann wollte mein Vater noch ... «

Hostilian stockte wieder und schaute verlegen auf seine Fußspitzen.

»Was ist mit deinem Vater?«, wollte Sarah wissen.

»Ich weiß nicht, ob ich dir das erzählen kann.«

Was hätte Sarah jetzt sagen sollen? Sie spürte, dass Hostilian etwas auf der Zunge lag, sich aber nicht traute, dies offen auszusprechen. Und wenn sie jetzt Offenheit zeigte, würde er auch von ihr entsprechende Offenheit verlangen – und das könnte äußerst unangenehm für sie werden. Deshalb zog sie es vor, lieber nichts darauf zu antworten, sondern ihn nur fragend anzuschauen.

»Es ist so: Mein Vater ... na, er wollte mich als Köder auslegen.«

Sarahs Blick wurde noch fragender.

»Er hat gehört, dass in den letzten Wochen immer mehr Kinder unseres Alters verschwunden sind. Und es besteht der Verdacht, dass die Christen etwas mit diesem Verschwinden zu tun haben. Da gibt es auch noch die Anhänger der Atargatis. Aber auf den Christen scheint der Hauptverdacht zu liegen.«

»Und inwiefern solltest du Köder sein?«

»Nun, es wäre ja möglich, dass ich von der Straße weggeschnappt werde, um dann geopfert zu werden.«

»Dein eigener Vater wollte dich dem Risiko aussetzen, dich zu opfern? Was hast du denn für einen Vater?«

Jetzt schaute Hostilian wieder auf seine Zehenspitzen, an denen irgendetwas unglaublich Interessantes zu sein schien, so sehr konzentrierte er sich auf sie.

»Ach, ich glaube, das ist nicht so wichtig. Er hat beruflich mit den Religionen in der Stadt zu tun«, antwortete er dann vage. »Jedenfalls wollte ich das nicht, verstehst du, einfach so Köder sein, und da habe ich mir gedacht, ich muss das auf eigene Faust herausbringen. Ich muss das selbst wissen, ob es solche Opferungen gibt. Außerdem wollte ich auch mal was anderes machen.«

Er verschwieg lieber, dass er durch seine Aktion Lob beim Vater erhalten wollte.

»Lass mich raten«, sinnierte Sarah und ertappte sich dabei, jetzt ebenfalls auf Hostilians Fußspitzen zu starren, »du hast jemanden gebraucht, der sich bei den Christen auskennt und dich zu ihnen führen wird.«

Jetzt versteifte sich Hostilian und hob den Kopf. Dann sah er lange auf Sarah und wartete, bis auch sie bemerkte, dass er sie ansah. Er war rot im Gesicht.

Sarah lachte plötzlich. »Süß, ein Junge, der rot wird. Ich habe wohl ins Schwarze getroffen?«

Hostilian nickte. »Ja, hast du. Ich habe nicht gewusst, dass du Christin bist. Aber als ich es dann erfahren habe, fand ich die Idee nicht schlecht. Und vorhin, als du im Zimmer plötzlich so verbohrt warst, dachte ich, ist ja egal. Ich schaffe das auch alleine.«

»Aber mit einem Mädchen an der Seite geht es doch besser, dachtest du dann und hast angehalten?«

Jetzt lachte Hostilian. »Du bist aber eingebildet. Nein, ich denke, du bist genau die Richtige, wenn wir jetzt gleich hier reingehen.«

Dabei zeigte er auf das Gebäude, das auf der anderen Seite der Straße aussah wie das Haus eines Menschen, der sehr viel Wert auf Äußerlichkeiten legte, so gepflegt und mit Liebe und Sinn für Schönheit ausgestattet war es. »Und du meinst, wenn ich dich begleite, wird der Besitzer nicht so argwöhnisch werden. Wer wohnt hier? Ein Christ?«

Hostilian sah sie an und legte leicht irritiert den Kopf zur Seite.

»Du kommst tatsächlich aus der Provinz. Du scheinst dich überhaupt nicht auszukennen. Das sind Grabmäler. Hier liegen nur Tote.«

Sarah verzog das Gesicht und blickte angewidert auf den stattlichen Bau.

»Du meinst, diese Gebäude, die ich hier an der Straße überall gesehen habe, sind Gräber? Wieso werden die denn nicht auf einen Friedhof gebracht?«

»Sag mal, so weit entfernt kann deine Heimat doch nun auch wieder nicht sein. Das ist der Friedhof.«

Sarah ging einen Schritt zur Straßenmitte und schaute Richtung Rom. Dabei sah sie, dass die Straße gesäumt war von vielen Bauwerken dieser oder ähnlicher Machart. »Das ist ja beeindruckend.«

Hostilian nickte gelangweilt. »Man gewöhnt sich an den Anblick. Ich möchte in dieses Grabmal gehen, weil es einem Christen vermacht wurde. Und wie du weißt, treffen Römer sich häufig zu bestimmten Feierlichkeiten des Staates, der Religion oder des Einzelnen bei ihren Toten. Die vergessen wir nämlich nicht. Und ich glaube, auch die Christen vergessen ihre Toten nicht.«

Sarah dachte an ihre Oma, die im vergangenen Jahr starb. Noch heute ging sie mindestens einmal im Monat auf den Friedhof. Dort legte sie frische Blumen auf das Grab und sprach zu ihr. Sie hing sehr an ihrer Oma.

»Lass uns gehen!«

Hostilian zog sie, keinen Widerspruch duldend, mit sich zum Eingang des hausähnlichen Baus. Dann öffnete er vorsichtig die Tür.

»Komisch, dass die nicht verschlossen ist«, wunderte sich Sarah.

»Wieso soll man die Türen verschließen? Wenn die Toten wieder gehen wollten, würden auch verschlossene Türen sie nicht abhalten.«

Sie betraten den Eingangsbereich und Sarah blieb der Mund offen stehen. Das hatte sie nicht erwartet. Einige Fackeln hingen brennend an den Wänden. Hostilian nahm sich eine, ließ ihre Hand dabei aber nicht los. Der Raum war gestaltet wie die kleine Vorhalle eines Hauses. Eigentlich deutete nichts darauf hin, dass hier Verstorbene lagen. Es war recht kühl; und das war angenehm, wenn man aus der Hitze des römischen Mittags kam.

»Was wollen wir hier eigentlich bei den Toten?«, fragte Sarah und sah ängstlich auf eine Treppe, die nach unten führte.

»Komm mit, ich werde es dir zeigen. Hier lang.« Dabei ging er ohne Zögern auf die Treppe zu und gemeinsam stiegen sie vorsichtig die steilen, engen Stufen hinab.

»Ich verstehe nicht: Wo sind denn jetzt die Gräber? Ich dachte, das Gebäude über uns wäre so eine Art Grabstein.«

»Ja, das stimmt auch. Aber hier unten sind ganz viele Gänge und es geht wahrscheinlich noch sehr viel tiefer hinab.«

»Bist du schon öfter hier gewesen?«

Hostilian hielt sein Gesicht ganz nahe an eine Wand und untersuchte sie. Dann nickte er befriedigt und sah sie an. »Ob ich schon öfter ...? Nein, wie kommst du denn darauf? Ich kenne hier niemanden. Habe keine Verwandtschaft und keine Freunde hier. Die Familie, der dieses Grab gehört, ist vor langer Zeit zum Christentum übergetreten. Es ist eine große Familie und ihre Mitglieder waren immer besonders einflussreich in Rom. Es ist klar, dass wenn die sich treffen, um den Geburtstag eines verstorbenen Familienmitglieds zu feiern, die halbe christliche Gemeinschaft Roms zusammentrifft. Und man erzählt sich, sie würden hier unten das Fleisch ihrer Toten essen.«

»Iiih«, schüttelte sich Sarah vor Ekel, »wer macht denn so was?«

Hostilian lachte leise: »Nein, das ist bestimmt ein Gerücht. Ich kann es mir nicht vorstellen. Aber irgendetwas wird schon stimmen an diesem Gerücht. Und das möchte ich gerne herausfinden.«

»Und wo sind sie jetzt?«

Sie gingen langsam den Gang immer tiefer hinein. »Ich weiß es nicht. Wir müssen sie suchen.«

»Du meinst, wir laufen hier rum und suchen Menschen, die noch leben?«

»Uns wird wohl nichts anderes übrig bleiben. Übrigens, hier drüben ist die erste Grabkammer.«

Er zeigte auf eine Einlassung in der Wand. Es sah aus wie die Doppelbetten in den Jugendherbergen. Nur waren hier drei Einlassungen übereinander. Zuerst konnte Sarah nichts erkennen. Dann aber hielt Hostilian seine Fackel näher an die mittlere Einlassung heran und sie konnte ein einstmals sicherlich weißes Tuch erkennen. Darunter zeichneten sich die Umrisse einer menschlichen Gestalt ab.

»Wahrscheinlich sind die beiden anderen Nischen für den Ehepartner und die Kinder gedacht. Ich weiß es nicht genau, wie das geregelt wird.«

»Machen Christen das hier so? Begraben sie ihre Toten auf diese Weise?«

Sarah konnte den Blick nicht lassen von der vermummten Gestalt. Wir werden immer angezogen von Dingen, vor denen wir uns eigentlich fürchten. Wieder erhielt sie einen erstaunten Blick von Hostilian.

»Nein, nicht nur die Christen. Wir Römer machen das so. Hattest du in deiner Verwandtschaft noch keine Toten zu beklagen? Was ist aus deinen Eltern geworden?«

Sarah fühlte die Verlegenheit in ihren Kopf steigen.

»Ach so, nein, lass mal. Ich will jetzt nicht darüber reden.«

Immer tiefer gingen sie in das Grab hinein und sahen viele in weiße Tücher gehüllte Tote. Die meisten Nischen waren jedoch mit Marmorplatten verschlossen. Darauf standen Namen und auf vielen auch ganze Sätze, die Sarah aber auch aufgrund der Dunkelheit nicht entziffern konnte.

Sie fröstelte. Das war nicht nur die sinkende Temperatur so tief unter der Erde. Manchen Verstorbenen waren Gegenstände in die Nische hinzugegeben. Einmal war es eine Vase oder ein Krug, ein andermal lag eine Kette auf dem Körper. Einmal hatte sie auch gesehen, dass viele Münzen auf dem Bauch der Mumie lagen. Blumen sah sie nirgends.

Plötzlich standen sie vor einer weiteren Treppe.

»Was? Das geht noch weiter? Wie tief in die Erde kann man denn hier gehen?«

»Ich weiß es nicht. Aber es gibt Grabstätten, die drei oder vier Stockwerke haben. Gehen wir. Pass auf, hier ist es auch ein bisschen feucht und da kann man leicht ausrutschen.«

Hostilian hielt ihre Hand fester und führte sie sicher nach unten. Neben einer Auslassung konnten sie schemenhaft eine Zeichnung entdecken. Sie näherten sich und betrachteten sie aus nächster Nähe im Flackern der Fackel. Es war eine Weinrebe zu erkennen, daneben glaubten sie einen Laib Brot ausmachen zu können.

»Komisch«, rätselte Hostilian, »die haben merkwürdige Bräuche, diese Christen.«

Doch Sarah hatte eine Idee. »Aus Trauben macht man Wein und Brot soll das daneben darstellen. Ein Zeichen für das Abendmahl.«

Sie hatten im Konfirmandenunterricht einmal Traubensaft selbst gemacht und Brot gebacken und dann an einem der letzten Abende der Konfirmandenfreizeit einen schönen Abend verbracht.

»Das haben Christen gemacht und wollen damit zeigen, dass sie Christen sind. Das verstehe ja sogar ich.«

Dass sie sich erinnern konnte, dieses Bild einmal in einem Schulbuch gesehen zu haben, erwähnte sie vorsichtshalber nicht. Der Gedanke daran jagte ihr jedoch einen gruseligen Schauer über den Rücken. Sie kannte ein Bild aus einem Buch, und das Original hatte sie soeben gesehen, wahrscheinlich kurz nach seiner Fertigstellung. Bilder waren zu dieser Zeit ja auch so etwas wie Aussagen über Menschen. Sie konnte sich schon vorstellen, dass die trauernde Familie dieses Bild hier gemalt hatte, um zu zeigen, dass ihr Toter Christ war und um allen anderen zu zeigen, dass sie sehr fromm und gläubig waren. Also waren diese Bilder auch so etwas wie Nachrichten.

Plötzlich bekam Sarah einen Schreck. In all dem Trubel hatte sie die SMS völlig vergessen. Es gab ja auch keine Gelegenheit, sie zu lesen. Aber sie musste sie lesen – und sie wollte wissen, wie es Jonas ging, wo er war und wie sie sich wiedersehen konnten. Ihr Kopf arbeitete fieberhaft. Sie musste eine Gelegenheit finden, wie sie ungestört den Sender am Oberarm so halten konnte, dass sie ihn bedienen konnte. Das ging aber nicht, solange Hostilian in ihrer Nähe war. Sie musste einen Moment abpassen, in dem er mit etwas anderem beschäftigt war oder sie musste sich von ihm für einen Moment entfernen. Aber wie könnte das gehen? Sie war hier auf ihn angewiesen und er würde Verdacht schöpfen, wenn sie zurückblieb. Und da er so zuvorkommend war und hilfsbereit, konnte sie sich nicht vorstellen, dass er sie alleine stehen lassen würde.

Aber da kam ihr der Zufall zu Hilfe. »Sei mir nicht böse, aber ich muss mal ...«

Hostilian hatte einen verkniffenen Gesichtsausdruck. »Warte hier einfach, ich bin gleich hier.« Dabei deutete er auf einen Steinvorsprung.

»Äh ...«, Sarah war irgendwie peinlich berührt, »macht es dir etwas aus, wenn ich dort hinten auf dich warte. Ich muss ja nicht unbedingt nebendran stehen.«

Hostilian nickte und Sarah entfernte sich unverzüglich. Die Zeit war sicherlich knapp. Es galt jetzt, sie zu nutzen. Noch im schnellen Gehen nestelte sie an ihrem Sender herum und suchte die SMS. Sie entfernte sich so weit von Hostilian, dass sie genügend Zeit hatte, alles zu ordnen, wenn er zurückkommen würde. Endlich hatte sie die SMS gefunden:

»Mir geht es gut. Ich bin in der Nähe des Forums. Wo bist du?«

Sie atmete auf.

Doch dann hörte sie eilige Schritte – Hostilian hatte sein Geschäft beendet. Hastig tippte sie: »In einem Grab von Christen. Alles ok. Später mehr.«

Dann verstaute sie alles wieder und war gerade damit fertig, als Hostilian um die Ecke kam. Er musste etwas in ihrem Gesicht gesehen haben, denn er guckte sie leicht misstrauisch an.

»Alles in Ordnung?«

»Ja. Ja. Sicher. Bei dir auch? Hat es geklappt?«

Er nickte und sah dabei auch erleichtert aus. Dann nahm er die Fackel und sie gingen vorsichtig weiter.

»Ich weiß nicht mehr so genau«, wandte Sarah ein, »wonach wir suchen. Ich finde die Szene hier reichlich makaber.« ›Sie könnte aus einem billigen Horrorfilm sein‹, dachte sie bei sich. »All die Leichen hier, die Grabbeigaben, die Zeichnungen an den Wänden. Außerdem ist die Luft sehr schlecht, ich traue mich gar nicht mehr, tief einzuatmen. Bist du dir auch sicher, dass wir uns nicht verirren? Meine Güte, wenn wir uns hier verlieren würden, würde ich verhungern. Ich finde hier bestimmt nicht mehr raus.«

Hostilian blieb stehen und zeigte auf die Wand neben sich. »Das ist nicht schwer. Siehst du dieses Symbol hier? Es ist überall und zeigt dir den Weg nach oben.«

Sarah kam näher und erkannte die kindliche Darstellung eines Fisches. Sie hatte ihn schon einmal in ihrem Geschichtsbuch gesehen. Er war das Geheimzeichen der Christen. Doch so richtig hatte sie das nie verstanden. Wie konnte etwas ein Geheimzeichen sein, wenn es jeder kannte und es überall benutzt wurde?

»Du musst nur der Maulspitze des Fisches folgen. Sie zeigt dir den Weg nach oben.«

Das also war die Lösung. Natürlich. Diese Gänge hier waren so stark verzweigt, dass alle sich verirren würden, nicht nur sie. Und wenn man zu einer Feierlichkeit weit nach unten ging, konnte es anschließend für jeden schwierig werden, den Weg zurückzufinden. Deshalb diese Symbole. Sarah platzte fast. Wenn sie das in ihrer Klasse erzählen würde, die würden Augen machen! Aber das ging ja nicht. Was sollte sie sagen? ›Als ich neulich, 250 n. Chr., mal in den Gräbern von Rom herumlief, da habe ich viele Fischzeichen gesehen und sie haben mir geholfen, als ich den Ausgang suchte.‹ Das ging ja wohl nicht.

»Sag mal, hat dieses Grab eigentlich auch einen Namen?«

Sie standen gerade vor einer Nische und konnten sehen, dass hier drei Tote in einer Nische lagen. Das schien ziemlich eng zu sein. Wahrscheinlich war das eine ganze Familie. Vielleicht kosteten die Gräber hier auch Geld. Und wenn man sparen musste, konnten sich nicht alle Familien für jedes Familienmitglied eine eigene Nische leisten.

Hostilian hob die Hand und lauschte in die Dunkelheit. Sarahs Herzschlag erhöhte sich plötzlich wieder. Sie war sich nicht sicher, ob sie hier jemanden treffen wollte. »Calixtus«, flüsterte Hostilian und bedeutete Sarah noch einmal, jetzt absolut still zu sein. Sie lauschten in die Dunkelheit und plötzlich konnte auch Sarah von ferne Stimmen hören. Es mussten mehrere Männer sein und wenn man genau hinhörte, schien man auch das Klirren von Metall zu hören.

Hostilian deutete auf die Nische neben ihnen und machte eine Handbewegung, die Sarah nicht als Aufforderung verstehen wollte, sich in dieser Nische unter den drei Verstorbenen zu verstecken. Doch ihr Begleiter ließ keinen Zweifel an seiner Absicht. Er zeigte auf eine andere Nische wenige Meter weiter. Sie sah sofort, dass er von dort den Gang besser im Blick haben würde. Sie sollte sich also verstecken. Er half ihr hinauf und sie wälzte sich über die Toten. Dabei wurde ihr übel.

›Sei vernünftig‹, befahl sie sich, ›es ist doch besser hier zu liegen, als gefangen genommen zu werden.‹

Sie verkroch sich in die äußerste Ecke, versuchte, die Toten nicht zu berühren, was ihr aber nicht gelang. Gerne hätte sie den Tüchern den Rücken zugedreht, aber das ging auch nicht, denn sie fühlte sich sicherer, wenn sie den Gang sehen konnte.

Hostilian war schon verschwunden. Die Stimmen waren in der Nische nur noch gedämpft zu vernehmen, aber Sarah vermutete, dass sie doch näher kamen. Wahrscheinlich war das eine Familie, die nach ihrer Feier zum Ausgang strebte. Die Luft in der Nische war trocken und stickig. Sarah glaubte, den Tod förmlich riechen zu können. Sie korrigierte leicht ihre Lage.

Hatte sich der Leichnam neben ihr nicht gerade bewegt? Schweißtropfen rannen ihre Stirn hinab und tropften auf das fast weiße Laken. War es die Hitze oder die Angst? Wahrscheinlich beides. Sarah hielt den Atem an und konzentrierte sich auf ihren toten Nachbarn. Er lag wieder still.

›Du bist doch verrückt‹, dachte sie bei sich. Aber das konnte sie auch nicht wirklich beruhigen. Die Stimmen waren immer noch zu hören, schienen aber nicht näher gekommen zu sein.

›Am besten, ich lenke mich ab‹, dachte sie und streifte ihren Sender vom Arm. Mühselig wegen ihrer unbequemen Lage tippte sie eine kurze Nachricht an Jonas.

›Ich bin in einer Katakombe. Die nennen das aber anders. Name: Calixtus. Von außen wie ein Haus.«

Sie schickte die SMS ab und erhielt sofort die Bestätigung, dass sie den Empfänger erreicht hatte. Sarah freute sich riesig, dass die Erfindung von Jonas so gut funktionierte, und war natürlich erleichtert, das Gefühl haben zu können, ihren Freund in der Nähe zu wissen. Doch in ihrer derzeitigen Lage konnte er nicht helfen; da musste sie selbst wieder herausfinden.

Und das war nicht besonders einfach. Sie glaubte, verschiedene Männerstimmen in ihrer Nähe zu hören, vielleicht befanden sie sich gerade hinter der nächsten Ecke. Sie konnte es nicht sagen und stellte sich vor, die Männer kämen jetzt gleich um diese Ecke. Ihre Nische befand sich ungefähr auf Augenhöhe. Sie würden also, ohne es zu beabsichtigen, in ihre Nische schauen. Dabei sähen sie drei in weiße Laken gehüllte Leichen. Dahinter würde ein blasses, verängstigtes Mädchengesicht hervorschimmern.

Ihr schoss die Angst in die Magengrube. Sie musste sich noch tiefer verstecken. Fieberhaft versuchte sie, ihre Lage so zu korrigieren, sodass sie von außen nicht gesehen werden konnte. Aber sie war mit den Ergebnissen nicht zufrieden. Wer ernsthaft in diese Nische sah, musste sie zwangsläufig entdecken. Ihr blieb nichts anderes übrig: Sie zupfte am Laken der Leiche neben ihr und zog es sich über ihren Körper. Dabei musste sie ganz dicht an den Toten heranrücken. Sie hätte schreien können! Übelkeit stieg in ihr auf, aber die Angst, Menschen in die Arme zu fallen, die ihr Böses antun könnten, überwog. Sie riss sich zusammen und war vom Gang aus nicht mehr zu entdecken.

Unter ihrem Leinentuch bekam sie nur schwer Luft; sie zwang sich, ruhig, flach und gleichmäßig zu atmen. Ein Vorteil war, dass sie im Zusammenhang mit ihrem Training einige Entspannungsübungen gelernt hatte. Die halfen ihr jetzt. Es war aber auch keinen Augenblick zu früh, denn tatsächlich hatte sie jetzt das Gefühl, dass mehrere Männer vor ihrer Nische standen. Sie hätte am liebsten den Atem ganz angehalten, aber sie wusste, dass sie das nicht tun durfte, denn dann würde der nächste Atemzug auf jeden Fall tief werden und von außen zu sehen sein.

»Ich bin mir sicher, dass er hier ist. Er muss diesen Weg genommen haben und kann in dieser Zeit eigentlich nicht sehr viel weiter gekommen sein.«

Der Mann stand genau vor ihrer Nische. Sarahs Kopf schien fast zu platzen, da vibrierte ausgerechnet jetzt am Oberarm der Sender. Sie ignorierte wie schon zuvor während des Laufens die Meldung.

»Bist du dir ganz sicher, dass Vultus ihn gesehen hat?«

»Klar. Er war es. Vultus ist zuverlässig. Er kam sofort an und hat es mir berichtet.«

Sarahs Herz klopfte noch heftiger. So wie es schien, waren sie auf der Suche nach Hostilian. Er hatte so etwas ja auch schon mal angedeutet. Aber was war so wichtig an ihm? Wieso machten sich erwachsene Männer in Rom auf die Suche nach einem etwa 15-jährigen Jungen? Doch nicht wirklich, weil er so gut aussah! Aber auch diesen Gedanken verdrängte sie schnell wieder. Sie durfte sich von ihren Gefühlen nicht beherrschen lassen, nicht in dieser Situation. Das war wie ein Lauf, ein sehr langer Lauf. Und da musste man sich die Kräfte gut einteilen.

Sie hatte aufgrund der Geräusche, die sie hörte, den Eindruck, dass mehrere Männer vor ihrer Nische standen – und sie standen direkt davor!

»Er ist hier irgendwo, ich spüre es.«

»Ich glaube, Vultus hat sich getäuscht. Was sollte er hier unten wollen? Da liegen doch nur Christen.«

»Eben. Das ist ein hervorragendes Versteck für ihn.«

»Wieso sollte er sich verstecken wollen?«

»Weil wir ihn suchen, Dummkopf.«

»Ach, das glaube ich nicht. Das ist ein dummer Junge, wie es viele gibt. Er will ein bisschen was erleben. Und so ist er vom Papa davongelaufen. Du wirst sehen, der ist schon bald wieder daheim.«

»Du meinst also, wir sollten ihn einfach nur machen lassen. Hast du eine Ahnung, was sein Papa mit uns machen wird?«

Diese Stimme schien zu dem zu gehören, der hier das Sagen hatte.

»Ist ja schon gut, reg dich bitte nicht auf.«

»Es kann doch aber sein, dass er einfach nicht hier ist. Kannst du dir denn vorstellen, dass er es gewagt hätte, sich unter den Toten zu verstecken?«

Sarah bekam einen Schrecken nach dem anderen.

»Das würde kein vernünftiger Römer wagen.«

»Er wird sich hier nicht versteckt haben. Und wenn, hätten wir kaum eine Chance, ihn zu finden.«

Plötzlich spürte Sarah eine Bewegung ihrer Nachbarn. Kein Zweifel, sie bewegten sich. Sie hatte einen Kloß im Hals und einen noch größeren in ihrer Magengrube. Dann hörte sie Metall schaben und verstand: Die Männer steckten ihr Schwert in die Nische. Ihr war klar, dass sie auf keinen Fall entdeckt werden durfte, denn das würde kein gutes Ende nehmen für sie. Ihre toten Nachbarn bewegten sich immer noch leicht, das Schaben hatte noch nicht aufgehört. Sie stocherten mit ihren Schwertern in der Nische herum und hofften, den Gesuchten so aufzustöbern. Sie hob ganz leicht ihr Becken an, um die Angriffsfläche zu verkleinern.

»Ach, hör doch auf. Hast du eine Ahnung, wie viele Gräber hier unten sind? Willst du die alle durchstöbern?«

Die Klinge wurde zurückgezogen, die Leichen hörten auf, sich zu bewegen, Sarah atmete innerlich auf.

»Das geht doch nicht. Und es ist auch nicht gut, die Ruhe der Toten so zu stören.«

»Genau. Selbst, wenn es Christen sind.«

»Geht ihr schon weiter. Ich muss mit Nessos noch etwas besprechen.«

Sarah schätzte, dass es insgesamt fünf Männer waren, die vor ihrer Nische standen. Jetzt waren es wohl nur noch zwei, wobei einer davon der Anführer war – und er hieß nicht Nessos.

»Bist du dir wirklich sicher, dass Vultus zuverlässig ist?«

»Hör mal, du weißt, dass ich überall meine Informanten habe. Und er gehört zu den besten. Mit seinem Wagen kommt er überall hin.«

»Gut. Aber wieso suchen wir diesen Knaben? Du scherst dich doch sonst nicht um seine Anordnungen!«

Der Anführer lachte kurz auf.

»Nein, wahrlich nicht. Mir ist es egal, wer unter mir Chef ist, verstehst du? Aber ich will diesen Jungen – und nicht nur ihn. Da sind noch mehr.«

»Er ist nicht alleine?«

»Nein. Ich weiß zwar noch nicht, was das alles miteinander zu tun hat, aber meine Ohren sind schon in ganz Rom unterwegs, um das herauszufinden.«

»Weißt du mehr?«

»Pass auf, wir haben die einmalige Gelegenheit, fünf auf einen Streich zu erwischen. Bei dem Jungen ist noch ein Mädchen, das weiß ich. Vultus hat beobachtet, dass sein Wagen von einem Mädchen im Laufschritt verfolgt wurde. Er hat zwischenzeitlich das Tempo mal beschleunigt und mal verlangsamt, aber sie blieb erstaunlich hartnäckig. Und die beiden haben sich dann vor dem Grabmal getroffen.«

»Und was haben die beiden miteinander zu tun?«

»Das weiß ich noch nicht. Er hat sie angesprochen. Dann sind sie in einer Herberge verschwunden.«

Für einen Moment sagte keiner was. Sarah fand, dass dieser Satz komisch klang. Sicherlich machten sich die beiden Männer jetzt bestimmte Gedanken. Aber die konnten ihr ja auch egal sein.

»Du hast aber von fünf Kindern gesprochen. Da fehlen wohl noch drei.«

»Als wir das Lager der Bande aushoben, ist ein Junge über das Dach entwischt. Auch er ist unbekannt, wie dieses fremde Mädchen. Nie wurden die beiden zuvor gesehen. Keiner weiß, wo die herkommen.«

»Meinst du, dieser Junge und das Mädchen haben etwas miteinander zu tun?«

»Das kann ich noch nicht sagen. Bislang habe ich noch keine Informationen darüber, ob die beiden schon einmal zusammen gesehen wurden.«

»Und Kinder Nummer vier und fünf?«

»Das sind eigentlich die besten, denn es sind zwei Mädchen, die aus einem sehr guten christlichen Haus kommen. Der Vater arbeitet sogar als Beamter. Und zusammen mit Papa-Söhnchen sind das richtige Leckerbissen.«

»Meinst du nicht, wir sollten mal unser Vorhaben kurz unterbrechen?«

»Nein, das glaube ich nicht. Die Zeit drängt mehr denn je. Die Christen werden immer stärker, sie bedrohen das Reich und du weißt, was das bedeutet.«

»Vieles würde sich ändern.«

»Genau. Auch wir hätten nichts mehr zu lachen und du könntest dir eine andere Arbeit suchen.«

»Also willst du die anderen drei auch verschwinden lassen.«

»Und den Christen die Schuld in die Schuhe schieben. Das römische Volk ist doch jetzt schon fast der festen Überzeugung, dass die Christen Kinder opfern. Und je mehr Kinder auf geheimnisvolle Weise verschwinden ...«

Der Anführer sprach den Satz nicht zu Ende. Das war es also, was Hostilian herausfinden wollte. Da gab es eine Gruppe von bösen Menschen, die alles dafür taten, die Christen in Rom zu verleumden. Offensichtlich zogen sie ihre persönlichen Vorteile aus dieser Sache. Also hatte Hostilian doch recht mit seinem Verdacht der Kinderopfer – nur, dass sich die Wahrheit anders darstellte, als beide sie sich vorstellten. Es war ja auch geschickt, die beiden christlichen Mädchen und Hostilian als Nicht-Christen verschwinden zu lassen. So würde sich bestimmt eine gute Lügengeschichte über die christliche Gemeinde in Rom spinnen lassen.

»Wenn wir das durch unsere Leute in der Stadt entsprechend verbreiten lassen ...«

»Der Sohn des Kaisers, sein geliebter Sohn und der spätere Thronfolger, heimtückisch von Christen einem dämonischen Gott geopfert ...«

Sarah traute ihren Ohren nicht. Entweder sie hatte gerade einiges verpasst und die beiden hatten plötzlich das Thema gewechselt, oder ... Nein, das konnte doch nicht sein. Hostilian war der Sohn des Kaisers? Hier musste eine Verwechslung vorliegen. Aber dann fiel ihr ein, wie er sich in der Öffentlichkeit verhalten hatte. Er wirkte so gewandt und wusste genau, wie er sich verhalten sollte und wie er mit den Menschen reden musste. Er hatte immer alles bekommen, was und wie er es wollte. So, als wäre er daran gewöhnt. Langsam wurde Sarah die ganze Tragweite dieser skurrilen Unterhaltung bewusst.

»... und dazu noch die beiden Fremden, die niemand kennt.«

Das war mehr als Sarah ertragen konnte. Die beiden hatten gerade von ihr gesprochen. Ihre Mörder standen unmittelbar vor ihr und freuten sich darauf, sie bald zwischen ihre Finger zu bekommen. Und sie sah keine Möglichkeit, aus dieser Situation herauszukommen.

»Komm, gehen wir. Die anderen müssen ja nicht unnötig ins Grübeln kommen.«

Die beiden gingen wohl tatsächlich. Sarah lauschte, ihre Ohren richteten sich förmlich in Richtung Gang. Doch es gab keinen Zweifel, sie war alleine und erleichtert. Gerade wollte sie tief aufatmen, da bewegten sich die Toten erneut.

16. Kapitel

»Wer macht denn so was?«

Junia war völlig aufgelöst, den Tränen nah. Hinter ihr kamen Merula und Jonas in das Arbeitszimmer des Bischofs. Sie hatten die lange Strecke weitgehend auf einem Wagen sitzend zurücklegen können. Als sie dann artig an die Tür klopfen wollten, stellten sie fest, dass diese nur angelehnt war. Ihr Klopfen wurde nicht beantwortet. Ängstlich rief Merula immer wieder den Namen des Bischofs und vorsichtig betraten sie das Haus. Es war schnell klar, dass es hier nicht mit rechten Dingen zuging. Schon im Eingangsbereich fanden sie Spuren der Verwüstung. Hier hatte ein Kampf stattgefunden. Sie fanden den Arbeitsraum des Bischofs und erschraken: Die Schriftrollen lagen kreuz und quer im Zimmer verteilt, manche wiesen Spuren der Zerstörung auf. Das Pult, an dem Fabian immer schrieb, war umgestürzt und die Schriftrollen, an denen der Bischof gearbeitet hatte, waren in viele kleine Fetzen zerrissen.

Schweigend betrachteten die drei das Chaos. Merula ging zum Regal hinüber und beugte sich herunter. Sie las die Titel einzelner Rollen, zuerst langsam und vorsichtig, dann immer hektischer.

»Suchst du was Bestimmtes?«, wollte Jonas wissen, der nicht richtig einschätzen konnte, was das hier alles bedeutete.

»Ja!«, antwortete Merula knapp und durchstöberte weiterhin die wild und unübersichtlich durcheinander liegenden Rollen.

Jonas spürte ein leichtes Kribbeln am Arm. Am liebsten hätte er sofort auf seinen Sender geschaut. Er verließ die beiden Mädchen und ging vorsichtig in den Nebenraum. Hier sah es zwar unordentlich aus, jedoch herrschte keine Verwüstung. Wer immer das Haus des Bischofs überfallen hatte, schien kein Interesse daran gehabt zu haben, es völlig zu verwüsten. Sie wollten seine Arbeit treffen. Wahrscheinlich waren die Menschen, die hier eingedrungen waren, keine Christen, sondern sogar Feinde der Christen.

Jonas las heimlich die Nachricht Sarahs. Er war froh, dass es ihr gut ging.

»In einem Grab von Christen. Alles ok. Später mehr.«

Das war zwar recht knapp, aber Jonas reichte es. Schnell versteckte er seinen Sender wieder, denn gerade kam Junia herein. Sie sah verzweifelt aus. »Sie haben ihn bestimmt mitgenommen.«

Jonas berührte leicht ihren Arm und schüttelte den Kopf. »Ach was. Das kann ich mir nicht vorstellen. Wer hat denn schon Interesse an einem Bischof?«

Junia zuckte mit den Schultern. »Der Kaiser, könnte ich mir vorstellen. Der will doch den Christen alles in die Schuhe schieben.«

Jonas hob etwas hilflos die Hand und ließ sie wieder sinken. Er wusste nicht, was er hätte sagen sollen. Die Verhältnisse in Rom waren ihm nach wie vor nicht so richtig geläufig, obwohl sie sich im Schnellstudium zuhause ja schon recht intensiv auf diese Zeit vorbereitet hatten. Aber es ist doch etwas anderes, ob man das alles liest und als ein Ereignis behandelt, das in grauer Vorzeit einmal stattgefunden hat, oder ob man mittendrin steckt. Er war jetzt mittendrin, aber ihm gelang es nicht, mit den Menschen mitfühlen zu können. Jedenfalls konnte er so etwas wie Mitleid für den Bischof nicht entwickeln – er kannte ihn ja gar nicht.

Anders allerdings erging es ihm mit Merula ... Er hatte das Gefühl, sie schon sehr lange zu kennen.

Er schaute Junia an. »Meinst du, die könnten auch euch ...?«

Junia ließ sich auf einen Hocker sinken. »Ich weiß es nicht. Ich bin noch jung und in dieser merkwürdigen Stadt nicht aufgewachsen. Ich werde aber Merula nie verlassen – egal was passiert.«

Jonas nickte und wandte sich wieder dem Arbeitszimmer zu, wo Merula immer noch auf dem Boden kniete und die Schriftrollen aus der Bibliothek des Bischofs durchforstete. Zwei Rollen hielt sie bereits in ihren Händen. Sie suchte aber noch weiter.

»Merula, ich glaube, wir sollten so langsam von hier verschwinden. Ich denke, es kann gut sein, dass, wer immer das getan hat, es sich noch einmal überlegen und erneut vorbeischauen könnte. Um ehrlich zu sein, habe ich keine Lust, solchen Menschen in die Hände zu fallen.«

»Moment, ich weiß, dass er diese Rolle auch noch hatte. Wir müssen sie retten, die Rollen sind von großer Bedeutung.«

Jonas kniete sich neben sie und nahm einzelne Rollen in die Hand. Leider hatte er den Spracherkennungschip nicht so eingestellt, dass er Griechisch lesen konnte. Selbst die Übersetzung aus dem Lateinischen funktionierte nur über den Umweg, dass er sich selbst den Text laut vorlas. Das war aber auch nicht weiter auffällig, denn auch in Rom lasen viele auf diese Art.

»Nach welchen Rollen suchst du denn genau?«, fragte er, »vielleicht kann ich dir ja beim Suchen helfen.«

»Ich habe hier den Brief von Paulus, den er an die Korinther geschrieben hatte. Und die andere Rolle ist ein sehr schöner Traktat von Plotin. Jetzt suche ich noch das Evangelium, das Markus uns geschrieben hat.«

Jonas glaubte sich verhört zu haben. Da waren sie in akuter Lebensgefahr, jeden Moment konnte das Haus von wildgewordenen römischen Soldaten gestürmt und sie gefangen in die Arena geführt werden, und Merula saß da auf dem Fußboden und stöberte in Schriftrollen, die von Menschen verfasst waren, die schon lange tot waren.

»Meinst du nicht, wir sollten das lassen und lieber abhauen? Ich meine, du kannst doch diese Rollen später noch mal kaufen oder so.«

Merula hielt plötzlich in ihren Bewegungen inne und drehte sich abrupt zu Jonas hin.

»Bist du übergeschnappt? Weißt du, was diese Schriften wert sind? Sowohl von Paulus als auch von Markus gibt es in ganz Rom keine andere Abschrift ihrer Texte. Der römische Bischof alleine hat welche! Und wenn er sein Amt nicht mehr ausübt, werden diese an den nächsten weitergegeben. Und Plotin, na, den finde ich einfach toll. Deshalb nehme ich mir diese Rolle mit. Vielleicht können wir ihn später, wenn das hier alles vorbei sein sollte, auch einmal besuchen.«

»Ja«, nickte Jonas irritiert, »das wäre bestimmt super.«

So ein alter Philosoph war nicht unbedingt die Bekanntschaft, die ihn brennend interessierte. Er nahm sich eine der beiden Rollen, die Merula im Arm hielt, und entrollte den Anfang.

»Sag mal, ich dachte, Paulus hätte in Griechisch geschrieben?«

»Natürlich. Das hat er auch. Dies hier ist eine Abschrift.« Jonas war erstaunt und betrachtete sich die Schrift genauer.

»Das ist ja interessant. Du meinst, irgendjemand hat sich die Mühe gemacht und hat seinen Brief abgeschrieben?«

Merula sah ihn direkt an.

»Willst du dich über mich lustig machen? Oder bist du so dumm? Oder sollte ich dich fragen, wo du eigentlich herkommst?«

Jonas zuckte unwillkürlich zusammen.

»Dies hier ist die Abschrift einer Abschrift von einer Abschrift des Briefes. Und weil wir hier in Rom eine ziemlich einfache Gemeinde sind, ist es auch gut, dass wir diesen Brief in unserer Sprache lesen können. Kannst du Griechisch?«

Jonas schüttelte schnell und bestimmt den Kopf. Jetzt bloß keinen unnötigen Fehler machen. Schweigend legte er Merula die Schriftrolle wieder in den Arm. Er stand auf und schaute nach Junia, die traurig am Fenster stand.

»Komm da weg«, ermahnte er sie, »es muss uns ja nicht gleich jeder sehen.«

In diesem Moment verspürte er wieder ein Kribbeln am Arm und da beide Mädchen mit sich oder irgendwelchen verstaubten Schriftrollen beschäftigt waren, fiel es ihm nicht schwer, sich einige Schritte abseits zu stellen und die Nachricht zu lesen: ›Ich bin in einer Katakombe. Die nennen das aber anders. Name: Calixtus. Von außen wie ein Haus.‹ Sarah war also in einer Katakombe. Er kannte natürlich Katakomben. Wer vom alten Rom schon einmal etwas gehört und gelernt hatte, wusste auf jeden Fall, was es mit den Katakomben auf sich hatte. Er hatte aber keinen blassen Schimmer, wo diese sich befänden. Er wusste, dass er Hilfe sehr gut gebrauchen konnte.

Plötzlich hörte er aus dem Arbeitszimmer einen durchdringenden, markerschütternden Schrei. Er stürmte hinüber und sah Merula einen Freudentanz aufführen: Sie hatte die fehlende Schriftrolle gefunden und schwenkte sie wie die einem Feind entrissene Fahne durch die Luft. Junia stand daneben und lächelte verhalten.

Jonas jedoch war besorgt, dass dieser Schrei noch Straßenzüge weiter zu hören sein würde. Hastig sagte er: »Ich habe mir gedacht, dass der Bischof doch bestimmt in den Grabanlagen, in den Katakomben sein könnte.«

Merula unterbrach kurz ihren Tanz, überlegte, schüttelte dann den Kopf und fuhr mit ihrem Freudenausbruch fort. »Glaube ich nicht.«

»Er könnte recht haben. Sieh, wir treffen uns dort immer zu Gottesdiensten und zum Gedenken an unsere Toten. Auch zu anderen Feierlichkeiten gehen wir dorthin. Wieso sollte Fabian nicht jetzt auch da sein?«, gab Junia zu bedenken.

Merula brach mitten in ihren Bewegungen ab und ließ ihre Hände sinken.

»Sie haben ihn weggebracht. Da bin ich mir ganz sicher. Ich denke, wir sollten nach Hause gehen und mit meinen Eltern die neue Situation besprechen.«

»Aber«, wandte Jonas fast schon verzweifelt ein, »wir könnten uns doch bei den Katakomben erst einmal umschauen. Und wenn dort nichts zu finden ist, gehen wir zu dir nach Hause.«

»Das ist zu weit«, antworteten Merula und Junia wie aus einem Mund. »Wir brauchen einige Stunden, bis wir dort sind.«

Merula packte alle drei Schriftrollen zusammen und klemmte sie sich unter den Arm.

»Gehen wir«, bemerkte sie knapp und es klang wie ein Kommando, fand Jonas.

Vorsichtig verließen sie das Haus, spähten nach allen Seiten und schlichen am Straßenrand möglichst dicht an den Häusern entlang. Merula hatte die Führung übernommen, Junia ging in der Mitte und Jonas bildete die Nachhut. Er fühlte sich gar nicht wohl in seiner Haut. Er hatte das Gefühl, von allen Seiten beobachtet zu werden und jedes Mal, wenn sie jemandem begegneten, hatte er das Gefühl, dass dieser sie durchdringend anschaute. Allerdings war ihm auch klar, dass er gar nicht entscheiden konnte, wer verdächtig war und wer nicht. Für ihn sahen irgendwie alle Passanten verdächtig aus. Dabei hatte er ausgerechnet den Bettler am Straßenrand übersehen, der die kleine Gruppe nicht aus dem Blick ließ und, sobald sie verschwunden war, seinen Platz verließ, um einer anderen Person seine Beobachtungen mitzuteilen. Auch fiel für Jonas die Mutter mit zwei Kindern nicht unter die Kategorie »verdächtig«. Doch genau das war sie, denn sie folgte den drei

Jugendlichen für kurze Zeit und verschwand dann in einem Hauseingang. Jonas glaubte, dass ganz Rom aus Augen bestand, aber er vermutete die Augen an den falschen Stellen.

Die Gruppe war aber auch nicht gerade besonders unauffällig, wie Jonas einsehen musste. Drei Jugendliche in einfacher Kleidung, die Schriftrollen durch die Stadt trugen. Doch als er Junia und Merula ansah, wie sie, jede mit einer Rolle unter dem Arm, vorsichtig durch die Straßen liefen, fiel ihm auf, dass mehrere Menschen mit Schriftrollen unterwegs waren. ›Komisch, die sind doch so unhandlich. Da sind Bücher schon praktischer.‹ Aber die Beobachtung beruhigte ihn dennoch, waren sie doch nur einige unter mehreren mit diesen sperrigen Rollen unter dem Arm.

Unterwegs fanden die drei immer wieder Zeit, ein wenig miteinander zu reden. So erfuhr Jonas einiges über den Wohnort und den Beruf des Vaters. Er brauchte Informationen, die er Sarah schicken konnte, damit sie dorthin kommen könnte. Als er sicher war, alle wichtigen Informationen zu haben, begann er die SMS zu schreiben. Er musste sich dazu den Sender nicht mehr anschauen. Durch den Stoff seiner Tunika hindurch konnte er ihn sachgerecht bedienen. Er war froh, dass er sich dieser Aufgabe auf diese Art entledigen konnte, denn er hätte nicht gewusst, wie er sich jetzt einen freien Moment zum Senden verschaffen könnte.

Es war bereits früh am Abend und die Straßen waren überfüllt von Menschen und Sänften, die unbekannten Zielen entgegenhasteten. Jonas kam das Gedränge vor wie in der Einkaufsstraße seiner

Stadt an einem Samstagvormittag – oder an einem verkaufsoffenen Sonntag. Er war erstaunt, wie viele Tavernen es in dieser Stadt gab. Er sah Imbissstände, die köstliche Leckereien oder herzhafte Speisen anboten. Gerne hätte er jetzt eine Cola getrunken, aber das hatte hier wohl niemand im Angebot.

Plötzlich sah er in einiger Entfernung auf einer Bank einer Taverne den Hinterkopf eines Mannes. Er kam ihm bekannt vor. Er verlangsamte seinen Schritt und ließ diesen Mann nicht aus den Augen. Er unterhielt sich mit zwei weiteren Männern und es sah so aus, als hätten sie wirklich ein Geheimnis zu besprechen, denn sie steckten mitunter die Köpfe zusammen und sicherten sich nach allen Seiten ab, damit niemand ihr Gespräch mithören konnte. Jetzt war die kleine Gruppe nur noch wenige Meter entfernt und Jonas bedeutete den beiden Mädchen stehen zu bleiben. Er hatte ein ungutes Gefühl, konnte sich aber immer noch nicht erinnern, woher er diesen Hinterkopf kannte. Während die beiden Mädchen hinter dem Stand eines Geschäftes Deckung suchten, ging Jonas, die verschiedenen Auslagen der gegenüberliegenden Geschäfte als Sichtschutz nutzend, um die Taverne herum und versuchte, das Gesicht des fremden Mannes zu erkennen. Dabei stieß er mit jemandem zusammen, den er übersehen hatte. Entschuldigend hob er die Hand und wollte schon weitergehen, da spürte er eine Hand auf seiner Schulter, die keinen Zweifel daran ließ, dass er unbedingt stehen bleiben sollte.

Unwillig, aber noch einmal eine Entschuldigung flüsternd, drehte er sich um und erkannte eine

Kleidung, die er schon einmal gesehen hatte. Der Centurio, der mit seinen Leuten gestern Abend in das Haus der Bande eingebrochen und so eigentlich ungewollt für seine Befreiung verantwortlich war, hatte genau die gleiche Kleidung getragen. Jonas erschrak, denn er hielt diesen Centurio für denjenigen, dessen Bekanntschaft er schon gemacht hatte. Doch dieser lächelte und Jonas nahm an, dass es ein anderer war.

»Hoppla, pass auf, wo du deine Füße hinsetzt. Sonst kann das noch mit unangenehmen Verletzungen enden.«

Jonas lächelte ebenfalls, allerdings etwas gequält und stotterte: »Ja. Entschuldigung. Soll nicht wieder vorkommen. Ich habe dich gar nicht gesehen.«

Der Centurio ließ seine Hand von Jonas Schulter sinken und schaute ihm neugierig ins Gesicht.

»Sag mal, haben wir uns vielleicht schon einmal gesehen?«

Jonas war verwirrt und seine Blicke suchten die Mädchen, die aus sicherer Entfernung ängstlich die Szene beobachteten. Er schüttelte verneinend den Kopf. Der Centurio schien nicht überzeugt, aber er konnte sich auch offensichtlich nicht erinnern, woher er Jonas gekannt haben wollte. »Bist du alleine unterwegs?«

Er spürte, wie ihm heiß im Gesicht wurde. Auf derlei Fragen und Verwicklungen war er nun wirklich nicht eingestellt. »Ich bin, ja, ich bin alleine hier. Darf ich nicht? Ich wollte auch gerade nach Hause gehen. Ich wohne nicht weit von hier.« Unbestimmt wies er mit dem Arm in eine Richtung und biss sich gleichzeitig auf die Zunge. Er durfte auf keinen Fall nähere Angaben machen, die nachprüfbar wären. Wenn der Centurio nun darauf bestünde, ihn nach Hause zu bringen ...? Unvorstellbar. Er hätte ein riesiges Problem.

»Sei vorsichtig, Junge. Hier treiben sich finstere Gestalten herum. Lass dich am besten von niemandem ansprechen und folge auch keinem.«

Jonas nickte heftig und war innerlich erleichtert. Den Rat des freundlichen Centurios würde er ohne Weiteres beherzigen können.

»Vor allem von keinem, der so gekleidet ist, wie ich es bin.« Sein Gesicht wurde hart. »Gerade auf Jungs und Mädchen in deinem Alter hat er es abgesehen.«

Jonas stand wie versteinert. Der Centurio klopfte ihm auf die Schulter und ging die Straße hinunter. Was hatte er mit diesen Worten gemeint? Jonas sah ihm hinterher und dabei fiel sein Blick auch auf den unbekannten Mann in der Taverne, der ebenfalls dem Centurio hinterher sah. Jetzt erkannte Jonas dieses Gesicht: Es war der Anführer der Bande, die ihn entführt hatte. In diesem Moment stand der Anführer auf und folgte dem Centurio, den er nicht aus den Augen ließ. Jonas war froh darüber, denn so blieb er unentdeckt. Erleichtert drehte er sich um und ging hinüber zu den beiden Mädchen.

»Ich muss jetzt was trinken«, meinte er zu ihnen, als sie ihn fragend anschauten. »Dabei werde ich euch alles erzählen.«

Er wartete gar nicht auf ihre Antwort, sondern ging sofort weiter, um eine Taverne wenige Schritte entfernt – es sollte nicht die gleiche sein, in der der Anführer gesessen hatte – anzusteuern. Bereitwillig folgten ihm Merula und Junia und erleichtert setzten sie sich auf eine der einladenden Bänke vor einer Taverne, die von den letzten Strahlen der untergehenden Sonne gewärmt wurde. Sie bestellten eine Karaffe stark verdünnten Weins bei der dicken Wirtin, die sofort kam, um ihre Bestellung aufzunehmen. Hunger hatten sie keinen, da sie gerade erst gegessen hatten. Merula war besorgt, dass die Rollen nicht von Wein- oder Speiseresten, die den Tisch beschmutzten, verunreinigt wurden.

Während der ersten Karaffe erzählte Jonas von seiner Gefangenschaft, von den Besuchen des Anführers in seiner Zelle und von seiner unerwarteten und sicherlich auch ungewollten Befreiung durch den Centurio mit seinen Leuten.

»Das war aber nicht dcr, der mich gerade angesprochen hatte«, meinte er auf die besorgte Frage von Junia. Er ließ kein Detail seiner Gefangenschaft in diesem abgedunkelten Raum aus und als er sah, dass die beiden Mädchen mitfieberten, dramatisierte er seine Berichte noch ein wenig, um die Wirkung zu steigern.

»Ich habe schon gehört, dass in der letzten Zeit einige Kinder verschwunden sind. Ob diese Bande etwas damit zu tun hat?«, überlegte Merula.

Jonas nickte. »Ich kann es mir vorstellen. Der Anführer sah ziemlich brutal aus. Und eben noch saß er auf der Bank dort drüben.« Dabei zeigte er in die Richtung der Bank, auf der der Anführer noch vor wenigen Minuten saß.

»Du hast ihn gesehen? Hat er dich auch gesehen?«, wollte Junia wissen.

»Nein, ich glaube nicht. Er ist aufgestanden und dem Centurio gefolgt.«

»Will er ihn töten?« Junia riss dabei die Augen weit auf.

»Woher soll ich das wissen? Nein, ich glaube nicht. Es sah irgendwie nicht so aus, als würde er ihn in böser Absicht verfolgen. Außerdem waren noch zwei andere Männer bei ihm, die aber sitzen blieben. Wenn er den Centurio angreifen wollte, würden sie ihm doch sicherlich helfen.«

»Aber was will er? Du weißt ja, dass der Centurio einer Prätorianergarde eine ziemlich hohe Stellung in Rom innehat. Den verfolgt man nicht einfach. Es sei denn, man will ihn umbringen, was nicht einfach und total gefährlich ist, oder man ist mit ihm befreundet.«

»Ich weiß nicht, was er will. Und um ehrlich zu sein, ist es mir auch ziemlich egal. Ich bin froh, dass er weg ist und ich ihn nicht wiedersehen muss.« Jonas schaute Merula lange an. »Wieso fehlen dir eigentlich drei Zehen?«

Merula lachte auf. »Das hast du behalten? Das ist doch nichts Besonderes. Ich weiß es nicht. Meine Mutter sagt, dass das schon bei der Geburt so war.«

»Und ist das nicht komisch? Ich meine, das Laufen und so.«

Merula nahm einen großen Schluck aus ihrem Becher und wollte nachschenken. Doch die Karaffe war leer. Junia winkte der Wirtin und deutete auf den Krug. Kurz darauf stand bereits die zweite Karaffe Wein auf dem Tisch. Jonas war ein wenig verwundert. Zuhause trank er nie Alkohol. Naja, das stimmte nicht ganz. Ein wenig hatte er schon getrunken, aber es war nicht unbedingt sein Geschmack gewesen. Von diesem Wein wurde ihm allerdings bislang nicht schwindelig. Offensichtlich war er doch stark verdünnt. Und er schmeckte recht süß, was er mochte.

»Man gewöhnt sich daran«, beantwortete Merula Jonas Frage. »Ich bin ja so aufgewachsen.«

»Sie ist im Laufen fast so schnell wie ich«, bemerkte Junia und sah Merula dabei herausfordernd an.

»Was soll das denn heißen?«, motzte Merula.

»Ich bin schneller als du. Gut, hin und wieder lasse ich dich mal gewinnen, damit du noch gegen mich antrittst und nicht so enttäuscht bist. Aber ich gewinne meistens die Läufe.«

Junia und Merula lachten und nahmen sich in den Arm. Jonas betrachtete sie und wurde plötzlich traurig und besorgt. In seinen Gedanken sah er dieses lachende Mädchen in der Arena, ein Rudel Löwen um sie herum, sie schrie und jammerte, die Löwen stürmten auf sie los. Jonas schüttelte heftig den Kopf, um diese Bilder zu vertreiben. Etwas in ihm versuchte, dies als einen Tagtraum abzutun, aber er konnte nicht umhin zuzugeben, dass er die Wirklichkeit sah. Er sah das, was bald geschehen würde. Er konnte nicht so tun, als sei er hier in dieser Stadt, in dieser Zeit und würde sich mit zwei Mädchen, die er gerade auf dem Marsfeld kennen gelernt hatte, unterhalten und den Tag dahinfließen lassen. Dieses Mädchen, das ihm sehr gut gefiel, die so schön lachen konnte, die so hübsch war, die sich über ihre fehlenden Fußzehen lustig machte und mit ihrer Freundin scherzte, dieses Mädchen würde bald sterben.

»Weißt du, vielen Mädchen in Rom, die ich kenne, fehlen diese drei Zehen«, sagte Merula gerade in seine Gedanken hinein. »Es ist nichts Besonderes!«

Jonas war wie vom Donner gerührt.

»Du meinst, es gibt noch andere in deinem Alter, denen diese Zehen fehlen?«

»Klar, ich kenne zwei. Die machen sich auch nichts daraus. Die beiden sind keine Christen und sagen, die Götter hätten ihre Zehen gebraucht und hätten sie ihnen deshalb bei der Geburt schon abgenommen. Das glaube ich natürlich nicht.«

»Aber, aber ... das ändert doch alles!«, stotterte Jonas aufgeregt. Merula und Junia sahen ihn verwundert an.

»Wieso ändert das alles?«, fragte Merula.

»Dann bist du doch ... ich meine, dann weiß man ja nicht ...« Er biss sich auf die Zunge. Jetzt gingen gerade seine Gefühle mit ihm durch. Er konnte ja unmöglich sagen, was er gesehen hatte und was er wusste.

»Nein, entschuldige, ich meine,« fing er sich wieder, »dass du dich ja dann nicht so grämen musst, weil es ja vielen Kindern so geht.«

Die beiden Mädchen schauten ihn nach wie vor mit hochgezogenen Augenbrauen an. Jonas nahm seinen Becher und prostete ihnen zu.

»Schön, dass ich euch kennen gelernt habe«, meinte er, um die Situation noch zu retten.

In diesem Moment setzten sich zwei Männer zu ihnen an den Tisch. Sie redeten nicht miteinander. Einer gab der Wirtin ein Zeichen und kurz darauf stand eine Karaffe für sie auf dem Tisch. Sie tranken einen Schluck aus ihren Bechern und schwiegen immer noch. Jonas hatte sie erst gar nicht bemerkt. Doch dann merkte er, dass die beiden Männer ihre Ohren spitzten – sie wurden belauscht! Vorsichtig schielte er hinüber und sah, dass die beiden auf ihre

Becher stierten. Das wirkte befremdlich. Merula und Junia berieten sich gerade über den schnellsten Weg nach Hause und Jonas konnte förmlich spüren, dass die beiden jedes Wort der Mädchen in sich aufsogen. Da nahm er am anderen Tisch eine Bewegung wahr, die seine Aufmerksamkeit erregte. Ein Mann, der gerade neu gekommen war, stieß einen Gast an und forderte ihn auf, den Platz zu räumen. Dieser protestierte zuerst lautstark, wurde aber von einem auf den anderen Moment still, stand auf und setzte sich einige Meter weiter auf eine andere Bank. Jonas bemerkte den Blick des neuen Gastes in Richtung der beiden Männer an seinem Tisch. Doch die rührten sich nicht und hielten nach wie vor ihre Köpfe gesenkt. Aber Jonas hatte das Gefühl, dass die drei irgendetwas miteinander zu tun hatten. Irgendwie standen sie in einer Art Verbindung miteinander. Er konnte sich eigentlich nicht so richtig vorstellen, dass sie etwas mit ihnen zu tun hatten. Aber immerhin war er entführt worden, das Haus des Bischofs wurde überfallen und die Äußerung über die verschwundenen Kinder ließ ihn auch nicht los. Hier war etwas faul.

Noch während er darüber nachdachte, was sie jetzt tun könnten, fielen ihm auf der Straße Männer auf, die vereinzelt betont unauffällig herumstanden. Jonas hatte plötzlich ein eigenartiges Gefühl im Magen. Am liebsten wäre er aufgesprungen und weggelaufen. Doch er konnte die beiden Mädchen ja nicht hier sitzen lassen. Außerdem musste er auch annehmen, dass nicht nur er verfolgt wurde. Auch die beiden waren sicherlich in Gefahr. Er versuchte, sich zu beruhigen, redete sich ein, dass diese Ansammlung verdächtig aussehender Männer ein Zufall sei.

Doch da sah er aus dem Augenwinkel, wie einer der Männer auf der Straße in ihre Richtung nickte, als er von einem anderen angesprochen wurde. Jetzt war ihm endgültig klar, dass sie beobachtet wurden. Wieso bekamen die Mädchen nichts mit? Wie sollte er sie über seine Beobachtungen informieren? Sie mussten hier weg, und das so schnell wie möglich. Aber wie konnte er sie dazu bringen, ohne dass die Männer dies mitbekämen? Er konnte ja schlecht am Tisch offen darüber reden; das hätten die Tischnachbarn auf jeden Fall mitbekommen. Weglaufen? Klar. Sie mussten weglaufen. Etwas anderes kam gar nicht in Frage.

»Ich glaube nicht«, meinte er, einen Plan fassend, zu Merula, »dass du schneller bist als ich. Ich bin ziemlich gut im Training.«

Das war zwar eine glatte Lüge, aber er hoffte, dass sie darauf eingehen würde. Merula sah ihn irritiert an und Junia kicherte.

»Wie kommst du denn jetzt da drauf?«

»Ich finde, wir sollten mal einen Wettlauf machen. Junia ist dann Schiedsrichterin. Und ich werde dich schlagen.«

»Das ist schon möglich, aber ...« Sie hatte seine Absicht noch nicht bemerkt. Jonas überlegte fieberhaft. »Lass mal!«, meinte er, »ich weiß auch schon, wann und wo!« Dabei setzte er sein betörendstes Lächeln auf.

Aber Merula konnte seinen Absichten nicht folgen. »Ach ja? Und wieso nur gegen mich?«

Da forderte er sie mit der Hand auf, näher zu kommen. Sie steckten die Köpfe zusammen und Jonas bemühte sich, sein Lächeln beizubehalten. Merulas

Gesichtsausdruck veränderte sich zuerst nicht, dann sah sie kurz besorgt aus. Jedoch gleich darauf begann sie zu grinsen, als habe sie mit Jonas einen Streich verabredet. Dann lehnten sie sich wieder zurück.

»Und, was hältst du davon? Ist doch eine gute Idee, oder?«

»Das ist wirklich toll und ich denke nicht, dass du gewinnen wirst.«

Während sie das sagte, nahm sie unter dem Tisch leicht Junias Hand und drückte sie in einem bestimmten Rhythmus. Die Mädchen hatten für verschiedene Situationen Geheimzeichen verabredet.

Junia lachte, als sie Jonas ansah und keiner, der sie beobachtete, hätte damit rechnen können, was kurz darauf geschah. Merula und Jonas nahmen ihre Becher, warfen sie in Richtung der Nachbartische, alle drei sprangen auf, nahmen je eine Schriftrolle und liefen los. Jonas musste feststellen, dass Merula wirklich sehr schnell war. Allerdings sollte sie auch die Führung übernehmen, denn sie kannte jeden Weg nach Hause. Noch aber waren sie aus der akuten Gefahrensituation nicht heraus. Die Männer an ihrem Tisch wollten ebenfalls aufspringen, wurden jedoch von anderen Gästen gehindert, die annahmen, dass die beiden die Becher geworfen hätten. So wurden sie festgehalten und die Schlägerei, die sogleich ausbrach, konnten Jonas und die beiden Mädchen nicht mehr sehen. Sie mussten sich zur gleichen Zeit mit einem recht finster und böse dreinblickenden Mann auseinandersetzen, der sich nicht hatte ablenken lassen von ihrem Trick. Er stellte sich ihnen in den Weg, breitete die Arme aus und wollte sie so mit seiner drohenden Gebärde abschrecken.

Aber Merula wich kurz vor ihm nach links, Junia nach rechts aus und kurz danach kam Jonas, den der Mann nicht sehen konnte, weil er ja von den beiden Mädchen verdeckt war. Jonas nutzte diese Verwirrung, rannte mit voller Wucht in den Mann hinein, der reichlich verdutzt aussah, als er Jonas plötzlich vor sich sah. Er war konzentriert auf Merula und Junia und konnte seine Bewegungen bei den Ausweichmanövern der beiden gar nicht mehr koordinieren, sodass es ein Leichtes für Jonas war, das abhanden gekommene Gleichgewicht des Mannes völlig durcheinander zu bringen und ihn mit einem kräftigen Schubsen und Treten in den Unterleib – Jonas kam sich vor wie bei einem Torschuss – aus vollem Lauf zu Boden zu strecken. Jetzt war ihr Weg frei.

Hinter ihnen sammelten sich ihre Widersacher, aber nur zwei oder drei nahmen die Verfolgung auf.

»Jetzt zeig mal, was du kannst«, rief Merula und beschleunigte das Tempo. Junia tat es ihr gleich und Jonas spürte, dass er tatsächlich nicht so gut im Training war, wie er behauptet hatte. Jetzt aber nachzulassen und zurückzufallen wäre kein Ehrverlust – es könnte allerdings sein Ende sein. Also nahm er alle Kräfte zusammen, die er in sich spürte, und hielt Anschluss.

Merula lief vorneweg und steuerte in eine große Menschenansammlung hinein. Hier konnten sie nicht mehr ganz so schnell laufen, worüber Jonas ganz froh war. Aber ihre Verfolger konnten sie auch schlechter ausfindig machen. Jonas bemerkte, dass der Blick der Menschen ziemlich starr war. Dann konnte er erkennen, dass viele Gesichter blutverschmiert waren.

Plötzlich stimmte die Gruppe einen schleppenden Gesang an und bewegte sich langsam gemeinsam in eine Richtung.

Sie waren in irgendeiner Prozession gelandet. Jonas hoffte, dass er nicht den zuckenden Kadaver eines verendenden Opfertieres sehen musste. Er schaute sich um. Die Menschen nahmen keine Notiz von ihnen und ihre Verfolger waren auch noch nicht zu sehen. An Laufen war schon längst nicht mehr zu denken. Sie gingen langsam mit der Gruppe mit. Der Gesang steigerte sich in Geschwindigkeit und Lautstärke, als hinter ihnen die Köpfe zweier Männer auftauchten, die die Hälse reckten und versuchten, einen Blick in diese Gruppe werfen zu können. Jonas erkannte einen der beiden und konnte deshalb annehmen, dass die Verfolger doch noch nicht abgeschüttelt waren.

Merula nickte ihm zu und nahm Junias Hand. Sie wies auf ein Gebäude, an dem sie gleich vorbeikommen würden. Die drei schoben sich langsam an den rechten Rand der Prozession. Dabei waren sie darauf bedacht, nicht aufzufallen. Sie hofften, dass ihre Bewegung von außen nicht zu erkennen war. Endlich erreichten sie das Gebäude. Die breiten Stufen und die Säulen, die die Vorhalle markierten, ließen dieses Gebäude in Jonas Augen wie einen Tempel erscheinen. Doch hatte es offensichtlich keine Bedeutung für die Menschen, die gerade an ihm vorbeizogen. In Rom gab es wohl fast so viele Religionen und Kulte wie Einwohner, mutmaßte Jonas. Sie stiegen die Stufen hinauf und durchquerten schnell die Vorhalle. Merula wollte nicht in den Innenraum, sondern ging um den großen Eingangsbereich herum und die seitlichen

Stufen wieder hinab. Jonas schaute mehrere Male nach den beiden Gesichtern, konnte sie aber nicht mehr entdecken. Ihnen war es offensichtlich gelungen, diese abzuschütteln.

Schnell gingen sie um den Tempel herum und drückten sich an seine mächtigen, kühlen Mauern. Die Prozessionsgruppe hatten sie verlassen, dennoch leistete sie ihnen noch gute Unterstützung, denn ihre Verfolger schafften es nicht so leicht, sich durch diese hindurch zu schieben. Leicht gebückt, die Schriftrollen dicht an sich gepresst, überquerten sie eine recht leere Straße, um sich in den Schutz eines weiteren Bauwerks zu begeben. Jonas war immer wieder erstaunt, wie viele große und unbewohnte Gebäude es in dieser Stadt gab. Wahrscheinlich hatten alle irgendeine Bestimmung, dienten Gläubigen verschiedener Religionen als Kultstätte, waren Sitz einer Verwaltung oder sonstwie Teil des öffentlichen Lebens.

Merula drehte sich kein einziges Mal nach ihnen um. Zielstrebig lief sie voran und nutzte immer wieder den Schutz von Gebäuden und kleineren Menschengruppen. Manchmal nahm Junia sie an die Hand und ließ sich von ihr ziehen. Dann legte sich ein mildes Lächeln auf ihr Gesicht und Jonas musste sie immer wieder ansehen.

Endlich ließ die Dichte der Bebauung und der Menschenansammlungen nach – und damit auch die Möglichkeit, deren Schutz zu nutzen. Jonas hatte sich in den letzten Minuten immer wieder umgedreht und nach Verfolgern Ausschau gehalten, konnte aber niemanden entdecken, der sich nach ihnen umgesehen hätte oder sie gar in schnellem Schritt verfolgte.

»Wir haben es gleich geschafft«, sagte Merula ganz leise, sodass er es kurz hinter ihr gerade so verstehen konnte. Die Erleichterung darüber war den beiden Mädchen aber deutlich anzumerken. Sie gingen nicht mehr so schnell und Junia hatte jetzt auch Merula eingeholt und lief dicht neben ihr. Jonas hielt sich direkt hinter den beiden und wäre fast auf sie draufgelaufen, als sie unvermittelt stehen blieben.

»Was ist?«, wollte Jonas wissen. Merula schüttelte unwillig den Kopf und horchte in die Richtung vor ihnen. Jonas spitzte seine Ohren, konnte aber nichts hören.

»Da stimmt was nicht«, flüsterte jetzt auch Junia.

»Ich kann beim besten Willen nichts Besonderes erkennen«, gab Jonas zu.

»Da ist ein Geräusch, das passt nicht hierher.«

Angestrengt lauschten sie in die einsetzende Dunkelheit und Jonas war froh, dass sie niemand beobachtete, denn es musste schon komisch aussehen: drei Jugendliche, die Schriftrollen umklammerten und mit leicht vorgebeugtem Oberkörper ihre Ohren in verschiedene Richtungen drehten.

Doch da hörte Jonas es auch. Ein heftiges, arhythmisches Schlagen, das fast nach einem Kampf klang.

»Es kommt von da vorne«, deutete Junia in eine Richtung. Jonas nickte und versuchte, die Ursache dieses Geräusches zu ergründen.

»Dann umgehen wir es eben. Ist doch auch ganz gut, dass die sich so verraten.«

»Der Lärm kommt genau aus der Richtung, in der unser Haus liegt«, seufzte Merula. Hatte Jonas zuerst nichts gehört, so hatte er jetzt das Gefühl, als wolle das Schlagen überhaupt nicht mehr aufhören. Die Geräusche erfüllten die Luft.

»Dann lasst uns mal gehen«, ergriff Jonas die Initiative und schlich in die Richtung.

»Langsam«, flüsterte Merula, »du weißt doch gar nicht, wo es lang geht.«

Und damit übernahm sie wieder die Führung. Sie ging voraus und Junia nahm jetzt Jonas an die Hand, was ihn ziemlich überraschte. Aber es fühlte sich gut an, fand er, und drückte sie mutmachend.

Das war auch nötig, denn als Merula um eine Ecke bog, stieß sie plötzlich einen spitzen Schrei aus und blieb abrupt stehen.

17. Kapitel

»Sarah, Sarah, lass uns abhauen. Sie sind weg.«

Sarah fiel eine Zentnerlast vom Herzen. Als ihre toten Nachbarn sich wieder bewegten, war sie erstarrt. Doch die vertraute Stimme löste sofort die Verkrampfung und machte sie endlich wieder lebendig. Es war wie eine Auferstehung. Rasch zog sie sich das Laken vom Kopf und befreite auch ihren Körper daraus. Dann legte sie es wieder vorsichtig und sorgfältig um den Leichnam.

»Du hast mir das Leben gerettet. Ich danke dir«, flüsterte sie der unbekannten Leiche zu und war erleichtert, endlich wieder frei atmen zu können. Hostilian half ihr hinunter und ihr war ein wenig klamm zumute nach den Erlebnissen der letzten Minuten. Unsicher stand sie auf ihren Füßen und hielt sich länger an Hostilian fest, als es nötig gewesen wäre. Er ließ sie aber auch nicht los. So standen sie eine Zeitlang, hielten sich gegenseitig fest und jeder schien das eben Gehörte zu verarbeiten.

»Das ist eine Verschwörung«, löste Hostilian das Schweigen. »Die verschwundenen Kinder, das war das Werk Tiberius, dieses Verbrechers.«

Gepresst stieß er diese Worte hervor. Sarah löste sich aus der Umarmung und trat einen Schritt zurück. Sie betrachtete Hostilian so, als hätte er sich in den vergangenen Minuten verändert.

»Stimmt das? Bist du wirklich der Sohn des Kaisers Decius?«

»Macht das einen Unterschied für dich?«, flüsterte Hostilian und bedeutete ihr, leiser zu sprechen.

»Natürlich. Kaiser Decius ist doch gegen die Christen. Und ich bin Christin. Schon vergessen?«

Hostilian schaute betreten auf die drei Toten, die Sarah eben noch das Leben retteten.

»Und ich glaube, er wird Maßnahmen ergreifen, die christliche Gemeinde auszurotten.« Schroff drehte Hostilian seinen Kopf und funkelte Sarah gefährlich an: »Woher willst du das wissen?«

»Ich habe, äh, sagen wir, naja, ich habe so eine Ahnung und irgendwie hört man auf den Straßen ja auch einiges.«

»Ich kann dir darüber nichts sagen. Ich weiß nichts. Ich bin nur der zweite Sohn und mir sagt ja keiner etwas.« Dabei vermied er, Sarah direkt in die Augen zu sehen. »Für mich ist es kein Problem und ich merke, dass sich, dadurch, dass ich dich kennen gelernt habe, bei mir auch einiges verändert hat.«

»Ach ja?«, fragte Sarah herausfordernd. »Und was genau wäre das?«

»Nun, ich weiß jetzt, dass Christen keine Kinder opfern. Ich weiß, dass es Menschen gibt, die Christen alles Mögliche in die Schuhe schieben wollen. Ich weiß, dass es Christen gibt, die ihren Glauben ernst nehmen und andere dabei nicht verletzen wollen. Und ich weiß, dass es sehr nette Christen gibt.«

Sarah hörte ihm zu, ohne ihn direkt anzusehen. Deshalb fiel ihr nicht auf, dass er, während er sprach, seinen Kopf immer mehr in ihre Richtung drehte.

»Toll!«, lobte Sarah in leicht spöttischem Ton. »Und jetzt willst du dich taufen lassen?« Dabei drehte sie sich, sah ihm in die Augen und wurde merklich unsicherer. »Oder willst du jetzt Christen helfen, dass sie nicht mehr verfolgt werden und im Kolosseum sterben müssen?«

Die letzten Worte sprach sie nur noch flüsternd und sehr langsam. Sie erkannte im Blick Hostilians etwas, was sie zuvor noch nie gesehen hatte. Da war plötzlich eine Vertrautheit und Zugewandtheit, die sie so fern ihrer Heimat wirklich nicht für möglich gehalten hatte. Sie standen sich gegenüber, getrennt durch Welten, Zeiten und Religionen, und doch spürten sie eine Nähe, die sich nicht um diese Trennungen scherte. Es war ihnen, als wankten sie, als würde ein Sog sie einsaugen, in eine andere Dimension, in der Trennungen nicht mehr existierten, in der gleichgültig war, was außerhalb geschah, in der Leben zu einem einzigen Punkt zusammenschnurrte.

»Ich glaube, wir sollten, ich meine, die könnten jeden Moment ...«

»... zurückkommen ...«

»... da müssen wir lang ...«

»... ja, sollten wir auch gehen ...«

Einen Moment stammelten sie unzusammenhängend, jeder bemüht, die Situation zu ignorieren, den Boden unter den Füßen zu spüren, nicht zu stürzen in dieses Loch, diese andere Dimension, die in ihrer Lage hier unten tödlich sein könnte, wenn die Soldaten zurückkämen.

»Lass uns gehen«, meinte Hostilian und zeigte dabei in eine Richtung, ohne den Blick von Sarah zu lassen.

»Nach draußen müssen wir aber in diese Richtung«, murmelte Sarah und zeigte dabei in die entgegengesetzte Richtung.

»Willst du mir widersprechen? Ich bin der Sohn des Kaisers.«

»Nein, Herr Kaisersohn«, entgegnete Sarah. »Ich will dich nur vor Irrtümern und Fehlern bewahren.«

Hostilian blinzelte und mit einem leichten Ruck durch seinen Körper suchten seine Augen die Wände nach dem Fischsymbol ab. Als er es gefunden hatte, meinte er zu Sarah gewandt: »Wieso meinen Christen eigentlich immer, sie wären im Recht?«

Sarah lachte leise und zuckte mit den Schultern: »Weil wir die Welt beobachten.«

Hostilian schmunzelte, reichte Sarah die Hand und so gingen sie Hand in Hand in die Richtung, in die Sarah gewiesen hatte. Nach einigen Metern schweigend und glückselig nebeneinander fiel Sarah siedend heiß der Empfang der SMS ein. Sie musste unbedingt lesen, was Jonas ihr geschrieben hatte. Wie sollte sie das jetzt tun? Vorhin kam ihr der Zufall zu Hilfe, auf den sie jetzt wohl nicht noch einmal vertrauen konnte. Schweigend so dicht beieinander war aber auch schön und sie genoss diesen Moment und dieses Gefühl. Aber es hatte auf der anderen Seite ja auch keinen Sinn für sie, durch Rom zu bummeln, während Jonas an einer anderen Stelle auf sie wartete.

»Du, warte mal einen Moment.«

Sarah nestelte an ihrem Gewand. Dabei tat sie so, als habe sich etwas verfangen und sie könne es nicht lösen.

»Verzeih. Ich muss das gerade mal ein bisschen in Ordnung bringen.«

Hostilian sagte nichts und wartete.

Sarah wurde deutlicher. »Ich meine, ich muss das neu zusammenlegen.«

Hostilian sagte immer noch nichts und schaute sie jetzt leicht fragend an.

Sarah seufzte tief: »Verstehst du nicht? Einen Moment, entschuldige mich mal bitte.«

»Du meinst, ich soll um die Ecke gehen?«

»Na, das hast du aber schnell gemerkt.«

»Och, mir macht das nichts. Wenn ich gucke, verlierst du ja nichts.« Dabei grinste er über das ganze Gesicht.

Sarah wurde rot. »Doch. Ich bin nämlich auf Rücksicht hin erzogen worden.«

»Ist ja gut. Rege dich nicht so auf. Ich warte dort drüben. Aber beeile dich.«

Sarah atmete auf, als Hostilian sich entfernte. Sie brauchte nicht zu befürchten, dass er wieder zurückkommen und sie bei ihrer Tätigkeit entdecken würde. Geschickt schaltete sie ihren Sender ein und las die Nachricht von Jonas: »Zu weit. Via Flamina. Beamter des Ädils. Thermen. Merula und Junia. Treffen.«

Sarah runzelte die Stirn. Diese Ausdrucksweise klang schon sehr stark nach Geheimdienst. Aber Jonas liebte es, diese Art von Mitteilungen zu machen. Er ließ am liebsten alle Beiwörter weg. Und eigentlich hatte er ja auch recht.

»Gehen los. Gefahr. Centurio.«

Sie freute sich, nachdem sie diese Meldung abgeschickt hatte, denn jetzt würde er etwas zum Knacken haben mit seinen Vorlieben für geheimdienstlerische Tätigkeiten. Rasch brachte sie ihr Gewand in Ordnung. Sie wollte Hostilian nicht länger warten lassen, damit er keinen Verdacht schöpfte. Allerdings musste sie ihn jetzt zu Jonas lenken und brauchte ihn als Stadtführer, denn natürlich hatte sie keine Ahnung, wo die Via Flamina sein könnte.

Fröhlich lächelnd ging sie auf ihn zu, hakte sich bei ihm unter und so strebten sie, immer mit einem Ohr auf verdächtige Geräusche achtend, dem Ausgang entgegen.

»Vertraust du mir?«, fragte sie leichthin.

»Was ist das denn jetzt für eine Frage?«

»Ich habe mir überlegt, wie wir jetzt vorgehen sollten.«

»Ich auch. Wir gehen sofort zu meinem Vater und erzählen ihm, was wir wissen. Und dann wird er diesen Centurio mitsamt seiner Garde entlassen. Und ich hoffe, er wird sie in den Kerker sperren.«

Sarah blieb stehen und druckste ein wenig herum.

»Was ist? Willst du nicht mitkommen? Kein Problem. Dann gehe ich schnell hin und komme sofort wieder.«

Aber Sarah war damit natürlich nicht zufrieden.

»Ich habe noch ein Problem. Ein ziemlich großes.«

»Was? Noch eins? Ich finde, unsere derzeitigen Probleme reichen völlig aus.«

»Ja«, stotterte Sarah, »es ist noch eins. Ich weiß nicht, ob das was mit unseren anderen Sachen zu tun hat. Aber für mich ist es wichtig.«

»Nun rücke schon damit raus«, meinte Hostilian. »Ich bin ziemlich hart im Nehmen.«

»Weiß du, da ist jemand, den muss ich noch abholen. Eigentlich bin ich sogar mit ihm verabredet.«

Augenblicklich ließ Hostilian Sarahs Hand los und schaute ziemlich irritiert und verunsichert drein. »Du hast einen Freund!«

»Was?«

»Du machst mir hier schöne Augen, damit ich dich aus der gefährlichen Situation befreie, dabei hast du einen Freund. Wieso hat er dir denn nicht geholfen? Wo war er denn, als du heulend durch die Straßen Roms gelaufen bist? Ach, klar. Wie konnte ich nur so dämlich sein? Du hast seinetwegen geheult, weil er dich verlassen wollte oder so etwas. Und jetzt – ach, ist auch egal.«

Dabei drehte er sich abrupt um und entfernte sich rasch einige Schritte. Sarah hätte sich innerlich gegen den Kopf hauen können. Wie konnte sie nur so dämlich sein? Natürlich musste das bei ihm zu dieser Reaktion führen.

»Sag mal, stell dich nicht so an. Du tickst doch nicht richtig. Jonas ist nicht mein Freund. Gut, er sieht nun wirklich gut aus«, dabei schmunzelte sie insgeheim, weil sie wusste, dass Hostilian jetzt genau zuhören würde, »aber ich bin mit ihm verwandt. Er ist der Sohn meines Onkels. Und eigentlich sollte er auf mich aufpassen. Wir hatten einen Treffpunkt ausgemacht und da muss ich jetzt hin. Du weißt schon, wenn wir uns in dieser großen, fremden Stadt verlieren sollten.«

»Und ihr hattet einen Treffpunkt ausgemacht?«

»Ja, einen Treffpunkt.«

»Ist ja interessant. Und wie lange weißt du schon, dass ihr euch demnächst an diesem Treffpunkt treffen werdet?«

Sarah lief wieder einmal rot an. Gut, dass man nicht alles in diesem Dämmerlicht hier unten sehen konnte. Irgendwie fiel sie von einem Fettnäpfchen ins nächste. Natürlich, wenn sie diese Verabredung schon zuvor getroffen hatten, dann hätte sie sich ja nicht so sehr ängstigen müssen. Ach, das Leben war aber auch so kompliziert in Rom!

»Nun frag doch nicht immer so misstrauisch. Glaube mir, du kannst mir vertrauen. Ich finde aber den Weg nicht. Jedenfalls nicht so schnell. Komm, sei doch nicht so.«

Dabei ging sie auf ihn zu und berührte vorsichtig seine Hand. Hostilian ließ sich das gefallen und lächelte schief. »Ach, was soll's. Ich muss mich wohl dran gewöhnen, dass Christen komisch sind und eigenartige Ideen haben. Wo soll's hingehen?«

Sarah strahlte ihn an. »Toll. Du bist ein Schatz. In die Via Flamina. Ist das weit?«

Die Augen Hostilians weiteten sich. »Das kann man wohl sagen. Dazu müssen wir quer durch die Stadt, bis an das andere Ende. Das Marsfeld ist in der Nähe. Die Straße ist lang, ich hoffe, eure Verabredung ist dann noch etwas genauer.«

Das hoffte Sarah auch. Plötzlich spürte sie eine Müdigkeit, die vom Kopf ausging und sich über Schultern und Arme bis in die Füße übertrug. Ihr fiel ein, dass sie heute noch gar nichts gegessen und getrunken hatten. »Du, ehrlich gesagt habe ich Hunger. Ich glaube, ohne einen Besuch in einer Taverne werde ich diese lange Reise nicht durchhalten.«

»Du sprichst mir aus der Seele«, stimmte Hostilian zu. »Wir müssen vorsichtig sein beim Verlassen des Grabs. Ich glaube, Tiberius ist noch in der Nähe.«

»Du kennst ihn?«

»Ja, er ist Centurio, führt eine Prätorianerlegion. Er sollte auf Anweisung meines Vaters auf mich aufpassen. Aber er hielt dies nur für eine günstige Chance, mich zu fangen. Feige und hinterlistig.«

Sarah drückte leicht Hostilians Hand und gemeinsam schlichen sie, vorsichtig nach allen Seiten Ausschau haltend, nach draußen. Die Hitze des Tages hatte schon wieder langsam abgenommen, aber für deutsche Verhältnisse war es immer noch sehr heiß; eigentlich viel zu heiß für Sarah.

»Meinst du, wir können einen Wagen nehmen?«, fragte Sarah müde, denn sie hatte weder Lust noch Kraft, diese lange Strecke ausschließlich zu Fuß zurückzulegen.

Hostilian zuckte mit den Schultern und schaute sich um. Es waren viele Wagen Richtung Rom unterwegs. Das war vorhin auch der Fall gewesen. Er hatte einfach einen Wagen angehalten und prompt war er auf einen Spitzel Tiberius' hereingefallen. Das könnte jetzt genauso passieren, denn dieser Kerl hatte seine Spitzel bestimmt überall. Trotzdem hielt er einen Wagen an, verhandelte kurz mit dem Wagenlenker und die beiden stiegen ein. Sarah sank sofort erleichtert zurück und ließ sich von dem heftigen Schaukeln in ihrer Ruhe nicht sonderlich stören.

»Jetzt!«, rief Hostilian plötzlich und ergriff ihre Hand.

Sie musste wohl eingeschlafen sein und hatte von der Fahrt gar nichts mitbekommen. Wie lange waren sie unterwegs gewesen?

Er zog sie vom Wagen und sie hatte Mühe, das Gleichgewicht zu halten. Rumpelnd entfernte sich das klapprige Gefährt und sie standen vor einer Taverne.

»Du bist ein Schatz«, flüsterte Sarah und überließ sich Hostilians Führung.

Es musste später Nachmittag sein, schätzte sie, und doch war die halbdunkle Taverne schon gut gefüllt. Hostilian zog sie sanft aber bestimmt in eine Ecke und fand noch einen leeren Tisch für zwei Personen. Ihr war das ganz lieb, denn sie hatte keine Lust, sich mit anderen Menschen unterhalten zu müssen. Unterhaltung bedeutete immer, dass man in brenzlige Situationen kommen konnte, in der sie vielleicht dumme und verräterische Fragen stellen oder aber Antworten geben würde, die nicht im Erfahrungsbereich der Römer lagen.

Als sie sich setzten, meldete sich ihr Magen zu Wort. »Ich könnte ein ganzes Schwein verdrücken«, meinte sie, nachdem Hostilian fragte, was sie denn essen wollte. »Ist mir egal. Ich habe Hunger und riesigen Durst.«

Hostilian lachte und winkte die Bedienung herbei. Souverän bestellte er einen großen Teller mit allen möglichen Speisen und eine große Karaffe verdünnten Wein.

»Ich glaube, du musst mit dem Wein ein bisschen vorsichtig sein«, meinte er. »Wenn man so stark durstig ist, sollte man ihn auf jeden Fall verdünnen.« Er lächelte. »Ich selbst vertrage gar nicht so viel Wein. Ich werde sehr schnell betrunken davon – und ich glaube, wir können uns das zur Zeit wirklich nicht erlauben. Wir brauchen einen klaren Kopf.«

Sie schwiegen und warteten, bis die Bedienung ihre Bestellung gebracht hatte. Dann machten sie sich über den verdünnten und leicht gewärmten Wein sowie über die Platte mit all den Köstlichkeiten her, die die hiesige Küche zu bieten hatte. Sarah wäre gar nicht in der Lage gewesen zu beschreiben, was sie da alles aß – und sie aß es mit riesigem Appetit.

»Ich verstehe nicht«, begann sie mit einem Hühnchenschenkel in der Hand, den sie gerade abgeknabbert hatte, zu sprechen, »wieso du gegen Kinderopfer bist, aber gut findest, wenn Kinder im Kolosseum sterben müssen.«

Manchmal fahren die Gedanken im Kopf Achterbahn. Sie dachte an Jonas. Und dann fiel ihr ein, dass sie zusammen ja eigentlich eine Behörde besuchen wollten und sie jetzt gar nicht genau wusste, ob sie das noch machen könnten. Dabei fiel ihr der Grund ein, weshalb sie eigentlich in Rom waren. Und sie musste an das Mädchen denken, das sie im Museum gesehen hatten. Daraufhin tauchte in ihren Gedanken das Bild des Mädchens auf, wie sie im Kolosseum starb. Zum Schluss fielen ihr die Worte Hostilians ein, der sich vehement über die Opferung von Kindern aufregte.

»Das eine hat mit dem anderen doch wirklich nichts zu tun«, nuschelte Hostilian mit vollem Mund.

»Aber es sterben doch Menschen, hier wie da. In diesem Fall Kinder. Und du hast dich doch so aufgeregt, dass Kinder wegen irgendwelcher religiösen Praktiken geopfert werden.«

»Nun mach mal langsam«, beruhigte Hostilian und wischte sich seine Hände an seiner Toga ab. »Im Kolosseum sterben keine Menschen. Da gibt es die Gladiatoren. Aber die sterben ja nicht unbedingt. Es sind ausgebildete Krieger und die meisten verdienen sehr viel Geld mit ihrer Arbeit. Sollten sie einen Kampf verlieren, so liegt es am Publikum, ob sie überleben dürfen. Und meistens dürfen sie, denn das Publikum liebt ja die Gladiatoren.«

»Ja. Das weiß ich. Aber dennoch sterben Menschen. Wilde Tiere werden auf sie gehetzt und dabei haben sie ja wohl keine Chancen.«

»Ach das«, gab Hostilian mit einer wegwerfenden Handbewegung zu und nahm sich dabei eine gebratene Taube vom Teller. »Das sind verurteilte Verbrecher. Sie haben sich gegen das Reich gestellt, sind von ihren Herren weggelaufen oder haben sonst etwas getan, was diese Strafe rechtfertigt.«

»Aber es sterben doch auch Christen im Kolosseum.«

»Ja, natürlich. Sie haben ja auch gegen die Gesetze verstoßen.«

Sarah wurde wütend.

»Ich bin Christin. Muss ich jetzt auch im Kolosseum sterben?«

Hostilian schaute sie entgeistert an. »Wieso denn das? Du tust doch nichts Verbotenes. Du sitzt hier und isst mit dem Sohn des Kaisers.«

»Ja, und es macht mir Spaß und ich freue mich. Aber du bist nicht Gott!«

Hostilian wandte sich wieder seiner gebratenen Taube zu. »Ich bin ja auch noch nicht Kaiser.«

»Selbst wenn«, funkelte Sarah wütend, »wärest du für mich Hostilian, aber niemals Gott.«

»Warum nicht?«, fragte er, ohne den Blick von seiner Mahlzeit zu wenden.

»Weil, weil, na, das ist doch ...«, stotterte Sarah jetzt, denn sie war nicht gewohnt, über solche Themen zu sprechen. Wie sollte sie ihm erklären, wie sie Gott sah? »Ich weiß nicht. Gott ist höher, größer. Man kann ihn nicht sehen. Du aber bist ein Mensch, den ich anfassen kann, der lieb ist oder böse. Der Fehler macht. Ich bin doch auch nicht Gott.«

Das war ein sehr schwieriges Thema. Sie suchte nach Worten. Dabei wanderte ihr Blick ziellos durch den Raum, als könne sie die Worte dort irgendwo finden. Da sah sie am Nachbartisch zwei Männer sitzen. Die saßen sich schweigend gegenüber, eine Karaffe Wein vor sich, die sie kaum anrührten, und sahen verstohlen immer wieder zu ihnen hinüber. Sarah glaubte fast, dass sie riesige Ohren hätten, die sie in ihre Richtung stellten. Doch in diesem Moment wandten sie sich einander zu, der eine lachte sofort laut schallend, so, als hätte der andere kurz zuvor einen Witz erzählt, dessen Pointe sich aber erst nach einiger Zeit entfalten würde.

Sarahs Blicke wanderten weiter. Sie suchte immer noch nach Worten. Zuhause ging sie selbstverständlich nie in Kneipen, sie hatte also keinen Vergleich. Aber sie wunderte sich, dass es hier am späten Nachmittag schon so voll war. Manche Leute kamen und gingen bereits nach wenigen Minuten wieder. Sie tranken nur ein Glas Wein und machten sich dann wieder auf den Weg. Andere mussten schon länger hier sitzen und machten nicht den Eindruck, in absehbarer Zeit gehen zu wollen. An einigen Stellen herrschte richtig Hochstimmung, lautes, schrilles Lachen, mitunter sogar Musik, grölende, nicht unbedingt zarte Stimmen sangen mit. Auch hier waren wieder einige Frauen und Sarah fiel auf, dass bestimmte Frauen häufiger den Platz wechselten und sich an diesen oder jenen Tisch setzten.

»Ich glaube, Gott ist satt.« Hostilian kicherte und warf das abgenagte Gerippe der Taube auf den Tisch. Dann beugte er sich vor und sah Sarah fragend und forschend an: »Was ist so falsch, Christen zur Vernunft zu bringen?«

Sarahs Blick kehrte aus den Geschehnissen im Raum wieder zurück zum Gespräch mit dem Kaisersohn.

»Sie widersetzen sich allen Forderungen des Reiches, sie zersetzen es förmlich.«

»Du spinnst doch.« Sarah schüttelte den Kopf. »Nur, weil wir anders glauben, weil wir nur einen Gott haben, weil wir Regeln in unserem Glauben haben und gut organisiert sind, wie du sagst, sollen wir sterben? Und dann noch im Kolosseum, zur Belustigung von Tausenden von Zuschauern? Ich finde das ekelerregend!«

Hostilian, dem Kaisersohn, dem zukünftigen Kaiser, stand der Mund offen. So etwas hatte er noch nie gehört in seinem jungen Leben und er hatte auch noch nie darüber nachgedacht. Da saß ein Mädchen vor ihm, so alt wie er, eine Christin, und sie sagte ihm Dinge, die er von dieser Seite noch nie betrachtet hatte. Was hatte es mit ihr auf sich? Sie redete, als hätte sie keine Angst, weder vor ihm noch vor sonst etwas. Es klang, als kenne sie eine Wahrheit, von der er nichts wusste.

»Kannst du dir vorstellen, auf der Tribüne zu sitzen und mich in der Arena zu sehen? Kannst du mit ansehen, wie ich weglaufe, dort unten im Sand, im Staub, weglaufe vor Löwen oder anderen wilden Tieren? Würde es dir nichts ausmachen, wenn ich vor Todesangst nicht mehr in der Lage wäre, mich zu bewegen? Könntest du hinsehen, wenn die Löwen mich zerreißen?«

Sarah bekam kaum Luft. Sie hatte sich so sehr in diese Vorstellung hineingeredet, dass sie selbst fast glaubte, kurz vor dem Transport ins Kolosseum zu stehen. Allerdings war das auch nicht besonders weit hergeholt. Sie wusste von dem Mädchen, das um diese Zeit herum im Kolosseum gestorben sein musste. Sie wusste davon, dass Christen in Rom dieses Schicksal drohte. Und sie war gerade erst einer Gefangennahme entgangen, an deren Ende so etwas Ähnliches hätte stehen können.

Zum ersten Mal in ihrem Leben wurde sie verfolgt und bedroht. Und diese Angst hätte sich sofort noch gesteigert, wenn sie darauf geachtet hätte, was in der Zwischenzeit am Nachbartisch passierte: Die beiden Männer hatten von einem weiteren Mann Besuch bekommen. Sie tuschelten kurz miteinander. Dabei sahen sie immer wieder in ihre Richtung. Der dritte Mann setzte sich jedoch nicht dazu, sondern stellte viele Fragen und hörte sich die Antworten ungeduldig an. Dann nickte er und verließ wieder die Taverne.

»Könntest du dir das angucken, frage ich dich?« Sarahs Augen funkelten Hostilian an, der sehr nachdenklich geworden war. Am liebsten wäre er jetzt im Palast oder an seinem Lieblingsplatz im Garten gewesen. Eigentlich wollte er nicht über diese Themen nachdenken, geschweige denn darüber reden. Aber seine Begleiterin ließ nicht locker und sie berührte etwas in ihm, das er noch nie gekannt hatte.

»Das ist doch Quatsch«, flüsterte er langsam. »Ich weiß nicht, was das eine mit dem anderen zu tun haben sollte.«

Das war nicht ganz richtig, denn in ihm stieg eine Ahnung davon auf. Die Spiele im Kolosseum waren schön und unterhaltsam, sie waren lustig und aufregend. Man konnte sich die Zeit vertreiben und sie gehörten ja auch zum Leben in Rom dazu. Auf der anderen Seite hatte er noch nie jemanden gekannt, der dort sterben musste. Er konnte diese beiden Seiten gefühlsmäßig nicht vereinbaren.

»Doch. Doch. Das hat etwas miteinander zu tun. Die dort sterben, weil sie anders glauben als du und dein Vater, und die glauben wie ich. Es sind Menschen. Auch wenn du das nicht wahrhaben willst.«

Hostilian schaute ratlos und verunsichert drein, senkte seine Augen und drehte seinen Kopf von Sarah weg. Dabei fiel sein Blick auf den Nachbartisch. Dort hatten die beiden Männer wieder Besuch bekommen. Diesmal saß der dritte Mann mit am Tisch und redete auf die beiden ein. Dabei nickte er mit dem Kinn öfter in ihre Richtung. Hostilian sah das, ohne es zuerst richtig einordnen zu können. Er bezog das, was dort geschah nicht, auf sich. Seine Gedanken und Gefühle kreisten immer noch um das, was Sarah ihm da gesagt hatte.

Doch langsam begann sein Gehirn, die Geschehnisse am Nachbartisch zu erkennen und zu interpretieren. Die drei Männer schienen sich mit ihnen zu beschäftigen! Hostilian räusperte sich, sein Körper straffte sich und er kam in höchste Anspannung.

›Nur nicht zu auffällig hinsehen‹, dachte er bei sich und schaute wie gleichgültig weg. Sarah redete, er sah, dass sich ihre Lippen bewegten, jedoch konnte er auf ihre Worte nicht achten. Die Situation hier gefiel ihm nicht. Die Männer schienen nichts Gutes zu planen. Er wollte aber auch nicht wissen, was es war. Wenn es stimmte, was sie vorhin gehört hatten, dann musste er der Sache doch näher auf den Grund gehen. Und wenn diese Männer hier ebenfalls etwas mit Tiberius zu tun hatten, dann blieb ihnen nichts

Anderes übrig, als das Weite zu suchen: Sie mussten hier so schnell wie möglich raus!

Er beugte sich zu Sarah, die immer noch redete, legte seine Hand sachte auf ihre und fiel ihr ins Wort: »Hör mir nur zu. Ich habe dir vorhin vertraut und jetzt musst du mir vertrauen. Frag nicht nach, sondern mach bitte genau das, was ich dir jetzt sage. Wir müssen hier raus. Aber wir müssen unauffällig gehen. Es darf keiner merken, dass wir abhauen. Ich nehme jetzt deine Hand und du folgst mir. Beim Wirt bezahle ich dann und wir schlendern nach draußen. Frage bitte nichts, sondern mach einfach, was ich sage und tue. Willst du das?«

Sie sah in seine Augen und las darin, dass er es ernst meinte. Sie nickte und überließ ihm ihre Hand. Sie standen auf und gingen durch die Tischreihen hindurch zum Wirt. Drei Augenpaare am Nachbartisch folgten ihnen. Hostilian legte sehr viel Geld auf den Tresen und sie verließen schnell die Taverne. Dabei konnten sie nicht sehen, dass drei fremde Männer große Probleme hatten, die Taverne ebenso schnell zu verlassen, weil sie mit anderen Gästen zusammenstießen, diese anrempelten und sich so den Unmut dieser Gäste zuzogen, der in eine handfeste Schlägerei mündete.

Hostilian und Sarah waren zu diesem Zeitpunkt aber schon längst um die nächste Straßenecke verschwunden. Der Nachmittag ging bereits langsam in den frühen Abend über und die Straßen waren ziemlich voll von Menschen, die in großen Gruppen beieinander standen und irgendwelche wichtigen Dinge lautstark und gestenreich diskutierten. Andere hasteten von einem Ort zu einem nächsten und achteten gar nicht darauf, dass sie dabei immer wieder mit anderen zusammenstießen. Dazwischen liefen Sklaven, die in prachtvollen Sänften bedeutende Persönlichkeiten zu einem Ziel trugen, das wahrscheinlich nur sie kannten. Sarah versuchte, einen Blick in das Innere einer Sänfte zu werfen. Aber es gelang ihr nicht, da ihr Passagier neugierigen Blicken durch dicke Vorhänge entzogen war.

»Hier war ich gestern schon einmal«, flüsterte Sarah Hostilian zu. Und tatsächlich, wenige Schritte vor ihnen lag das schöne Einkaufsgebäude, das sie gestern entdeckt hatten.

›Komisch‹, dachte sie. ›Rom kommt mir gar nicht so groß vor. Ständig kommt man an den gleichen Orten vorbei.‹

»Wir müssen hier in diese Richtung. Die Via Flamina liegt nordwestlich, am Gebäude des Trajan vorbei«, meinte Hostilian und zog sie bestimmt und keinen Widerspruch duldend weiter. Aber Sarah hatte ein großes Problem.

»Du«, blieb sie plötzlich stehen, »ich muss mal.«

Hostilian sah sie erstaunt an. »Schon wieder?«

Sie konnte ihm ja nicht erzählen, dass das in der Katakombe nur gespielt war, weil sie die Nachricht von Jonas lesen wollte.

»Ja, ich denke schon. Ich kann's auch nicht mehr lange halten. Was soll ich denn jetzt machen?«

Hostilian seufzte und blickte sich um. Dann zeigte er auf ein flaches Gebäude. »Du kannst dort drüben hingehen. Da ist eine Latrine. Oder du gehst hier um die Ecke.«

Sarah war es ungeheuer peinlich. Aber was sollte sie machen? Auf keinen Fall würde sie hinter ein

Haus gehen und das Risiko auf sich nehmen, in dieser Situation von einem Hausbewohner entdeckt zu werden. Dann wollte sie doch lieber eine öffentliche Toilette benutzen. Sie wechselten die Straßenseite und Hostilian zeigte ihr den Eingang, den sie alleine natürlich auch gesehen hätte.

Sie betrat das Gebäude und hörte schon am Eingang das ruhige Murmeln vorbeifließenden Wassers. Sie ging um eine Wand herum – und erschrak. Vor sich sah sie in einem Halbrund angeordnet eine durchgehende Marmorbank. In dieser Bank waren gleichmäßig verteilte Öffnungen. Unter der Bank verlief eine Rinne, in der Wasser sachte floss – die Rinne verlief genau unter den Öffnungen. Es gab etwa zwanzig dieser Öffnungen, von denen nicht ganz die Hälfte besetzt waren. An den Seiten standen Sklaven und unterhielten sich leise. Manche hielten Stiele in der Hand, an deren oberem Ende ein Schwamm aufgesteckt war. Vor ihnen standen mehrere Bottiche mit einer Flüssigkeit. Manche der ›Besucher‹ unterhielten sich ebenfalls leise miteinander, andere schienen wichtige Dinge lautstark zu diskutieren und wieder andere scherzten und lachten. Es gab keine Trennwände. Sarah hatte gehofft, während sie die Toilette benutzte, Jonas eine SMS schicken zu können. Aber das war hier nicht möglich, da ja jeder sie sehen konnte. Sie suchte sich eine Öffnung, die möglichst weit weg war von den anderen Besuchern der Latrine. Sitzend beobachtete sie ihre Nachbarn und überlegte, ob sie einfach dreist ihren Sender hervorholen und die Nachricht eintippen sollte. Aber das getraute sie sich dann doch nicht. Wenn sie Verdacht erregte, die Männer hier – und es waren nur Männer in der Latrine! – sie bemerkten und ihr den Sender entrissen – nicht auszudenken. Sie musste vorsichtig sein. Erleichtert stellte sie fest, dass sie niemandem auffiel und keinerlei Aufmerksamkeit erregte. Doch dann erschrak sie als sie sah, welches die Aufgabe der Sklaven war: Sie reinigten die Toilettenbesucher, indem sie den Schwamm in den Bottich tauchten und den Stab dann unterhalb der Öffnung durch eine weitere Öffnung schoben und die Besucher der Toiletten so von unten abwischten.

Sarah sprang von ihrer Toilette und wusch sich schnell und unauffällig die Hände in einer kleineren Rinne, durch die direkt vor der Öffnung Wasser vorbeifloss, und stürzte aufgeregt aus dem Gebäude. Auf der einen Seite war sie ziemlich erstaunt, dass viele Dinge in dieser fremden und fernen Welt eigentlich so ähnlich waren wie zu ihrer Zeit. Auf der anderen Seite war sie doch reichlich befremdet und freute sich über die Errungenschaften der modernen Hygiene und begann, manches davon zu vermissen.

Vor der Tür musste sie sich zuerst einmal orientieren. Dabei sah sie Hostilian nicht gleich, der an einer Ecke lehnte und etwas müde den Verkehr und die Menschen beobachtete. Als er sie sah, kam er sofort. »Also, wir sind gleich in der Via Flamina. Wo genau müssen wir hin?«

»Ich weiß nur, dass wir zu einem Haus müssen, das einem Beamten des Ädils gehört.«

Hostilians Blick veränderte sich, was Sarah nicht auffiel. Er schaute weg und überlegte. Dann fragte er: »Und dort wohnt der Beamte des Ädils, der für die Thermen zuständig ist?«

Sarah freute sich, denn jetzt glaubte sie, dass sie Jonas tatsächlich finden werde.

»Ja, genau. Das heißt, ich denke schon. Ich habe so etwas verstanden.«

Hostilian sah noch müder aus als zuvor, seufzte, hob die Schultern und meinte: »Gut. Lass uns gehen. Ich denke, ich weiß, wo das ist.«

Natürlich, er war der Sohn des Kaisers. Es war doch normal, dass der Kaiser seine Beamten kannte. Und hier war alles so klein, da war es auch nicht verwunderlich, dass der Sohn des höchsten Mannes im Staat ebenfalls den einen oder anderen wichtigen Beamten kannte. Sarah schöpfte keinen Verdacht. Sie folgte Hostilian am Forum des Trajan vorbei in eine Straße, in der es etwas ruhiger zuging. Sie beobachteten die Menschen, die ihnen folgten und denen sie begegneten. Aber keiner verhielt sich in irgendeiner Form verdächtig, sodass beide den Eindruck hatten, ihren Verfolgern tatsächlich entkommen zu sein.

Hostilian sprach kein Wort, sondern zog Sarah beinahe gewalttätig hinter sich her. Sie hetzten jetzt fast die Straße entlang. Auf der linken Seite konnte Sarah eine große Sonnenuhr sehen. Der Zeiger der Uhr war offensichtlich ein riesiger Obelisk. Auf dessen Spitze befand sich eine goldene Kugel mit einem daraufgesetzten Dorn. Rings um den Obelisk war freier Platz, der mit großen Steinplatten belegt war. In diese waren ein Liniennetz und Beschriftungen eingelassen. Sarah war überwältigt von den Ausmaßen. Natürlich kannte sie Sonnenuhren. Aber diese war einfach überwältigend. Eine so große hatte sie noch nie gesehen.

Leider hatte sie keine Zeit, sich diese Anlage genauer anzusehen, aber sie nahm sich vor, zuhause im Internet über diese Uhr zu recherchieren.

Plötzlich blieb Hostilian stehen. Sarah wäre fast mit ihm zusammengestoßen, so abrupt stoppte er.

»Ich will nur sichergehen«, meinte er. »Im Haus des Beamten wohnen auch zwei Mädchen – Merula und Junia?« Fragend sah er sie an. Sarah war unsicher. Ja, sie konnte sich erinnern, dass Jonas zwei fremde Namen geschrieben hatte. Aber sie wusste nicht mehr genau, ob es die gleichen waren. Sie hatte dem nicht eine solche Bedeutung beigemessen.

»Ich weiß es nicht genau. Kann sein.«

»Ja, was jetzt? Kann sein oder ist so?«

»Ja, möglich. Er hat so was erwähnt. Ich weiß jetzt nicht mehr, ob es diese beiden Namen waren. Aber doch. Ich glaube schon. Ich kann mich an zwei Mädchennamen erinnern, die er einmal erwähnt hatte.« Sie konnte ja leider nicht in ihren Nachrichtenordner schauen.

Hostilian fluchte kräftig. Sarah erschrak. Er bückte sich, nahm einen Stein und schlug ihn heftig und mit all seiner Kraft gegen einen Felsbrocken, sodass kleinere Steinchen herausbrachen und wie Geschosse in alle Richtungen spritzten. Aber Hostilian kümmerte sich nicht darum, sondern schlug heftig und mit fast blinder Wut immer wieder gegen den Brocken. Das machte einen solchen Lärm, dass man es bis weit über die Stadt hören musste. Er stieß mit jedem Hieb einen wüsten Fluch aus. Sarah schaute ihn verständnislos an. Was sollte der Blödsinn? Nach etwa sieben oder acht Schlägen ließ Hostilian ab von seinem merkwürdigen Tun, richtete sich auf und zeigte auf ein Haus, das nur wenige Schritte von ihnen entfernt war.

Sarah war erleichtert und spürte doch eine ängstliche Beklommenheit in sich aufsteigen.

18. Kapitel

»Dort drüben ist es?«, hörte Jonas eine vertraute Stimme fragen. Er ließ Junias Hand los und stürmte um die Ecke. Als er tatsächlich Sarah vor sich sah, hätte er schreien mögen vor Glück. Endlich hatte er sie wieder! Aber Jungs machen so etwas ja nicht und so lief er nur schnell auf sie zu, rief mehrmals ihren Namen und umarmte die überraschte Sarah.

»Gott sei Dank ist dir nichts passiert«, flüsterte er ihr ins Ohr. Die beiden hielten sich in den Armen und schauten sich an.

»Na, dir scheint es ja auch nicht schlecht ergangen zu sein«, sagte Sarah so leise, dass niemand es hören konnte mit einem Seitenblick auf die verdattert dastehenden Merula und Junia.

Während Jonas und Sarah sich freuten, sich umarmten und sich kurz Neuigkeiten zuflüsterten, standen Hostilian, Merula und Junia wortlos nebeneinander, warfen hin und wieder verlegene Blicke auf die Szene und spielten mit ihren Füßen im Sand. Vorsichtig wagte Merula den einen oder anderen Blick in Hostilians Richtung. Sobald er aber versuchte, ihren Blick zu erwidern, drehte sie rasch ihren Kopf zur Seite. Er hingegen musste auch immer wieder Junia und Merula anschauen, als ob er etwas in ihren Gesichtern lesen wollte. In ihrer Wiedersehensfreude bemerkten Sarah und Jonas die beklommene Atmosphäre, die zwischen den Römern herrschte, überhaupt nicht. Sie waren ganz mit sich beschäftigt. Nach einiger Zeit wurde es dann aber doch nötig, sich den anderen zuzuwenden.

»Entschuldigt«, versuchte Jonas das Gespräch in Gang zu bringen und ging auf die drei zu, »wir haben uns wirklich lange nicht mehr gesehen.«

»Ja, das stimmt«, pflichtete Sarah ihm bei. »Und endlich haben wir uns wieder und ich freue mich so, dass Jonas alles heil überstanden hat und ihm nichts passiert ist.«

Dabei wandte sie sich an Merula und Junia. »Und ich denke, das ist auch euch zu verdanken, denn er hat mir erzählt, dass ihr gut auf ihn aufgepasst habt. Hi, ich bin Sarah.«

Dabei setzte sie ihr strahlendstes Lächeln auf und ging auf die beiden Mädchen mit ausgestreckter Hand zu.

Etwas verlegen erwiderten die beiden den Gruß und reichten Sarah vorsichtig die Hand.

»Ja, und ich bin Jonas«, stellte er sich Hostilian vor. Die beiden reichten sich jedoch nicht die Hand, sondern nickten einander nur zu. »Sarah hat mir gerade gesagt, dass du sie aus wirklich brenzligen Situationen gerettet hast. Dein Name ist Hostilian, richtig?«

Wieder nickte Hostilian und er spürte einen forschenden Blick Merulas in seinem Nacken.

»Wollen wir nicht rüber gehen? Wir wohnen gleich dort drüben.«

Merula räusperte sich mehrmals, weil ihre Stimme irgendwie belegt klang. Dabei zeigte sie auf das Haus.

»Gerne, und vielleicht können wir ja auch was trinken«, stimmte Jonas gut gelaunt zu, »und außerdem möchte ich endlich diese blöde Rolle aus der Hand legen.«

Merula ging langsam voraus, Hostilian folgte zögerlich und Sarah meinte: »Ich finde ja lustig, dass wir uns hier treffen und ihr euch sogar schon kennt.«

Hostilian zog seinen Kopf ein und Merula stapfte jetzt etwas schneller und entschiedener vorneweg. Junia sah erst Sarah und dann Hostilian an und folgte Merula irritiert. Jonas schlug fröhlich und unbekümmert mit seiner Schriftrolle in der Linken immer wieder gegen seinen Oberschenkel und freute sich auf das Haus der beiden Mädchen und die versprochenen Getränke.

Mittlerweile war es völlig dunkel geworden und die kleine Gruppe betrat erschöpft das Atrium des kleinen Hauses.

»Oh!«, entfuhr es Sarah, als sie die idyllische Anordnung verschiedener Pflanzen und zweier kleiner Sitzbänke sah. »Das ist ja ein Traum.«

Jonas legte sofort seine Schriftrolle auf eine der Bänke und setzte sich auf die andere.

»Entschuldigt«, sagte Merula, als sie Hostilians fragenden Blick bemerkte, »wir haben hier nicht besonders viel Platz. Und es wird euch auch niemand bewirten können. Wir haben keine Sklaven mehr.«

»Kein Problem«, gab Jonas jovial zurück, »wir machen das schon selbst.« Dabei zog er sich seine Sandalen, die ihn schon lange drückten, mit einem Seufzer von den Füßen. Sich wohlig räkelnd legte er seine Beine über die kleine Lehne und schloss die Augen. »Endlich Ruhe.«

Junia war inzwischen durch eine der angrenzenden Türen verschwunden, während Merula und Hostilian etwas unentschlossen mitten im Raum standen. Sarah betrachtete sich immer noch das gefällige Arrangement der Blumenkübel und konnte sich nicht satt sehen daran.

»Musstet ihr ... «, Hostilian räusperte sich und war sichtlich verlegen. »Ich meine, habt ihr euer Haus verkleinert?«

Merula hielt immer noch ihre Schriftrolle und ließ sie von einer in die andere Hand gleiten. »Ja. Wir sind nicht besonders reich.«

»Verstehe. Einen Garten habt ihr dann wohl nicht?«

Jonas, der immer noch mit geschlossenen Augen auf der Bank lag, setzte sich auf und schaute die beiden mit großen Augen an. »Einen Garten? Mitten in der Stadt? Toll.«

»Nein. Wir haben den Eingang dazu verschlossen und den hinteren Teil des Hauses verkauft.«

»Och, schade«, meinte Jonas und erhob sich von seinem bequemen Platz. »Ich denke, das wäre genau das gewesen, was Sarah jetzt gefallen hätte.« Dabei sah er seine Freundin an. »Ist auch egal. Ich finde es so auch wunderschön hier. Wo ist Junia denn hin?«

»Ich denke, sie ist in der Küche und macht uns etwas zu trinken.«

Sarah setzte sich auf die freie Bank. »Meinst du, deine Eltern hätten etwas dagegen, wenn wir heute Nacht hier schliefen?«

»Das ist schon in Ordnung«, antwortete Merula. »Sie hätten nichts dagegen. Sie sind heute auch aufs Land gefahren und kommen erst morgen sehr spät wieder.«

»O, toll«, rief Jonas aus, »dann haben wir ja eine sturmfreie Bude.«

Merula und Hostilian sahen ihn überrascht an.

»Äh, na, ich meine, dann sind wir ja für uns. Ich meine ...« Er wurde rot und ließ seine Gedanken unausgesprochen. Sarah musste kichern.

»Wie auch immer«, rettete Hostilian die Situation. »Ich danke dir für das Quartier in dieser Nacht. Das ist sehr großzügig von dir.«

Dabei wandte er sich das erste Mal richtig und offen Merula zu, die seinen Dank mit einem leichten Nicken beantwortete.

In diesem Moment kam Junia mit einem Tablett und fünf gefüllten Bechern herein. Jonas und Sarah stürzten sich darauf und nahmen sich jeweils einen Becher. Doch Sarah bemerkte, dass Merula und Hostilian sich zurückhielten und deshalb reichte sie ihren Becher an Hostilian weiter und nahm dann für Merula einen Becher vom Tablett. Die letzten beiden Becher waren für Junia und sie selbst.

Etwas unschlüssig standen die fünf mit ihren Bechern im Atrium und schauten von einem zum anderen. Dann brach Hostilian das Schweigen: »Danke für eure Gastfreundschaft und den Schutz dieses Hauses.«

Jonas hob leicht irritiert die Augenbrauen, nahm dann aber doch einen kräftigen Schluck.

»Ich bin zum Umfallen müde«, stöhnte Sarah und die anderen gaben ihr Recht.

»Wo können wir uns hinlegen?«, fragte Jonas und sammelte die geleerten Becher ein. Merula führte ihre Gäste durch einen angrenzenden Raum hindurch in eine Kammer. Dort gab es mehrere Schlafstellen.

Jonas ließ sich sofort auf eine sinken, während Sarah und Hostilian noch etwas unschlüssig herumstanden.

»Was ist? Seid ihr nicht müde?«

»Doch, sehr.«

Jetzt legte sich auch Hostilian auf eine Schlafstelle. Sarah stellte überrascht fest, dass die Selbstsicherheit, die sie an Hostilian kannte, verflogen war. Er wirkte etwas unbeholfen und machte den Eindruck, als fühle er sich nicht richtig wohl. Vielleicht ist er aber auch nur müde, dachte sie noch, als sie sich ebenfalls auf einer Schlafstelle zusammenrollte. Sie schlief sofort ein.

Am nächsten Morgen war Junia als erste wach. Sie ging in die Küche und bereitete eine kleine Erfrischung für alle vor. Noch immer fühlte sie sich verantwortlich für bestimmte Arbeiten im Haus. Nachdem sie vor vielen Jahren von Merulas Vater auf dem Markt gekauft worden war, wurde sie von seiner Frau in die ihr obliegenden Tätigkeiten eingewiesen. Dazu gehörte die Mithilfe in der Küche, die vollständige Reinigung des Hauses und einige Botengänge auf den Markt oder zu verschiedenen Händlern in der Stadt. Dadurch kannte sie in Rom auch alle Wege. Es war ein Glücksfall, dass die Tochter des Hauses im gleichen Alter war und als Einzelkind sich mit ihr anfreundete. Merula war nett und die beiden Mädchen fanden schnell zueinander.

Das half ihr in der ersten Zeit über Einsamkeit und Fremdheit hinweg. Ihre Eltern hatte sie verloren, die fremde, harte Sprache musste sie mühsam lernen, ihre einst vertraute und geliebte Umgebung würde sie nie wieder sehen. Doch langsam begann sie, zu der kleinen Familie ein inniges Verhältnis zu entwickeln.

Dazu kam, dass sich die Familie vor einiger Zeit durch Taufe zum Christentum bekehrte. Seit dieser Zeit änderte sich die Einstellung zu ihrer Sklavin radikal, bis plötzlich Merulas Vater mit der Entlassungsurkunde zu ihr kam. »Du bist vom heutigen Tag an frei und keine Sklavin mehr«, hatte er gesagt. Er gab ihr zehn Denare und ein kleines Bündel mit einigen Lebensmittel und Kleidung. Junias Herz hüpfte vor Freude und Aufregung. Seit so langer Zeit, die ihr wie eine Ewigkeit erschienen war, konnte sie zum ersten Mal selbst entscheiden, was sie machen und wohin sie gehen wollte. Aber wohin sollte sie gehen wollen? Natürlich hatte sie einige Menschen auf ihren Einkaufstouren oder durch ihre Spiele mit Merula in dieser Stadt kennen gelernt. Aber dort konnte und wollte sie auch nirgendwo bleiben.

Und als sie so dastand mit ihrem Bündel und dem Geld in ihren Händen, wurde sie plötzlich traurig und hatte das Gefühl, erneut ihre Heimat zu verlieren. Sie kannte bereits dieses Gefühl. Aber Merulas Vater lächelte und meinte: »Natürlich kannst du auch hier bleiben. Wir haben Platz und Merula wünscht sich so sehr, eine Schwester zu haben.«

So blieb sie und hatte ihre Entscheidung bis heute nicht bereut. Sie war keine Sklavin mehr, aber dennoch erledigte sie im Haus die gleichen Aufgaben wie zuvor. Sie mussten ja getan werden. Doch jetzt machte sie sie aus eigenem Antrieb und aus eigener Einsicht. Und so bereitete sie an diesem Morgen, während die anderen noch schliefen, ein kleines Frühstück vor mit gesüßtem Brot, Feigen, Datteln und einigen Eiern.

»Wieso habt ihr keine Sklaven?«

Junia erschrak und fuhr herum. Unbemerkt hatte Hostilian die Küche betreten, lehnte an einem Schrank und sah ihr bei ihren Tätigkeiten zu.

»Es ist ein kleiner Haushalt«, gab sie zurück und widmete sich weiter ihrer Tätigkeit. »Für einen Sklaven gibt es hier nicht genug zu tun – und dazu wäre er dann zu teuer.«

Hostilian stieß sich mit einem Ruck vom Schrank ab und schlenderte betont lässig zum Tisch, nahm sich eine Feige und verspeiste sie genüsslich.

»Aber das hier könnte doch auch eine Sklavin erledigen.«

Junia schluckte und hielt ihren Blick gesenkt.

»Vater meint, das wäre zu teuer.«

»Zu teuer? Und jetzt musst du das alles machen? Sklavenarbeit?«

Junia hob den Kopf und sah ihren Gesprächspartner direkt an.

»Heute mache ich das, morgen wird Merula hier stehen und übermorgen unsere Mutter. Was ist so schlimm daran, sich um die anderen Menschen zu sorgen und für sie etwas zu tun?«

Hostilian stutzte.

»Was so schlimm daran ist? Es ist Sklavenarbeit. Anständige Römer machen das nicht.«

Junia ließ ihren Blick nicht von ihm.

»Davon weiß ich nichts. Ich bin keine Römerin. Aber ich erlebe, dass es auch Römer gibt, die aus tiefstem Herzen andere Menschen schätzen, achten und lieben.«

Hostilian war verlegen. Junia sprach da etwas an, was ihn auch sehr bewegte. Er musste seinem Vater beweisen, dass er seine Liebe und Aufmerksamkeit verdiente. Er war in diesem Geist erzogen worden, aber er spürte, dass ihm auch etwas fehlte. Wieso konnte es keine Liebe geben, die voraussetzungslos war? Junia stand da, bereitete das Essen für die anderen vor und wirkte sehr ruhig, zufrieden und glücklich. Sie war in einer Gemeinschaft aufgehoben. Er musste sich immer seinen Platz erkämpfen, musste etwas leisten, galt nur so viel, wie er auch in der Lage war zu bringen. Das war ungeheuer ermüdend.

Er wollte gerade wieder die Küche verlassen, als Jonas hereinkam.

»Ich könnte ein Bad gebrauchen. Dann wäre ich wieder völlig hergestellt. So gut habe ich ja schon lange nicht mehr geschlafen.«

Dabei streckte er sich und bemerkte erst jetzt Hostilian, der hinter seinem Rücken stand.

»O, ich habe dich gar nicht bemerkt. Einen schönen guten Morgen.«

Hostilian nickte ihm zu und machte Anstalten, die Küche zu verlassen.

»Ich muss dir was erzählen. Vor kurzem wurde ich entführt und in einen dunklen Raum gesperrt.«

Hostilian verzog seine Mundwinkel zu einem leichten Grinsen.

»Ich habe mit Entführungen keine Erfahrungen, ich weiß nicht, wie man sich als Gefangener verhalten soll; mir ist das noch nie passiert. Aber die haben mich verwechselt. Die wollten jemand ganz anderen. Und – stell dir vor – der hieß so wie du.«

Jonas sah Hostilian an. »Witzig, oder?«

Hostilian wurde blass. »Du meinst, sie haben dich entführt, weil sie dachten, dein Name wäre ›Hostilian‹?«

Jonas nahm sich einen Becher und schöpfte sich aus dem Wasserbottich etwas Wasser. Direkt nach dem Aufstehen hatte er häufig einen sehr trockenen Mund. Er nickte. »Genau. Aber keine Bange. Die haben mich nicht entführt, weil sie meinen Namen verwechselten. Sie hielten mich für den Sohn des Kaisers.«

Hostilian hatte das Gefühl, als öffnete sich der Boden unter seinen Füßen. Er streckte seine Hand aus und forderte den gefüllten Becher von Jonas. Der sah ihn verdutzt an, reichte ihm dann doch den Becher.

»Und? Wie ging die Geschichte aus?«

»Naja, ich konnte fliehen, sonst wäre ich ja nicht hier. Ich glaube, dem Anführer war am Schluss klar, dass ich nicht der Kaisersohn bin.«

»Und wie lange warst du in der Gewalt der Entführer?«

»Ein paar Tage, schätze ich. Aber der Kaiser hatte sich nicht bei den Entführern gemeldet. Wahrscheinlich ist ihm sein Sohn auch egal.«

Hostilian umklammerte seinen Becher. »Ja, wahrscheinlich.« Dann gab er ihn Jonas zurück.

Jonas wollte erneut einen Schluck trinken, stellte aber fest, dass Hostilian ihn völlig geleert hatte. »Weißt du«, meinte er, als er den Becher erneut füllte, »ich glaube, die wollten diesen Kaisersohn benutzen, um irgendwelche Freunde aus den Gefängnissen freizupressen.«

Hostilian schluckte schwer. »Du meinst, sie wollten den Kaisersohn als Geisel für andere Verbrecher eintauschen?«

»Ja. Ich denke, das läuft ziemlich häufig so. Sie haben allerdings von Sklaven und so gesprochen.«

Jonas nahm einen kräftigen Schluck und bot Hostilian erneut seinen Becher an. Der aber schüttelte verneinend den Kopf.

»Weißt du, ich glaube, der Kaiser hätte gar nicht so viel Zeit gehabt, nach seinem Sohn zu fahnden. Ich glaube, der hätte noch gar nicht bemerkt, dass der weg ist. Und wo hätte er auch suchen sollen?«

In diesem Moment betraten Merula und Sarah die Küche. Sie schienen ein wenig enttäuscht darüber, dass alle in der Küche waren, denn sie hätten sich gerne im Wasserbottich, der in der Ecke stand, gewaschen.

»Der Kaiser weiß über alles Bescheid«, gab Hostilian knapp und leise zurück. »In der Bande sind Spitzel und Verbindungsleute. Die haben das dem Kaiser bestimmt gemeldet. Das geht sehr schnell, weißt du. Rom ist ein Dorf.«

»O ja, ein großes Dorf vielleicht. Woher weißt du das alles? Du kennst dich gut aus, oder?«

»Weil er Hostilian ist, der Sohn des Kaisers.«

Alle Köpfe fuhren herum und starrten auf Merula, die diese Ungeheuerlichkeit ziemlich leise gesagt hatte. Dann starrten alle auf Hostilian, der wie benommen aussah. Er nickte.

»Du hast recht. Es stimmt. Ich bin Hostilian, der zweite Sohn des Kaisers Decius.«

»Und du willst uns ausspionieren? Du willst das, was du über uns erfährst deinem Vater melden, damit er uns in die Arena führen kann?«

Junia war außer sich. Sarah schaute von einem zum anderen. Dann sprach sie direkt zu Hostilian: »Du wusstest, wo Merula und Junia wohnen. Du kanntest dieses Haus. Was hast du vor?«

»Du hattest uns beobachtet. Du solltest uns ausspionieren. Du willst uns verraten!«

Merula war wütend und den Tränen nahe. Jonas wäre am liebsten nach Hause gereist. Das war zu viel für ihn. Die eigene Entführung, die nicht ihm, sondern einem Jungen galt, den er jetzt kennen lernen sollte. Dazu zwei Mädchen, die er sehr mochte, deren Leben aber von genau diesem Jungen bedroht wurde. Er überlegte fieberhaft, wie er sich verhalten sollte. Sie könnten sicherlich Hostilian überwältigen, ihn fesseln und als Geisel behalten. Aber irgendwie schien ihm das keine richtig gute Idee zu sein.

Außerdem war das ja noch nicht alles. Hostilians Vater hatte ja wohl schon ernst gemacht und den Bischof abholen lassen. Darüber hatten sich die Mitglieder der Bande ja auch unterhalten. Was ging hier vor?

Aber noch bevor Jonas für sich zu einem Ergebnis kommen konnte, redete Hostilian selbst. »Nein, glaubt mir, es ist ein Zufall, dass ich jetzt hier bin. Ich will nichts ausspionieren oder euch verraten. Ich weiß aber wohl, dass euer Leben in höchster Gefahr ist. Mein Vater hat ein Edikt erlassen, ... «

»Davon haben die in der Bande geredet«, warf Jonas dazwischen.

»... das jeden Römer auffordert, an den Opferungen für den Kaiser teilzunehmen. Er will die Christen vernichten.«

Irgendwie war es ihm komisch, einen solchen Satz vor Menschen zu sagen, die ihm gerade ein Nachtlager gewährt und ihn gastfreundlich aufgenommen hatten.

»Ich habe es mir gedacht«, flüsterte Merula fassungslos.

»Du hast es also doch gewusst«, warf Sarah Hostilian böse anfunkelnd dazwischen. »Du hast es die ganze Zeit gewusst! Und mich hast du im Unklaren gelassen, obwohl du wusstest, dass es auch mich betreffen könnte!«

Hostilian rang mit sich selbst. »Ich habe mir darüber nie Gedanken gemacht. Ich kann mir denken, dass ihr das nicht verstehen werdet, aber es ist so. In Rom sterben täglich viele Menschen. Und wenn die Christen so stur sind, was soll's? Aber«, und dabei sah er Sarah lange an, »es hat sich was verändert.«

Es war mucksmäuschenstill in der Küche. Nur Junias Schluchzen war zu hören. Sie hatte sich leise in eine Ecke verzogen.

»Sie entführen Kinder und opfern sie. Christen sollen das machen. Sagt man.«

»Die spinnen doch«, warf Jonas sofort ein.

»Man wirft uns viel vor. Sogar an Erdbeben sind wir schuld. Und dann kommst du«, und dabei drehte Merula sich abrupt Hostilian zu, »und machst so ein wenig auf verständnisvoll und gut Freund. Dabei sind die Häscher deines Vaters schon auf den Straßen und in den Häusern. Sie holen meine Familie, meine Freunde, alle, die ich kenne, ja auch Junia und mich am Schluss. Und du stehst hier, in unserer Küche, und sagst, das sei nichts Besonderes; es sterben ja eh ständig Menschen. Du bist doch krank.«

Ihr Körper war angespannt und eine Zornesfalte zeigte sich auf ihrer Stirn. Junia kam langsam nach vorne. An ihrer ausgewaschenen Tunika wischte sie sich die Tränen ab.

»Reg dich nicht auf. Das bringt nichts. Wir sind bereit. Ich werde nicht an den Opferungen teilnehmen.«

Merula ging auf sie zu und umarmte sie. Sarah war ebenfalls den Tränen nahe. Zwar kannte sie die beiden Mädchen erst seit ein paar Stunden, wovon sie die meisten schlafend verbracht hatten, aber sie fühlte sich ihnen eng verbunden. Sie ging hinüber zu den beiden Christinnen, die sich aneinander klammerten, als könnte die eine die andere auf diese Art retten. Etwas unschlüssig stand sie dann vor ihnen und berührte leicht Junias Arm.

»Ich bin deshalb von zuhause abgehauen, weil ich herauskriegen wollte, wer so etwas tut. Wer kommt auf die Idee, Kinder von der Straße zu rauben, um sie dann einem blödsinnigen Gott zu opfern?«, sagte Hostilian unbestimmt in den Raum.

»Wenn du das noch einmal sagst«, schrie Merula und hatte plötzlich einen Dolch in der Hand. Niemand wusste, woher sie ihn so überraschend und schnell hatte, »dann erdolche ich dich eigenhändig.«

»Ein Gott,« und jetzt wurde auch Hostilian lauter und schien sein Reuegefühl verloren zu haben, »ein Gott, der Kinderopfer fordert, kann nur blödsinnig sein. Das denke ich jedenfalls.«

»Das meine ich auch«, fand Jonas endlich Gelegenheit, sich auch einmal einzubringen. »Allerdings haben Christen nie Kinder geopfert.«

Diese Bemerkung brachte ihm einen funkelnden, warnenden Blick von Sarah ein. Und rechtzeitig bemerkte er auch selbst, dass er sich mit dieser Äußerung fast verraten hätte. »Ich meine, Christen machen so etwas nicht.«

»Hostilian«, beeilte sich Sarah die Situation für Jonas zu retten und schaute dabei ihren Begleiter an. »Die suchen dich. Du sollst gefangen und getötet werden. Und dann lässt man dich irgendwie verschwinden und schiebt alles den Christen in die Schuhe.«

Von einem Moment auf den anderen machte sich eine schneidende Stille breit. Es war, als wagte niemand mehr zu atmen.

»Du hast es gehört, oder?«, fragte Sarah Hostilian fast flüsternd.

Jonas, Merula und Junia stand der Mund offen. Irritiert und fassungslos schauten sie von Hostilian zu Sarah und wieder zurück. Hostilian nickte langsam. Dann kam ein krächzendes »Ja« aus seinem Mund. Er räusperte sich. »Ja, ich habe es gehört. Es ist Tiberius, der Centurio. Er war nicht ganz unbeteiligt daran, dass mein Vater Kaiser wurde. Und ich weiß, dass insgeheim er die Fäden in Rom spinnt. Ja, ich habe das Gespräch belauscht. Und es hat bei mir einiges verändert.«

Die fünf jungen Menschen, die wenig miteinander zu tun hatten, weil sie aus unterschiedlichen Zeiten und völlig verschiedenen Gesellschaftsschichten kamen, schwiegen. Sie schwiegen lange, niemand sprach ein Wort, keiner wagte sich zu räuspern, es herrschte eine bedrückende Stille in dieser römischen Küche im 3. nachchristlichen Jahrhundert.

»Du bist jetzt selbst auf der Liste«, brach nach endlos scheinenden Minuten Jonas das Schweigen.

»Jetzt verstehe ich das auch. Die Bande arbeitet mit diesem Centurio zusammen. Und die haben mich entführt, weil sie dachten, ich wäre du. Und dann hätten sie mich ... Moment, da stimmt aber was nicht. Wieso kamen dann Prätorianer und haben den Laden ausgehoben?« Jonas stutzte. Die einzelnen

Teile in diesem Puzzle passten nicht richtig zusammen.

»Tiberius will, dass die Bevölkerung glaubt, Christen würden Kinder opfern. Die Bande wollte den Kaisersohn, um Sklaven freizupressen. Das passt nicht. Die beiden arbeiten nicht zusammen.«

Sarah dachte an ihr Erlebnis in der Katakombe.

»Wir opfern keine Kinder!«, sagte Junia trotzig.

»Ja, Junia, ich glaube nicht, dass das hier irgendwer im Raum noch annimmt.«

Merula hielt immer noch das kurze Schwert in der Hand. Als sie es bemerkte, schaute sie etwas verwundert darauf. Mit einem kurzen Blick auf Hostilian legte sie es auf den Herd, der groß und schwarz in der Ecke gemauert war.

»Tiberius und die Bande arbeiten nicht zusammen. Sie haben unterschiedliche Interessen. Tiberius will Unruhe im Staat stiften. Die Bande will den Staat verändern. Ist irgendwie doch das gleiche.«

Jonas schüttelte ratlos den Kopf. Wo war er hier nur hingeraten? Er wollte lediglich Merula retten. Er war sich fast sicher, dass sie das Mädchen im Museum war. Aber so ganz sicher konnte er sich nicht sein, denn er hatte selbst noch ein Mädchen gesehen, der Zehen fehlten. Und Merula sprach auch davon, dass diese Art der Behinderung in Rom in dieser Zeit gar nicht so selten war. Jetzt aber ging es nicht um die Rettung eines Mädchens, sondern sie waren einem Verbrechen auf der Spur.

»Ist es nicht«, meldete sich Hostilian wieder zu Wort. »Tiberius verfolgt feige und hinterlistig egoistische Ziele. Dabei tut er dies ohne Tugend und Tapferkeit. Die Bande dagegen fordert Gerechtigkeit.

Aber da ist noch etwas: Mein Vater schickte zwei Centurionen, die auf mich aufpassen sollten. Der zweite heißt Hortensius. Er ist nicht ganz so hinterlistig. Die beiden können sich nicht leiden.«

»Ach nein«, warf Jonas ein, »das ist ja spannend. Ich habe gestern vor einer Taverne einen Centurio getroffen. Der hat sogar mit mir gesprochen und mich gewarnt, ich solle mich nicht mit jemandem abgeben, der so gekleidet wäre wie er. Die Centurionen sehen immer gleich aus?« Er sah Hostilian an.

»Ja. Meistens überwiegt die Farbe Rot. Das macht mächtig Eindruck. Besser als diese blöde Toga mit dem roten Saum.« Dabei hob Hostilian seine Toga leicht an.

Sein ganzes Verhalten zeigte tiefe Verunsicherung. Er war nicht mehr so sicher, auf welcher Seite er eigentlich stand.

»Und dann ist ihm doch dieser Anführer gefolgt, weißt du noch?«, fragte Junia erregt. »Der ist aufgestanden und ihm hinterhergelaufen. Aber er hatte keine feindliche Absicht, wie wir ja gesehen hatten.«

Sarah ging hinüber an den Tisch, auf dem Junia schon vor einiger Zeit ein wunderbares Frühstück gedeckt hatte. Sie nahm sich eine Dattel und verspeiste sie genüsslich und versonnen. Lecker und süß. Das mochte sie.

Jonas beobachtete sie etwas neidisch und meinte dann: »Wollen wir uns nicht mal hinsetzen? Ich denke, wir können diese Dinge doch auch bei dem leckeren Frühstück besprechen, das Junia für uns bereitet hat.«

Junia lächelte dankbar, weil endlich jemand ihre Arbeit honorierte. Alle murmelten zustimmend und begaben sich an den großen Tisch.

»Die Küche ist aber schon ziemlich geräumig«, meinte Hostilian, als er sich setzte. »Und auch der Tisch sieht nicht so aus, als würden hier arme Menschen leben.« »Hostilian«, ging Sarah scharf dazwischen. »Ich denke, es reicht. Mach dich nicht lustig über das Leben anderer, nur weil du zufällig der Sohn des Kaisers bist. Ich denke, du hast zwei Möglichkeiten: Entweder du bist einer von uns hier oder du gehst einfach.«

Hostilian zuckte zusammen und sah betreten aus. »Entschuldigt. Das war nicht böse gemeint.«

»Dann verhalte dich bitte so, wie es sich für einen anständigen Menschen gehört.«

Sarah riss sich ein Stück Brot ab und kaute heftig. Sie wollte auf der einen Seite Hostilian nicht rauswerfen, weil sie ihn irgendwie mochte. Er hatte einen Blick ... Auf der anderen Seite spürte sie aber ebenfalls eine Verantwortung für Merula und Junia und fühlte sich ihnen auch aufgrund der gleichen Religion verbunden.

Anschließend griffen alle beherzt zu. Die Sonne hatte schon einen großen Teil ihres Weges am Vormittag zurückgelegt und selbst in dem abgedunkelten Raum konnte man die emporsteigende Hitze spüren.

»Wenn ich das richtig sehe«, knüpfte Merula wieder an das Gespräch an, »haben wir es mit drei Gruppen zu tun: Tiberius und seine Prätorianer entführen Kinder und töten sie. Dann schieben sie die Tat den Christen in die Schuhe. Der andere Centurio – wie war gleich wieder sein Name? – ist nicht besonders gut auf Tiberius zu sprechen. Vielleicht kommt er ihm sogar auf die Schliche. Und dann ist da noch der Anführer der Bande. Auf der Seite von Tiberius scheint der mir nicht gerade zu stehen.«

»Und was hat das alles mit dem Edikt zu tun, das Hostilians Vater erlassen hat?«, fragte Junia.

»Wahrscheinlich gar nichts«, räumte Sarah ein. »Aber das ist manchmal so: Dinge, die nichts miteinander zu tun haben, bedeuten doch das gleiche. Und hier geht es in beiden Fällen um die Vernichtung der christlichen Gemeinde in Rom.«

»Und im Römischen Reich!«, warf Hostilian ein.

»Ich verstehe noch nicht so richtig, was wir mit unserem Wissen machen können.« Hilflos fragend hob Junia ihre Schultern.

»Ich habe euch schon vorhin gesagt, dass ich es nicht aushalten kann, wenn Kinder für einen Gott geopfert werden. Ich bin aber auch dagegen, dass Kinder entführt und für ein schändliches Ziel getötet werden. Ich will das gerne herauskriegen.«

»Und dann willst du zu deinem Vater gehen und ihm deine Entdeckung als deine Heldentat anpreisen, oder?« Junia sah Hostilian herausfordernd an.

»Ja, nicht ganz so selbstherrlich. Aber im Prinzip schon.«

Jonas fiel plötzlich etwas ein, was er im Museum gesehen hatte: »Und was ist, wenn dein Vater und Tiberius zusammenarbeiten?«

»Das, das kann ich mir nicht, äh, nein, das glaube ich nicht. Ich meine, das würde er doch nicht ...« Hostilian stotterte und kam auch ins Straucheln. Eigentlich kannte er seinen Vater nicht. Die Machtverhältnisse im Staat kannte er auch nicht. Herennius wusste das alles bestimmt viel besser.

»Ist ja auch egal«, sprang Sarah Hostilian bei und fuhr fort: »Noch haben wir ja keine Informationen. Jedenfalls nicht genügend. Wir wissen, dass dieser Centurio etwas mit den Kindertötungen zu tun hat. Wir haben aber keine Beweise.«

»Soll das ein Witz sein?«, fragte Merula überrascht. »Wenn Decius und Tiberius mit dieser Aktion unter einer Decke stecken, dann können wir mit Beweisen sowieso nichts anfangen. Die Zeiten Ciceros, des großen Anwalts und Redners, sind lange vorbei.«

»Ja, das mag sein«, erwiderte Sarah unwirsch. »Ich will mich jetzt aber nicht lange mit euren Staatsproblemen aufhalten. Also noch einmal: Tiberius tötet die Kinder und muss sie ja irgendwo – entsorgen.« Das letzte Wort fiel ihr sehr schwer auszusprechen. Aber ihr fiel so schnell kein anderes ein. Die drei Römer jedoch zeigten keine Reaktion. Sie überlegten.

Jonas sah Sarah fragend, aber auch etwas vorwurfsvoll an. Sarah verstand jedoch nicht, worauf Jonas hinauswollte.

»Die Leichengruben!«, sagte Hostilian ganz leise.

»Ja, natürlich!«, stimmte Merula sofort zu. »Die Gruben außerhalb der Stadtmauern.«

»Meinst du die Gruft, in der wir schon waren?«, fragte Sarah.

»Nein«, antwortete Hostilian. »Es gibt eine Grube, in die werden die Toten geworfen, für die das Brennholz zu kostbar ist. Arme, unbedeutende Sklaven, Menschen, die sonst keiner kennt und die tot irgendwo gefunden werden, aber auch Tiere kommen in diese ›Stinkenden Gruben‹. Der Gestank ist manchmal bis in mein Schlafzimmer zu riechen. Unerträglich. Die Leichen werden in Massengräber geworfen und mit Ätzkalk bestreut, damit sie schneller verwesen. Ich war nie dort, aber ich habe es mir erzählen lassen.«

»Ihr habt ja komische Bestattungsriten.« Das war Sarah so herausgerutscht. Sie biss sich sofort auf die Zunge, aber der Satz war gesagt und alle – bis auf Jonas – schauten sie eigentümlich an.

»Wie meinst du das?«, fragte Junia sehr misstrauisch.

»Wo kommst du denn eigentlich her?«, wollte Merula wissen.

»Och, wir kommen von ziemlich weit her«, meinte Jonas, um das Gespräch möglichst schnell wieder in sichere Bahnen zu lenken. »Ich kann mir nicht vorstellen, dass euch das interessieren würde.«

»Ja«, bestätigte Sarah, wirkte aber sehr hilflos mit ihrer Äußerung, »das glaube ich auch nicht. Aber deshalb war es so wichtig, dass Jonas und ich uns wiederfanden in dieser Stadt.«

»Und ihr beide seid wirklich miteinander verwandt? Und dann passt dein Verwandter noch nicht einmal richtig auf dich auf?« Hostilian sah Jonas an, der so tat, als hätte er die Frage gar nicht gehört.

»Wer seid ihr eigentlich?« Junia wollte es jetzt genauer wissen. »Aus welchem Land der Erde kommt ihr?«

»Aus Germanien«, antwortete Sarah vorsichtig.

»Was hat euch nach Rom verschlagen? Wo sind eure Eltern? Wo wohnt ihr?« Merula überschlug sich förmlich.

Die letzte Frage blieb wie ein Fragezeichen im Raum stehen. Das Misstrauen der jungen Römer war förmlich greifbar. Die beiden Zeitreisenden waren unsicher und wussten nicht, wie sie mit dieser Situation umgehen sollten.

Da hob Jonas leicht seinen Kopf und flüsterte: »Wir kommen aus der Zukunft.« Es klang fast so, als wollte er diesen Satz nicht hörbar werden lassen. Dabei beobachtete er die drei Römer. Sarahs Augen verkleinerten sich und ihr Mund wurde spitz, als könne sie so die Worte, die Jonas gesagt hatte, wieder aus der Luft saugen. Sie sah Jonas an und schüttelte ganz leicht den Kopf. Wieder wurde es ganz still in der Küche. Die Worte schwebten im Raum, sie waren ausgesprochen und in der Welt.

Merula, Junia und Hostilian versuchten zu begreifen, was sie gerade gehört hatten. Das war aber nicht einfach, denn es überstieg ihr Fassungsvermögen. Die Blicke wanderten von einem zur anderen und verliehen ihrer Verständnislosigkeit Ausdruck. Wieder Schweigen. Lange. Endlos. Irritierend.

Dann meldete sich als erster Hostilian zu Wort, dessen Stimme belegt klang: »Aus der Zukunft? Klar. Eben mal vorbeischauen in Rom.«

»Verstehe ich nicht, was soll das? Aus welcher Zukunft?«, wollte Junia wissen.

»Aus eurer Zukunft. Es gibt nur eine.« Jonas hatte das Gefühl, mit einem Bein im eigenen Grab zu stehen. Was sollte er machen, wenn Hostilian jetzt über sie herfiel und vielleicht sogar die Soldaten seines Vaters holen würde? Er wäre mit Sarah zusammen in dieser fernen Zeit rettungslos verloren. Was hatte ihn nur getrieben, es zu sagen? Er kannte sich selbst nicht mehr. Wollte er hier bleiben? War es das? Er hatte selbst das Gefühl, dass er ohne Sinn und Verstand gehandelt hatte. Jetzt blieb nur noch die Flucht nach vorne.

»Wir kommen aus dem Jahre 2009. Wir wollten mal sehen, wie ihr hier so lebt.«

Am besten schien es ihm jetzt, nicht zurückzurudern, aber auch nicht zu viel weitere Informationen preiszugeben. Sarah sagte noch immer kein Wort, sondern drehte einen Dattelkern schon seit einiger Zeit in ihren Händen.

»Verstehe«, nickte Hostilian ironisch. »Mal eben bei den dummen und einfältigen Römern vorbeisehen und sich lustig machen über ihre rückständigen Methoden und Ansichten.«

»Das glaube ich einfach nicht«, entsetzte sich Merula. »Du hast dich neben uns gesetzt und uns diese Geschichte erzählt. Willst du uns verarschen?«

So hatte sie noch nie gesprochen und Jonas spürte, wie tief die Verletzung bei den Römern war. Sarah und er mussten ihnen vorkommen wie Gesandte aus einer Zukunft, die alles besser wussten.

»Nein«, jetzt mischte sich auch endlich Sarah ein, »wir wollen euch nicht verarschen. Natürlich meint man in der Zukunft immer, alles besser zu machen. Aber ich denke, dass sich unsere Zeiten nur unwesentlich unterscheiden.«

»Und welche Zukunft haben wir? Ich meine ...« Junia suchte nach Worten, »wie wird es mit uns hier weitergehen?«

Merula fuhr schnell dazwischen: »Ich will das gar nicht hören. Nein, das will ich nicht hören. Das wäre ja schrecklich, wenn ich wüsste, was mir in den nächsten Tagen passieren wird.«

»Das geht mir auch so«, pflichtete Hostilian ihr bei. »Ich will es auch nicht wissen.«

»Wir wissen es auch nicht. Woher? Wir kannten euch nicht, als wir uns auf den Weg machten. Wir haben euch hier kennen gelernt, so, wie man sich eben kennen lernt. Es war Zufall.«

Jonas war froh, dass das Gespräch diese Wendung nahm. Hostilian goss sich noch etwas Wasser in seinen Becher und schob sich dann ein ganzes Taubenei in den Mund.

»Also, ich weiß nicht, wie ihr das seht. Ich will darüber eigentlich gar nichts wissen. Mir kommt es vor, als wären Götter mitten in unser Leben getreten und würden mit uns leben. Nicht, dass ich euch beide für Götter hielte. Aber wie die Götter auch, so gehört ihr nicht in unsere Welt. Sie nehmen Anteil an unserem Leben, sie greifen ein – aber sie sind doch irgendwie nicht dabei. Wir müssen unsere Angelegenheiten selbst regeln. Und so ist das hier auch. Ich mag euch, ihr seid hier wirklich, aber sicherlich werdet ihr nicht hierbleiben. Jeder möchte ja nach einiger Zeit wieder nach Hause. Und ich denke, ihr wollt auch gerne wieder zurück in eure Zeit, – welches Jahr war das noch mal? Ich verstehe diese Zahl gar nicht! – um euer Leben weiterzuleben. Also, lasst uns das vergessen und uns tun, was wir tun müssen. Und dann reist ihr wieder zurück.« Er leerte seinen Becher in einem Zug.

»Ich bin dabei. Was hier geschieht, geht auch uns etwas an und wir sind dabei.« Sarah nickte heftig, um ihren Worten Nachdruck zu verleihen. »Eigentlich ist es ein wenig so, als wären wir zu Besuch bei Freunden, die in einer anderen Stadt wohnen.«

»Ich weiß ja nicht, wie es euch geht. Aber ich will davon gar nichts mehr wissen.« Merula schaute Jonas an. »Wir beenden jetzt das Frühstück und gehen dann zu den ›Stinkenden Gruben‹.«

Jonas lächelte ihr zu. Sie wandte jedoch ihren Kopf ab.

»Und was ist mit Hostilian?«, erinnerte Junia an ein weiteres Problem in ihrer kleinen Gruppe.

»Mit mir ist alles in Ordnung«, gab dieser zurück. »Ich schließe mich euch an. Wir gehen zu den Gruben und legen diesem Tiberius das Handwerk.«

»Ich räume den Tisch ab ...«, meldete sich Sarah und machte sich sofort an die Arbeit. Jonas stand auf und wollte hinausgehen, um sich fertig zu machen. »... und Jonas hilft mir dabei!« Junia musste lachen, als sie Jonas verdattertes Gesicht sah. Hostilian grinste und meinte nur: »Sklavenarbeit!«

Die drei Römer verschwanden in den angrenzenden Räumen, während die Freunde den Tisch abräumten. Dann machten auch sie sich reisefertig. Sie mussten einen weiten Weg gehen. Quer über das Capitol und das Forum, wieder vorbei am Einkaufszentrum des Trajan, vorbei auch an einer rechteckigen Säulenhalle, in deren Mitte sich ein Heiligtum befand.

»Was ist das?«, fragte Sarah, die das Bedürfnis hatte, sich alles, was sie sah, genau einzuprägen. »Das ist der Porticus Liviae«, antwortete ihr Hostilian. »In der Mitte siehst du das Heiligtum der Concordia. Augustus hat das alles hier errichtet und dazu das Stadthaus eines reichen Mannes abreißen lassen. Dieser war wegen seiner Grausamkeit über die Grenzen der Stadt hinaus berüchtigt. Stell dir vor, er hatte große Bassins auf seinem Grundstück und hielt Muränen, die ja für ihre Gefräßigkeit und ihr scharfes Gebiss bekannt sind. Sklaven«, und dabei stockte er und warf einen zögerlichen Blick auf Junia, »also, Sklaven, äh, die in seinen Augen mit dem Tod zu bestrafen waren, warf er diesen aalartigen Fischen vor, die fast so lang werden konnten, wie wir groß sind. Dabei kam es ihm nicht darauf an, die Fische zu füttern. Er schätzte an diesen Raubtieren, dass sie einen Menschen so gründlich zerreißen können wie sonst kein anderes Tier.«

Junia eilte mit versteinertem Gesicht weiter und tat, als hörte sie die Worte Hostilians gar nicht. Aber auch Sarah war sehr unangenehm berührt.

»Kaiser Augustus hat nach dem Tod dieses Mannes das Grundstück für den Staat beschlagnahmt und das Gebäude abreißen lassen. Er ließ dieses Heiligtum errichten und benannte die Anlage nach seiner Frau Livia. Dabei wollte er betonen, wie wichtig ihm die Ehe war.«

»Oh, das ist aber eine feine Sache«, meinte Sarah jetzt. »Ich denke, dieser Augustus hat das schon ganz gut gemacht.«

»Ich dachte mir, dass dir der Ausgang dieser Geschichte gefallen würde«, meinte Jonas und grinste.

»Ach!«, sagte Sarah nur und konzentrierte sich wieder auf den Weg, denn Junia deutete an, dass sie gleich da waren. Sie gingen vorbei an einem Stadttor, das vor langer Zeit einmal eine Funktion hatte, jetzt aber nur noch zur Dekoration diente. Schnell gingen sie die Straße weiter stadtauswärts und ließen langsam auch den Trubel hinter sich. Nach kurzer Zeit fiel ihnen auf, dass ihnen nur noch Pferdewagen begegneten oder sie von Sänften überholt wurden, die von ägyptischen Sklaven getragen wurden.

»Heute steht der Wind gut für Rom. Man riecht eigentlich nichts«, meinte Hostilian und hielt Ausschau nach dem Weg, den sie zu gehen hatten. Dann kamen sie an einen Abzweig und folgten dem kleinen und schmalen, unauffälligen Pfad. Er führte sie über einen kleinen Hügel und oben angekommen sahen sie die ›Stinkenden Gruben‹. Weit erstreckte sich das Feld.

»Das ist ja ein riesiger Massenfriedhof«, flüsterte Jonas.

»Ja, schon«, gab Hostilian zurück. »Aber nur ein kleiner Teil wird gerade benutzt. So viele Tote gibt es dann auch wieder nicht. Was ihr hier vorne sehen könnt, ist schon wieder zugeschüttet. Und dort drüben, seht ihr, das ist das künftige Erweiterungsland. Lediglich dort zur Rechten werden derzeit Leichen vergraben.«

Mit dem bloßen Auge konnten sie recht gut sehen, was dort geschah. Sie sahen Leichen von Menschen, aber auch Tierkadaver jeglicher Art: Pferde, Löwen und Tiger, exotische Tiere, Hunde und auch Katzen. Sarah glaubte sogar, einen Strauß entdeckt zu haben.

»Können wir da runtergehen?«, fragte Merula, die bisher von diesen Gruben nur gehört, sie selbst aber noch nie gesehen hatte.

»Ich glaube, das müssen wir sogar.« Jonas war sichtlich unwohl bei dem Gedanken, sich diesen Gruben zu nähern und so direkt mit Tod und Verwesung konfrontiert zu werden.

»Fallen wir da nicht auf?«, gab Junia zu bedenken.

»Glaube ich nicht«, flüsterte Hostilian, »schau mal, wie viele Menschen da rumlaufen. Einige haben etwas zu tun, ganz viele aber stehen, sitzen oder laufen herum. Ich denke, wir sollten uns einfach unauffällig verhalten.«

Er schaute noch einmal scharf auf die sich ihnen bietende Szene.

»Außerdem arbeiten dort unten ausschließlich Sklaven. Und ich glaube kaum, dass die sich sehr um uns kümmern werden.«

»Lasst uns hinabsteigen«, gab Jonas dann die Anweisung und zog sich ein Stück seiner Tunika so zurecht, dass er sie sich bequem vor die Nase halten konnte. Der Weg war nicht sonderlich weit. Von oben sah alles recht geordnet aus. Wahrscheinlich war es das auch. Aber direkt konfrontiert mit Gestank und Verwesung zeigte sich, dass die Sklaven eine sehr unappetitliche Arbeit zu verrichten hatten. Diejenigen, die gerade saßen und müßig hin und her liefen, erholten sich von dem, was sie sahen und dem Gestank. Andere konnten sie dabei beobachten, wie sie den Toten die zerlumpte Kleidung vom Leib zogen und diese unter sich aufteilten.

»Die müssen ja auch von etwas leben!«, meinte Hostilian und tat es Jonas gleich, indem er sich ein Stück seiner Toga vor die Nase hielt.

»Wie sollen wir denn hier etwas finden?«, jammerte Merula und hielt sich dicht an Junia.

Plötzlich packte Hostilian sie am Arm und hielt sie zurück. Dabei deutete er auf eine Pferdekarre, die wenige Schritte von ihnen entfernt abgestellt war. Merula sah Hostilian fragend an. Der bedeutete nur mit dem Finger auf den Lippen, still zu sein. Langsam gingen sie rückwärts und versteckten sich hinter einem kleineren Felsen.

»Prätorianer!«, sagte er leise und deutete auf den Wagen. »Sie haben ganz in der Nähe ihr Lager.« Dann schaute er über den Felsrand hinweg. Man konnte tatsächlich zwei aus der Prätorianergarde erkennen.

»Man müsste hören, was die reden!«, meinte er und schaute hinter sich. Jonas nickte kurz und schlich sich gebückt aus der Deckung des Felsens, um näher an die Prätorianer heranzukommen.

»Bist du verrückt?«, stieß Sarah hervor und wollte ihn an seiner Tunika festhalten. Durch eine geschickte Drehung gelang es ihm aber, ihrem Griff zu entkommen. Vorsichtig arbeitete er sich an die beiden ins Gespräch vertieften Römer heran. Die Sonne hatte ihren höchsten Stand zwar längst schon überschritten, doch war die Hitze fast unerträglich. So war er ziemlich froh, dass er sich hinter einem Busch verstecken konnte, der ihn auch vor der Sonne schützte.

»Ich glaube«, hörte Jonas gerade den größeren der beiden Prätorianer sagen, »dass ich das nicht mehr lange machen werde. Tiberius ist doch verrückt. Das ist doch nicht richtig, was wir hier machen.«

»Das kannst du so nicht sagen«, entgegnete der kleinere der beiden, der am Wagen lehnte. »Unser Chef verfolgt schon eine klare Richtung. Und da hast du auch was von!«

»Ja, ich weiß. Ich lebe ja auch nicht schlecht. Aber mir gefällt die ganze Sache nicht.«

»Was ist schon dabei? Du brauchst wirklich keine Skrupel zu haben. Denk mal, die hätten doch sowieso keine Chance. Und niemand vermisst sie. Das ist ganz ungefährlich.«

»Ich weiß, ich weiß. Sie waren alleine, sie fallen der Gesellschaft zur Last, sie waren sowieso zu nichts zu gebrauchen. Aber, Andromachus, es sind Kinder. Verstehst du? Kinder! Sie haben doch nun wirklich nichts verbrochen, was dieses Ende rechtfertigen würde.«

»Nein, Plivius, natürlich nicht. Du machst dir zu viele Gedanken. Sie gehen den Weg, den wir alle gehen müssen, eben etwas früher. Schau, ich sehe das so: Ihr Leben war nicht schön. Jetzt geben wir ihnen die Möglichkeit, im Schattenreich angenehmer zu leben.«

Plivius schob sich vom Wagen weg und ging einige Schritte an Andromachus vorbei. Dann zeigte er auf eine Stelle der Grube.

»Dort drüben liegen sie alle. Ich habe mich persönlich darum gekümmert.«

Jonas versuchte, seinem ausgestreckten Arm zu folgen. Aber der Busch war ihm im Weg – er konnte nichts erkennen, war sich aber auch nicht sicher, ob er das wirklich gerne gesehen hätte. Irgendwie musste er gegen einen losen Stein gestoßen sein. Plötzlich rollte der die kleine Anhöhe hinab und augenblicklich wendeten die beiden Prätorianer die Köpfe und starrten in seine Richtung.

»War da was?«

»Ja, ich habe auch etwas gehört. Ich glaube, man beobachtet uns.«

Jonas schaltete blitzschnell. Er entschied sich, sich nicht länger zu verstecken und dann ertappt zu werden.

»Sagt mal, ich suche meinen Freund Lucius. Habt ihr ihn zufällig gesehen? So ein kleinerer Junge, etwa acht Jahre alt.« Dabei kam er aus dem Gebüsch und tat, als würde er seine Tunika in Ordnung bringen. Er setzte ein betont lockeres Gesicht auf, obwohl ihm in dieser Situation dazu nun wirklich nicht zumute war. Er spürte in seinem Rücken förmlich die Blicke und die innerlichen Rufe Sarahs.

Die beiden Prätorianer waren verdutzt.

»Sag mal, musstest du dir unbedingt diesen Platz aussuchen, um auszutreten? Ist dir Rom nicht groß genug?«

Plivius kam einige Schritte auf ihn zu. Jonas schlug das Herz bis zum Hals, aber er versuchte, es sich nicht anmerken zu lassen. Auch Andromachus war jetzt misstrauisch geworden.

»Nein, wir haben hier keinen kleinen Jungen gesehen. Wie lange versteckst du dich schon hier? Hast du was gehört?«

»Nein, nein, wirklich nicht. Ich habe nichts gehört. Wisst ihr, wir haben in der Stadt Hinterherlaufen gespielt. Und der kleine Schlingel ist so schnell und quirlig. Ich bin ihm nachgelaufen, aber er ist mir entkommen. Ich dachte, ich hätte ihn hier oben um die Wegbiegung laufen sehen. Aber«, und jetzt versuchte er, sich rückwärts zu orientieren, »ich sehe schon, das muss wohl eine Täuschung gewesen sein. Nichts für ungut und vielen Dank für eure Hilfe.«

Er drehte sich um und wollte verschwinden. Aber leider hatte er nicht mit der Schnelligkeit von Plivius gerechnet. Der war plötzlich direkt neben ihm und hielt ihn mit hartem Griff am Genick fest.

»Halt, mein Bürschchen. Nicht so schnell. Wir haben noch einige Fragen.«

Er zwang seinen Kopf nach unten. Dann drehte er ihn mühelos so, dass Jonas gar nichts anderes übrig blieb als zu Andromachus zurückzulaufen.

»Wer ist Lucius? Wie sieht er aus?«

Andromachus baute sich vor ihm auf. Plivius drückte seinen Hals so fest, dass Jonas fast keine Luft mehr bekam. Sein Kopf fühlte sich an wie ein prall gefüllter Luftballon und drohte zu platzen. Die beiden hatten im Gespräch noch einen recht freundlichen Eindruck gemacht; jetzt aber zeigten sie klar, dass sie Mitwisser ihrer Aktionen ausschalten würden.

»Weißt du was?«, fragte Plivius, einer bösartigen Eingebung folgend, »wir zeigen dir, wo Lucius sich versteckt hält. Komm mal mit.« Dabei dirigierte er Jonas in Richtung der Leichengrube – und zwar genau in die Richtung, die er kurz zuvor Andromachus gezeigt hatte. Dort sollten die Kinder liegen.

Jonas wurde langsam schlecht und er fühlte sich schrecklich hilflos in seiner Situation. Dabei hoffte er verrückterweise nur, dass die beiden seinen Sender am Arm nicht entdeckten. Denn wenn sie ihn fänden, würde sich die Situation, in der er sich befand, dramatisch verschlechtern.

»Wir können es nicht leiden, wenn Kinder hier herumlaufen. Das war ein Fehler von dir.«

Jonas hätte Andromachus gerne angesehen, weil er zuvor den Eindruck hatte, dass er nicht so ganz damit einverstanden war, was mit den Kindern passierte. Aber leider hatte er keine Chance, sich dem eisernen Griff seines Peinigers zu entwinden.

»Cornelius, was treibst du hier?« Jonas hörte eine schneidend-befehlende Stimme. Er fragte sich, wer Cornelius sei. »Lasst ihn los. Nett, dass ihr ihn festgehalten habt. Der Junge macht immer nur Blödsinn.«

Die Stimme behielt ihren befehlenden Ton, klang jetzt aber ein wenig versöhnlicher. Mit wem redete dieser fremde Mann? Doch plötzlich löste sich der eiserne Griff in seinem Nacken und er konnte wieder frei atmen. Er rieb sich Kopf und Hals und trat schnell einen Schritt zur Seite.

Jetzt erschrak er. Vor ihm stand der Centurio, der ihn vor der Taverne schon einmal angesprochen hatte. Sofort fiel ihm ein, dass das sicherlich der war, von dem Hostilian erzählt hatte.

»Hortensius, sei uns gegrüßt. Du kennst diesen Kerl?«, fragte Plivius, etwas kleinlaut geworden.

»Nichts für ungut. Das ist mein Gehilfe. Er hat keine Eltern mehr und ich habe ihn in meine persönlichen Dienste genommen.«

Andromachus blinzelte. »Habe ich noch gar nicht gehört, dass du einen Gehilfen hast.«

»Ich denke nicht, dass das etwas ist, was dich zu interessieren hat. Wo ist Tiberius?«

»Kommt gleich«, gab Plivius knapp zurück und ließ Hortensius nicht aus den Augen.

»Gut, dann wisst ihr ja sicherlich, was ihr zu tun habt. Er wird es nicht leiden können, wenn seine Prätorianer ihre Aufgaben nicht erledigen. Bringt er euch weitere Tote?«

Plivius nickte sofort. »Ja, ich denke schon. Wir haben nur gehört, dass er hinter einigen Kindern her ist. Die müssen dann schnell entsorgt werden. Wahrscheinlich darf wieder niemand etwas davon merken.«

Jonas bemerkte, dass dieser Hortensius leicht zuckte. Er sah die beiden Prätorianer nicht direkt an und sprach zu ihnen fast so wie zu Untergebenen.

»Gute Arbeit. Passt auf, euer Centurio wird jeden Moment kommen. Und dann will er seine Prätorianer bereit antreffen. Das macht ihr gut, Jungs.«

Jetzt sah Hortensius Jonas direkt in die Augen und funkelte ihn böse an.

»Ich kann es auch nicht leiden, wenn ich meinen Gehilfen hinterherlaufen muss und sie sich vor der Arbeit drücken. Ich danke euch, dass ihr ihn festgehalten habt. Lass uns jetzt gehen, Cornelius, du hast noch eine Menge zu erledigen. Du weißt.«

Jonas war verwirrt, aber einer Eingebung folgend ließ er sich auf die dramatische Wendung seiner Situation ein. Welche andere Chance hätte er auch gehabt? Offensichtlich meinte dieser Centurio es nicht böse und bei ihm war er sicherlich besser aufgehoben als bei den beiden anderen Römern. Er spielte das Spiel mit, musste aber auch an die anderen denken.

»Herr«, krächzte Jonas und merkte, dass sein Hals sich immer noch nicht von dem festen Griff erholt hatte, »wir müssen in diese Richtung. Ich habe da noch dein Bündel liegen.«

Wie war ihm das nur eingefallen? Aber er musste Hortensius zu den anderen bringen, ohne dass die beiden Römer Verdacht schöpften. Sein Herz schlug rasend. Wie würde dieser großgewachsene Mann reagieren? Er schaute leicht verwundert. Dann straffte sich seine Haltung und er donnerte: »Was? Du lässt meine wertvollen Sachen im Gebüsch liegen? Los, geh vor mir her. Abmarsch.«

Er schrie ihn an und schob ihn in die Richtung, die Jonas ihm gerade gezeigt hatte. Dann wandte er noch einmal den Kopf und bemerkte zu den beiden zurückbleibenden Prätorianern; »Noch einmal der Dank an euch und Grüße an Tiberius.«

Er folgte Jonas und die beiden verschwanden hinter dem Gebüsch.

»Geh schnell, aber nicht hastig!«, flüsterte er Jonas plötzlich zu. »Ich folge dir. Dort hinten sind die anderen. Habe ich Recht?« Jonas drehte sich nicht um, sondern flüsterte ebenfalls: »Du hast Recht. Sie haben alles beobachtet und werden uns jetzt auch sehen. Wir müssen hinter den Felsen dort gehen.«

Sie waren bereits außer Sichtweite der beiden Prätorianer und Jonas war erleichtert. Als sie um den Felsen herumkamen, starrten ihnen vier Augenpaare entgegen. Sarah stürzte auf ihn zu und umarmte ihn. »Was machst du denn für einen Blödsinn«, meinte sie und klang erleichtert. »Ständig muss ich auf dich aufpassen.«

Hortensius ging sofort auf Hostilian zu: »Junger Herrscher, dein Leben ist in Gefahr. Du musst sofort zurück in den Palast.«

Hostilian nickte. Dann zeigte er auf die anderen und meinte: »Das sind meine Freunde. Ich gehe nicht ohne sie.«

»Ich weiß«, erwiderte Hortensius, »ihr seid alle in großer Gefahr.«

»Ist uns dein Centurio-Kollege auf der Spur?«, fragte Junia.

Hortensius hielt Ausschau nach eventuellen Verfolgern. Noch war die Luft rein. Jedoch hatte der Wind gedreht, und der Geruch von den Leichenfeldern war jetzt nicht mehr zu leugnen. Sarah und Jonas hielten sich die Ärmel ihrer Kleidung vor die Nase.

»Ich hatte den Auftrag von Decius, auf Hostilian aufzupassen.«

»Centurio, das hast du aber nicht ordentlich gemacht«, ließ Hostilian beinahe triumphierend verlauten.

Hortensius lächelte schuldbewusst und fuhr fort: »Stimmt. Nach kurzer Zeit war der junge Herrscher fort und ich begann meine Suche in Rom. Dabei stieß ich auf unglaubliche Entdeckungen. In Rom werden Kinder entführt und verschwinden dann spurlos.«

»Ja, Centurio, das wissen wir auch. Und deshalb sind wir an diesem schrecklichen Ort, denn ihre Spuren führen hierher.« Und dabei zeigte Merula unbestimmt in Richtung der Gruben.

»Ich habe in den Verliesen der Stadt gesucht. Ich war unter dem Kolosseum und habe mir die Gefängnisse angeschaut. Ich war bei den Anhängern einer eigenartigen Religion und mir war es auch gelungen, an einer Feier der Jesus-Anhänger teilzunehmen. Aber nirgendwo konnte ich einen Hinweis darauf entdecken, dass Kinder geopfert werden.«

»Wir opfern keine Kinder. Wie lange will sich diese Lüge denn noch in Rom halten?« Junia seufzte und lehnte sich an den Felsen.

»Ich hatte dann Metius in Verdacht. In Rom hatte sich herumgesprochen, dass er den Sohn des Kaisers entführt habe und an die Christen zum Opfern verkaufen wollte.«

Hostilian hörte genau hin. »In Rom ging das Gerücht? Und niemand hat reagiert, mich zu befreien? Mein Vater hat keine Prätorianer geschickt, mich herauszuholen?«

Hortensius schaute ihn an. Dann schüttelte er langsam den Kopf. »Nein, hat er nicht. Aber Tiberius und ich waren ja mit deinem Schutz beauftragt. Ich denke, dass er sich ganz auf uns verlassen hatte.«

»Wieso sucht er nicht selbst?«

»Du weißt doch, junger Herrscher, er ist viel beschäftigt. Er muss jetzt die Opferungen überwachen, die er mit einem Dekret angeordnet hat.«

»Wir haben davon gehört. Um was geht es da genau?«, wollte Sarah wissen und warf einen scheuen Blick auf Merula und Junia.

»Die Sache ist jetzt vor ein paar Tagen angelaufen. Ich habe mir das genau angesehen und ich muss gestehen,« und dabei senkte Hortensius seinen Kopf, »dass das eine widerliche Sache ist. Systematisch, nach Einwohnerlisten, werden die Bürger Roms mit ihrem ganzen Haus zum Forum gebracht und gezwungen, den Tieropferungen zu Ehren des Kaisergottes beizuwohnen und anschließend, wie es üblich ist, das Opferfleisch zu essen. Die Christen weigern sich. Jedenfalls viele. Und diese kommen dann sofort in die Arena.«

Merula und Junia wurden kreidebleich. »Meine Eltern ...«, entfuhr es Merula.

Hortensius sah sie an. Und wieder schüttelte er sachte seinen Kopf. »Ihr müsst euer eigenes Leben retten. Ich habe alles organisiert.«

»Aber ich kann doch nicht ...«, Merula begann zu schluchzen. Junia nahm sie in den Arm und hielt ihren Kopf. Sie wusste, was jetzt in ihr vorging. Sie hatte es selbst einst erlebt.

»Ich will euch helfen ...«, begann Hortensius leise. Junias Kopf fuhr herum und sie funkelte den römischen Hauptmann böse an.

»Du willst uns helfen? Deine Leute organisieren das doch alles. Die sorgen doch dafür, dass Christen im Kolosseum den Tod finden. Aber sorge dich nicht, auch wir sind bereit.« Stolz strafften sich ihre schmalen Schultern.

»Wie willst du uns helfen?«, fragte Jonas.

Hortensius sah ihn an: »Ich habe den Hauptmann der Bande kennen gelernt, die dich entführt hat. Er hat mir vieles erzählt. Ich habe vieles gesehen und darüber nachgedacht. Und dort drüben«, er zeigte Richtung Straße, »wartet Metius. Er wird euch in Sicherheit bringen.«

Junias Augen weiteten sich. Sie sah auf den Centurio. Aber sie sah an ihm vorbei.

»Dort, dort ...« Alle rissen ihre Köpfe herum.

Was sie jetzt sahen, entsetzte sie.

19. Kapitel

Er atmete tief und erleichtert durch, als er seinen nackten Körper in das warme Becken gleiten ließ. Er liebte das, wie jeder vernünftige Römer. Einmal am Tag musste man die Thermen aufsuchen, sich reinigen, entspannen und körperlich ertüchtigen. Heute würde er keine Zeit finden, im Kraftraum, dem *Palaestra*, seine Muskeln weiter auszubilden. Aber er hatte ja erst gestern ausgiebig Sport gemacht. So würde er nachher den jungen Burschen von seinem Sonnenplatz aus zusehen, wie sie ihre Muskeln spielen ließen.

Er schloss die Augen und legte seinen Kopf auf den Beckenrand. Einen Sklaven, der seine Beine unter Wasser massieren wollte, scheuchte er weg. Er brauchte jetzt niemanden. Er musste nachdenken.

Diese fünf Kinder hatten sich gefunden. Aus irgendeinem Grund war es ihnen gelungen, sich zu verabreden. Ihm wollte nicht einleuchten, wie das geschehen konnte, denn eigentlich hatten sie doch nichts miteinander zu tun. Seine Informanten sagten ihm, dass sie sich wie verabredet getroffen hätten – in der Nähe des Wohnortes des Beamten. Der aber war gar nicht da. Wo die Eltern des einen Mädchens waren, wussten seine Informanten auch nicht. Jedoch war gerade die großangelegte Säuberungsaktion des Kaisers im Gange. Und er war über deren Fortgang nicht genau informiert, da ihn die Beschattung – bei dem Gedanken verzog sich sein Mund zu einem hämischen Grinsen – von Hostilian voll in Anspruch nahm.

Sein anfänglicher Verdacht, dass Hostilian dieses fremde Mädchen zufällig getroffen hatte, wurde bestätigt. Jedoch wusste er immer noch nicht, woher sie kam. Auch der Junge, der mit den beiden Christinnen durch Rom lief, war niemandem bekannt. Zuerst sah es so aus, als hätten die beiden nichts miteinander zu tun – außer, dass beide unbekannt waren. Aber als sie sich dann vor dem Haus trafen, schien es so, als hätten sie sich nach langer Zeit endlich wiedergefunden. Merkwürdig!

Tiberius wurde den Verdacht nicht los, dass hier etwas geschah, das nicht passieren durfte. Was hatten die beiden Kinder mit Rom zu tun? Und wieso war Hostilian mit ihnen unterwegs? Welche Rolle spielten die beiden Mädchen? Was verband alle miteinander?

Er stand auf und ließ sich von zwei Sklaven trockenreiben. Dabei hielt er weiterhin die Augen geschlossen und genoss die Entspannung, die sich in ihm ausbreitete. Dann ging er in den Schwitzraum und legte sich dicht neben die Öffnung, aus der die heiße Luft kam. Er verschwendete keinen Gedanken an die Sklaven, die drei Meter unter seinem Liegeplatz in brütender Hitze das Feuer in Gang hielten, damit die Römer in der Therme einen entspannenden Nachmittag verbringen konnten. Er liebte diese Therme, denn hier war es ihm noch nie passiert, dass die Temperaturen schwankten. In anderen Thermen kam es vor, dass die Sklaven ihrer Arbeit nicht richtig nachkamen. Dann ließ die Wärme nach, die nach oben strömen sollte.

Nach einiger Zeit setzte er sich aufrecht hin und wischte sich den Schweiß vom Körper.

»Ich habe mir gedacht, dass ich dich hier finden könnte.« Silvanus betrat das Laconicum und setzte sich neben ihn.

»Was gibt es?«, fragte Tiberius den Mann, den er beauftragt hatte, jeden Schritt seines Widersachers Hortensius zu überwachen.

»Hortensius sucht nach Hostilian. Er hat ihn noch nicht gefunden. Dabei war er im Kolosseum und hat mit Gladiatoren gesprochen. Anschließend hatte er ihn im Carcer gesucht. Aber auch da war er nicht. Und schließlich gelang es ihm, an einem geheimen Treffen einer Sekte teilzunehmen.«

»Und? Das war es schon?«

»Nein, Herr. Er besuchte auch einen geheimen Ort der Christen und war verdächtig lange in diesem Haus. Als er das Haus verließ, hatten wir den Eindruck, dass etwas in ihm vorgegangen sein musste. Auf alle Fälle schien er eine Information erhalten zu haben.«

Tiberius lehnte sich vor, stützte sich auf seine Knie und schaute Silvanus aus dieser Position schräg ins Gesicht. Silvanus kannte das und wusste, dass mit Tiberius nicht zu spaßen war, wenn er diesen Blick aufsetzte.

»Höre auf, mich zu langweilen!«, befahl er fast flüsternd. »Da ist noch was. Raus damit!«

Silvanus nickte und räusperte sich. »Ja, du hast recht. Kurz darauf hat er Metius getroffen. Ich weiß nicht, wo der herkam. Er saß in dieser Taverne. Milo war auch dort. Wir haben uns nur kurz angesehen. Es war eigenartig. Hortensius sprach kurz mit einem jungen Mann und ging dann weiter ...«

Tiberius richtete seinen Oberkörper auf und saß nun aufrecht.

»Hostilian?«

»Nein. Den kenne ich ja. Jedenfalls ging er dann weiter und da stand Metius auf, den ich bis dahin gar nicht gesehen hatte, und folgte ihm. Milo und ich hinter beiden her. Ich hatte das Gefühl, dass er den Bandenführer gar nicht kennt.«

Tiberius lächelte schief. »Hortensius ist gerissen. Er ist nicht umsonst so weit hochgekommen. Aber hier ist auch Endstation für ihn. Natürlich kennt er Metius. Aber wahrscheinlich war ihm schon aufgefallen, dass ihr beiden Tölpel hinter ihm herstolpert. Wie ging es weiter?«

Silvanus schaute unsicher. Der Schweiß, der ihm nun von der Stirn rann, kam nicht nur von der Hitze im Raum.

»Nachdem die beiden einige Zeit hintereinander hergelaufen waren, standen sie plötzlich zusammen, schauten sich um und verschwanden hinter einer Hecke. Was dort besprochen wurde, konnte ich leider nicht verfolgen.«

»Natürlich nicht!«, bemerkte Tiberius und für Silvanus Geschmack klang das sehr bedrohlich.

»Nach einiger Zeit kamen die beiden wieder heraus und gingen gemeinsam weiter. Milo ist bei ihnen geblieben und ich kam dann direkt hierher.«

»Brav gemacht. Und jetzt will ich, dass du Folgendes tust: Nimm dir zwei Leute und schicke sie zu den Leichengruben. Sie sollen dort auf mich warten.

Dann mache dich auf den Weg und finde Milo und die beiden neuen Freunde. Die beiden sollen irgendwie erfahren, dass Hostilian sich bei den Leichengruben aufhält. Lasst euch was einfallen.«

Silvanus lachte gepresst auf. »Du bist schlau, Centurio.«

Tiberius gab ihm eine schallende Ohrfeige mit der rechten Hand. »Natürlich, du Dummkopf. Das unterscheidet uns beide ja auch. Nun geh und pass auf, dass du nicht plötzlich zum Verfolgten wirst. Erledige, was ich dir gesagt habe!«

Schnell raffte Silvanus seine Tunika zusammen, die er vor sich auf den Steinboden gelegt hatte, und verschwand.

Tiberius streckte sich. Im Aufstehen nickte er lässig einem Senator zu, der ihm schräg gegenübersaß und sich die Füße von zwei Sklaven massieren ließ. Er schlenderte durch die Wärmeschleuse in das *Tepidarium*, eine Art Duschraum, und ließ sich dort von lauwarmem Wasser übergießen und den Schweiß wegspülen. Noch während die Sklaven mit dieser Arbeit beschäftigt waren, lief er zum Frigidarium und stürzte sich in das kalte Wasser.

Eigentlich war es nicht gerne gesehen, wenn die Badegäste vom Rand ins Wasser sprangen, weil das die anderen Gäste stören könnte. Aber ihm war so rundum wohl und er freute sich über die Entwicklung der Dinge, dass er übermütig wurde. Natürlich konnte man hier nicht schwimmen, denn das Becken war viel zu klein. Dazu hätte er einen Raum weiter gehen müssen. Aber ihm war nicht nach Schwimmen zumute.

Prustend tauchte er auf und stieg wieder aus dem Becken. Dabei musste er sich die bösen Blicke einiger älterer Männer gefallen lassen. Aber was hatten die schon zu sagen? Er würde bald die Geschicke des Reiches lenken. Der heimliche Herrscher in Rom war er schon. So zumindest fühlte er sich, wenn er daran dachte, dass das Leben des Kaisersohnes von seiner Gunst abhing.

Als er am Beckenrand stand, eilten sofort wieder zwei Sklaven herbei und rieben ihn trocken. Er nahm das Tuch und spazierte langsam in den Ruheraum. Auf einer Liege streckte er sich aus. Er dachte über sein weiteres Vorgehen nach. Es würde sich nicht vermeiden lassen, Hortensius und Metius zu töten, wenn er an Hostilian herankommen wollte. Ihn störte aber nach wie vor, dass dieser dumme Junge jetzt auch noch weitere Freunde gefunden hatte, die ihn in seinem Vorhaben behindern könnten.

Er zuckte mit seinen geschlossenen Augenlidern. Es blieb dabei, so wie sich ihm die Dinge darstellten, würde er diese vier auch töten müssen. Vielleicht könnte es ihm gelingen, sie unbemerkt der Kolosseumsleitung zur weiteren Verwendung zu überstellen. Hostilian wollte er jedenfalls nach wie vor verschwinden lassen. Dann hätte er bei Decius alle Trümpfe in der Hand. Der würde sich verstärkt auf die Christenvernichtung stürzen, um das Reich auf diese Art zu retten. Und er wäre praefectus praetorio, der Oberste der Prätorianer! Und von dieser Position aus könnte er die Geschicke des Reiches wunderbar lenken – bis hin zur Entscheidung, wer unter ihm Kaiser sein sollte.

Genüsslich räkelte er sich auf seiner Liege, als er spürte, dass sich jemand darauf setzte. Er schnellte nach oben und war bereit, diesen Frevel sofort auf das Schärfste zu bestrafen. Doch neben ihm saß Nessos und grinste ihn nur an. Sein bester Freund durfte das natürlich. Die beiden kannten sich seit Kindertagen und Nessos war ihm überallhin gefolgt und stützte ihn in allem, was er tat und was er vorhatte. So auch jetzt.

»Du hast wie immer einen guten Riecher«, begann er.

»Höre auf, mir zu schmeicheln!«, lächelte Tiberius.

»Du weißt, dass ich das nicht mache. Einer schönen Frau schmeichele ich vielleicht, aber doch nicht dir. Habe ich das etwa nötig?«

Jetzt lachte Tiberius kurz auf und schüttelte verneinend den Kopf. »Was gibt es? Erzähle!«

»Hortensius hat sich also mit Metius zusammengeschlossen. Dieser Metius hatte ja etliche Christen in seiner Bande. Die behandelte er wie alle anderen auch. Er machte keinen Unterschied. Hortensius findet die Christen auch nicht so abscheulich, wie man das von einem guten Centurio erwarten sollte. Zwar sind beide keine Christen, aber was noch nicht ist, kann ja noch werden. Die beiden haben sich zusammengetan und suchen Hostilian.«

»Das weiß ich schon. Er wird ihn auch bald gefunden haben, dafür habe ich schon gesorgt.«

Nessos lächelte und schlug Tiberius auf die Schulter. Außer ihm durfte das niemand.

»Klug. Habe ich aber schon gehört. Und dann beginnt das Fest, kann ich mir denken. Was soll ich tun?«

Tiberius stand auf und umschlang seinen muskulösen Körper mit dem Tuch. Dabei ging er langsam im Raum umher. Sie waren alleine, sonst hätten sie wesentlich leiser reden müssen, denn es wäre nicht gut gewesen, hätten andere von ihren Vorhaben und Plänen erfahren.

»Wir beide reiten zu den Leichengruben und erledigen die Sache. Ich kann mich so recht auf niemanden verlassen. Besorge zwei Pferde und warte draußen auf mich. Ich bin bald soweit.«

Nach diesen Worten eilte Nessos, um Pferde zu besorgen. Tiberius kleidete sich an und warf nebenbei noch einen kurzen Blick in den Kraftraum, in dem sich einige junge Männer ertüchtigten. Er nickte zufrieden. Solange es römische Männer gab, die sich in Form hielten, brauchte Rom nicht bange zu sein um seine Zukunft.

Als er die Therme verließ, fühlte er sich rundum wohl und spürte, dass sein Körper bereit war für die Aufgaben, die jetzt vor ihm lagen.

Nessos reichte ihm die Zügel seines Pferdes.

20. Kapitel

»Weg!«, rief Jonas und schubste Sarah in die Richtung, die Hortensius zuvor gewiesen hatte. Die anderen folgten. Tiberius kam mit drei Prätorianern und blanken Schwertern genau auf sie zu. Hortensius zückte sein Schwert. Sarah stolperte und Jonas bückte sich, um ihr aufzuhelfen. Da sah er, dass Junia und Merula zurückgeblieben waren. Hostilian war plötzlich neben ihm, griff Sarah kurzentschlossen unter die Arme und zog sie hoch.

Noch immer stand Hortensius mit seinem Schwert und erwartete Tiberius. »Flieht doch endlich. Macht schon!«, schrie er und fuchtelte wild gestikulierend mit seinem Schwert in der Luft herum.

»Bleibt alle stehen«, schrie von weitem Tiberius barsch. »Auf kaiserlichen Befehl soll ich alle Anwesenden zum kaiserlichen Opfermahl führen. Wer sich widersetzt, wird verhaftet.«

Jonas lief wieder einige Schritte zurück und zerrte an Merulas Tunika. Sie stand wie versteinert und blickte auf den näher stürmenden Centurio.

Junia wirkte ruhig. Auch sie sah auf den Angreifer, machte aber den Eindruck, als könne sie das alles nicht betreffen.

Hostilian und Sarah wollten weiterrennen, rutschten aber auf dem steilen Geröllboden aus und konnten sich gerade noch halten.

Jonas zerrte weiterhin an Merulas Tunika und konnte sie endlich bewegen, mit ihm zu kommen.

»Komm mit«, rief sie dann der ebenfalls erstarrten Junia zu und wollte sie greifen. Aber ihre Hand rutschte an ihrer Tunika ab.

Jonas griff Merulas Hand und zog sie energisch den Anhang hoch.

Als Tiberius die Gruppe fast erreicht hatte, erkannte Jonas die beiden Prätorianer wieder. Den dritten kannte er nicht, doch alle vier machten nicht den Eindruck, als wollten sie reden.

»Lauft«, schrie er unbestimmt und hielt Merulas Hand noch fester. »Sarah, komm!«

Schon hatte der erste Prätorianer Hortensius erreicht. Es begann ein kurzer Kampf. Aber Hortensius stand besser und streckte den Angreifer nieder. Sarah hörte seinen markerschütternden Schrei und wandte sich ab.

Hostilian stützte sie und rief Hortensius etwas zu. Dann schnappte er eine Hand Junias und wollte sie mitziehen. Aber Junia war nicht zu bewegen und sah den zweiten Prätorianer fallen. Hortensius stach ihm das Schwert in die Brust.

Jonas und Merula hatten einen beträchtlichen Vorsprung vor den anderen und konnten schon den Wagen sehen. Merula schrie immer wieder nach Junia, aber Jonas ließ nicht locker und zog sie mehr stolpernd als laufend mit sich.

»Nun haut doch endlich ab«, brüllte Hortensius und erwartete Tiberius mit dem dritten Prätorianer.

Hostilian gelang es mit Sarahs Hilfe doch noch, Junia den leichten Anhang hinauf zu schubsen. Gemeinsam stolperten sie Richtung Wagen.

Dann hörten sie in ihrem Rücken das Klirren aufeinander schlagender Schwerter. Sarah schaute zurück und sah den erbitterten Kampf Hortensius mit den beiden Angreifern. Der Centurio, der ihnen die Flucht ermöglichte, schlug stark und heftig. Er wusste sich gut zu behaupten gegen die zwei Gegner. Fintenreich lockte er sie in eine ungünstige Position und so gelang ihm ein Vorstoß, mit dem sie nicht gerechnet hatten. Kraftvoll schlug er mal auf diesen, mal auf den anderen der beiden ein und änderte immer wieder seinen Stand. Dann nutzte er seinen Vorteil, stieß überraschend vor und durchbohrte mit seinem Schwert den Hals des letzten Prätorianers.

Tiberius ließ überrascht sein Schwert sinken und schaute ungläubig auf seinen sterbenden Begleiter. Hortensius nutzte diesen Moment und hieb auf Tiberius ein. Dieser wehrte die Schläge wie benommen ab und sein Blick fiel immer wieder auf den toten Prätorianer.

Doch plötzlich war es, als würde eine außerirdische Kraft in ihn einfahren. Er schrie auf und raste wie von Sinnen auf Hortensius zu. Immer und immer wieder hieb er auf diesen ein. Geschickt machte er jetzt den anfänglichen Vorteil seines Gegners zunichte und brachte sich in die bessere Position. Erbarmungslos und mit voller Wucht begleitete er sein Manöver mit pausenlosen Schwerthieben auf dessen Kopf. Dabei schrie er ihn an, immer und immer wieder prasselten die Schwerthiebe auf seinen Gegner nieder, begleitet von seinem infernalischen Schreien.

Hostilian schaute nicht mehr zurück, weil er instinktiv wusste, was dort gerade vor sich ging: »Los.

Die anderen sind schon am Wagen. Wir müssen weg. Tiberius will uns töten.«

Jetzt kehrte auch Junia langsam wieder in die Wirklichkeit zurück und erkannte die Gefahr, in der sie sich befanden. Sie schubste jetzt Sarah, die gerade sah, wie Hortensius den Kampf verlor. Gnadenlos hieb Tiberius auf seinen Gegner auch dann noch ein, als dieser schon lange am Boden lag. Sarah schrie auf.

Jonas und Merula hatten gerade den Wagen erreicht und Metius rief ihnen etwas zu, was Jonas nicht verstehen konnte. Die beiden sprangen auf und Metius trieb sein Pferd an. Die drei anderen rannten vor Tiberius davon. Hostilian hatte die Führung übernommen und führte die beiden Mädchen hinter einen Felsen. Sarah konnte gerade noch erkennen, wie der Wagen sich mit Jonas und Merula auf der Pritsche quietschend in Bewegung setzte. Jonas deutete auf seinen Arm und schrie Sarah etwas zu, was sie nicht verstehen konnte. Aber sie wusste, was er meinte und folgte Hostilian.

Sie hatten sich einen kleinen Vorsprung vor Tiberius erarbeitet. Aber der würde noch lange nicht reichen. Allerdings war er nicht zu sehen.

»Wo ist er?«, fragte Sarah atemlos.

»Er wird hinter den Felsen dort den Weg abkürzen wollen. Kommt, hier rüber. Verdammt, wir schaffen das so nicht«, stöhnte Hostilian.

»Wir brauchen auch einen Wagen!«, gab Junia ihm recht. Auf der Straße war weit und breit niemand zu sehen. Noch trauten sie sich nicht stehen zu bleiben.

»Dort drüben, dort drüben!«, rief Junia aufgeregt und gestikulierte wild. Dabei deutete sie auf ein ziemlich instabil wirkendes Gefährt. Davor war ein Esel gespannt, der auch schon seine besten Tage hinter sich hatte. Vom Kutscher weit und breit keine Spur.

»Kann jemand einen Esel lenken?«, fragte Sarah, die sich das nicht zutrauen würde. Aber Junia lief schon in die Richtung. Den beiden anderen blieb nichts anderes übrig, als ihr zu folgen. Entschlossen sprang sie auf den Wagen und nahm sofort die Zügel in die Hand. Sarah und Hostilian blieb nur, sich schnell auf die Laderampe des Wagens zu schwingen, denn sogleich ging die abenteuerliche Fahrt los.

»Wo fahren wir hin?«, fragte Junia nach hinten gewandt.

Plötzlich sprang ein alter Mann aus dem Gebüsch. Es war der Kutscher, der etwas rief. Doch Junia beachtete ihn nicht, lenkte den Wagen in mittlerweile wilder Fahrt um ihn herum und preschte davon. Zurück blieb ein verzweifelt rufender alter Römer, dessen wohl einziger Besitz gerade davonfuhr.

Sarah spürte ein Kribbeln am Arm. Sie erschrak. Sie mussten die beiden anderen treffen und Jonas hatte gerade Kontakt mit ihr aufgenommen. Was sollte sie machen? Aber ihr war das jetzt auch egal. Sie nahm ihren Sender vom Arm und las die SMS.

Hostilian starrte erst ungläubig auf den Sender und dann in Sarahs Gesicht.

»Glotz nicht so blöd. Das ist ein Sender. Jonas hat sich gemeldet. Sie fahren zur Tiber-Insel. Wir treffen uns an der Brücke. Dort müssen wir hin. Zur Tiber-Insel!«, rief sie Junia zu, die nur nickte und den rumpelnden Wagen sicher fuhr.

»Wir müssen dort wieder hin. Unser ...«, sie stockte. Wie sollte sie einem Römer erklären, dass dort ihre Zeitmaschine stand?

Hostilian war immer noch sprachlos, saß mit offenem Mund vor Sarah und starrte auf den Sender in ihrer Hand. Dann räusperte er sich, spannte seinen Rücken und schaute sie an.

»Ja, ich kann es mir denken. Euer Wagen steht dort, mit dem du in deine Zeit zurückfahren wirst.« Dabei sah er sie auf eine Art an, die ihr einen leichten Schauer verursachte. »Du wirst mir fehlen«, meinte er dann noch und nahm ihre Hand. Sarah überließ sie ihm. Er hielt und streichelte sie sacht. »Mach dir keine Sorgen«, meinte er dann. »Ich werde mich um die beiden Mädchen kümmern. Ich werde dabei aber an dich denken.«

Sarah lächelte verlegen und nahm seine Hand jetzt in ihre Hände. »Keine Angst mehr vor Christen?«, fragte sie unbedarft. Da zog er seine Hand zurück. Sie erschrak, weil das so abrupt geschah.

»Das hat damit nichts zu tun!«, zischte er. »Ich habe mit Christen nichts zu schaffen. Ich tue das nur für dich. Nur für dich, verstehst du?«

Sarah nickte und schwieg. Sie hatte das Gefühl, dass ein falsches Wort von ihr die Sicherheit und das Leben von Merula und Junia gefährden könnte. Und deswegen hatten sie doch dieses Abenteuer begonnen. Sie wollten Merula retten. Und das stand jetzt gerade dicht bevor.

›Komisch‹, dachte sie bei sich. ›Da hat man etwas vor und erlebt dann Dinge, die mit dem Vorhaben gar nichts zu tun haben.‹

»Ich kann Christen nicht leiden. Aber es gibt ja unter ihnen wohl doch einige liebe Menschen«, meinte Hostilian jetzt fast beschwichtigend und entschuldigend.

»Ja, ich habe verstanden und ich freue mich darüber. Danke.«

Der Wagen rumpelte durch das nachmittägliche Rom und näherte sich dem Forum. Es ging auch nur noch langsam und stockend voran, denn die Stadt erwachte gerade wieder aus ihrem Mittagsschlaf.

Sarah erschrak. »Müssen wir jetzt wieder mitten durch die Stadt?«

»Ja, es geht nicht anders. Das ist schon der richtige Weg«, meinte Hostilian.

Sarah war erstaunt, dass Junia so genau wusste, wie sie zu fahren hatte. Obwohl sie und Hostilian kein Wort miteinander wechselten, fuhr sie genau den Weg, den er auch gewählt hätte. Sie dachte daran, wie ihre Eltern früher immer den Weg diskutierten, der zur Oma führen sollte. Jedes Mal gab es heftige Diskussionen, weil sie nie einer Meinung waren. Dabei fuhren sie diesen Weg mindestens zweimal im Monat!

»Dort drüben steht die Rostra. Unsere Redner und Politiker besteigen diese Bühne, um große Reden zu halten«, erklärte Hostilian und deutete auf eine große Bühne, deren Vorderseite mit zwei Schiffsschnäbeln geschmückt war.

»Was ist denn das?«, wollte Sarah wissen. »Och, ich weiß nicht, wie lange das schon hängt. Wir haben diese Schiffe geschlagen und zum Zeichen des Triumphs haben wir ihre Schnäbel dort angeheftet.«

Sarah war wieder begeistert von der Atmosphäre, die hier herrschte: Die Menschen wuselten über die Straßen, es ging kreuz und quer, verführerische und leckere Gerüche hingen in der Luft, die Geräuschkulisse und das Stimmengewirr zeugten vom Leben in dieser Stadt. Sie ließ ihren Blick schweifen über dieses Treiben, während Junia den Wagen vorsichtig durch die Menge steuerte.

»Wir dürften jetzt eigentlich nicht hier durchfahren«, meinte sie nach rückwärts gewandt zu den beiden anderen. »Wagen haben keinen Zutritt in die Stadt um diese Zeit.«

Hostilian reichte ihr ein Amulett. »Zeig das, wenn jemand was will. Außerdem hat es ja bisher ganz gut geklappt.«

Plötzlich sah er in einer großen Menschenansammlung eine Bewegung. Er blinzelte, durch die tiefstehende Sonne geblendet. Aber er hatte richtig gesehen. Schnell musste er sich etwas einfallen lassen. Die beiden Mädchen hatten nichts bemerkt, waren zu beschäftigt mit ihrem Tun.

»Wir müssen laufen!«, warnte er dann.

»Wieso?«, fragte Sarah sofort. »Was ist los?« Junia fuhr langsamer und schaute nach hinten auf Hostilian. Aber im gleichen Moment erkannte sie die Gefahr. »Er hat recht. Schnell.« Sie zog die Zügel an, um den Lauf des Esels zu bremsen und sprang sogleich vom Wagen, reichte Sarah die Hand und half ihr herunter. Sarah folgte, war aber sehr verwirrt.

»Schau nicht hin!«, befahl Hostilian. »Vielleicht hat er uns noch nicht gesehen.«

Er nahm Sarahs andere Hand und sie schoben sich um den Wagen herum. Einige Passanten motzten die drei an, weil sie ihren Wagen mit dem Esel mitten auf der Straße stehen ließen und so den Weg versperrten. Sarah bedauerte das, fühlte sich aber nicht verantwortlich, den Vorhaltungen etwas zu entgegnen.

Hostilian und Junia waren einer Meinung, ohne miteinander zu sprechen. Sarah in der Mitte ließ sich von den beiden führen. Sie standen jetzt auf der anderen Seite des Wagens und Sarah lugte ein wenig über den Wagenrand, um die Gefahr zu entdecken, die ihnen vermeintlich drohte. Da konnte auch sie ihn sehen: Es war der Centurio Tiberius. Weiß der Himmel, wie der so schnell hierher gekommen war. Er musste sie gesehen haben, denn es konnte kein Zufall sein, dass er ausgerechnet hier wieder auftauchte.

»Wir müssen weg!«, meinte sie nur. Die beiden ließen Sarahs Hände los und schlichen gebückt, Wagen und Esel als Sichtschutz nutzend.

Einige Schritte entfernt stand eine große Statue. Sarah lief hinüber und blieb dort in Deckung. Junia und Hostilian warteten. Sarah wagte wieder einen Blick und suchte den Centurio. Er war verschwunden! Ihr Herz schlug bis zum Hals. Sie winkte aufgeregt ihren beiden römischen Begleitern zu. Die liefen schnell und gebückt auf sie zu.

»Ich sehe ihn nicht mehr!«, sagte sie aufgeregt. Hostilian lugte jetzt ebenfalls hinter der Statue hervor und ließ seinen Blick schweifen.

»Blöd!«, meinte er nur und schaute in die andere Richtung. »Wir müssen dort entlang. Wir sollten uns ganz dicht an den Gebäuden halten.«

»Ich musste noch nie so oft und so lange weglaufen und gebückt mich verstecken«, meinte Sarah. »Da fahre ich nach Rom, viele Jahre in die Vergangenheit, und erlebe so was.«

Junia sah sie kurz an. »Aber du kannst wieder zurück. Und dort ist es bestimmt anders.«

Sarah blinzelte und schaute weg. Junia hatte recht. Sie musste hier bleiben, ihr Leben war in Gefahr, sie wurde verfolgt und allein wegen ihres Glaubens bedroht, sie hatte Heimat und Eltern verloren – und für Sarah war das alles hier fast wie ein aufregendes Spiel. Sie schämte sich.

»Jetzt!«, schrie Hostilian und schob die beiden Mädchen aus dem Schatten der Statue heraus. Sie liefen schnell, stießen mit einigen Passanten zusammen, handelten sich Flüche ein und flüchteten unter einen Bogen.

»Habt ihr ihn gesehen?«, keuchte Junia. Sie hatte vor Aufregung rote Flecken im Gesicht. Hostilian spähte vorsichtig um die Ecke und lehnte sich dann an die Wand. »Nein. Nichts zu sehen.«

»Wo sind wir hier? Das sieht aus wie die Einfahrt zu einem Hof. Aber dahinter geht ja einfach die Straße weiter«, wunderte sich Sarah.

»Das ist der Septimus-Severus-Bogen«, belehrte sie Hostilian. »Ist recht neu. Der hatte ebenso wie mein Vater gegen die Parther gekämpft. Ganz schön geworden. Vielleicht baut sich mein Vater auch so ein Denkmal. Wir haben ja viele hier rumstehen.«

Sarah hörte zum ersten Mal Stolz in der Stimme Hostilians, Stolz auf seinen Vater, auf das, was er geleistet hatte. Sie schaute ihn an, während er seine Augen über die verschiedenen Reliefdarstellungen im Bogen gleiten ließ, die von den siegreichen Handlungen dieses Kaisers erzählten. Es war sicherlich nicht leicht, Kaisersohn zu sein. Hostilian kannte nur eine Richtung, in die er gehen konnte: Er musste ebensolche Taten vollbringen, die ihn vor seinem Vater und vielleicht auch in den Augen des römischen

Volkes auszeichneten. Sie seufzte und war irgendwie froh, dass sie das nicht musste.

»Achtung!«, schrie Junia plötzlich. »Da vorne!« Und dabei zeigte sie auf eine kleinere Menschenansammlung, die aufgeregt zu sein schien.

Blitzschnell erfasste Hostilian die Situation. »Er kommt. Weg!«

»In welche Richtung? Wir müssen zur Tiberbrücke!«

Hostilian zog die beiden Mädchen an den Armen durch den Bogen hindurch und wandte sich dann nach rechts.

»Wohin?«, fragte Sarah noch einmal. Hostilian und Junia zeigten gleichzeitig den Weg.

»Dann müssen wir laufen. Schafft ihr das?«, fragte Sarah und entwandt sich Hostilians Griff.

»Ich denke schon«, gab Junia zurück.

Hostilian erinnerte sich an Sarahs Schnelligkeit und befürchtete insgeheim, mit den beiden Mädchen nicht mithalten zu können. Aber er hatte ja regelmäßig Unterricht in der Kampfkunst erhalten und so konnte er hoffen, genügend Ausdauer und Schnelligkeit zu besitzen.

»Bleibt stehen!«, hörten sie plötzlich den Centurio von hinten brüllen. »Im Namen des ehrwürdigen Kaisers Decius. Bleibt stehen!«

Die Passanten um sie herum hielten in ihren Tätigkeiten inne und schauten erstaunt auf die Szene, die sich ihnen bot. Dabei wichen alle einige Schritte zurück, weil sie befürchteten, in etwas hineingezogen zu werden. Vielleicht drohte hier ja ein Kampf; den wollten sie zwar gerne sehen, aber selbst nicht gefährdet werden.

Die drei hatten jetzt keine Wahl. Sie konnten nicht mehr miteinander reden. Dafür blieb keine Zeit mehr. Aber die Richtung, in die sie zu laufen hatten, war Sarah klar. So übernahm sie die Führung. Sie hoffte, dass ihre Schnelligkeit und Ausdauer sie nicht im Stich ließen. Gleichzeitig war ihr klar, dass sie das Tempo vorgeben musste, um die anderen beiden mitzuziehen.

»Ich hole euch zu den Opferungen für den Kaiser.«

Ein Raunen ging durch die Umstehenden. Offensichtlich hatten sie von der Aktion gehört und glaubten jetzt, sie seien Zuschauer eines Kampfes auf Leben und Tod. Sarah erinnerte sich an die Zuschauer eines Verkehrsunfalls, den sie einmal gesehen hatte (und selbst als Zuschauerin dabeistand). Ein blutender und sterbender Mann lag auf der Straße und im großen Kreis standen die Menschen und schauten. Dabei behinderten sie sogar die Durchfahrt eines Krankenwagens. ›Komisch‹, dachte sie, ›Menschen wollen immer Sensationen.‹

Aber sie musste sich konzentrieren, denn beinahe wäre sie mit einem kleinen Kind zusammengestoßen. Und jetzt durften sie nicht langsamer werden und nicht stolpern. Der Centurio war langsamer als sie, stellte Sarah befriedigt fest. Das Schwert und die leichte Rüstung behinderten ihn doch mehr, als sie von ihrer Tunika behindert wurde.

Die beiden römischen Freunde (konnte sie sie so nennen?) hielten sich gut und folgten ihr in kurzem Abstand.

»So haltet die drei doch auf!«, hörten sie hinter sich den Centurio rufen. Aber er wurde nicht mehr von allen Passanten gehört. Mittlerweile lag er doch schon einiges zurück. Die Menschen nahmen auf diesem Weg von ihnen nicht viel mehr Notiz als von schnell laufenden Jugendlichen. Und das war ja eigentlich auch nichts Besonderes.

Es ging leicht bergan, aber Sarah behielt die Geschwindigkeit bei. ›Nur nicht langsamer werden‹, dachte sie.

»Halt!«, schrie hinter ihr Junia in diesem Moment.

»Dort entlang!«, keuchte Hostilian.

Sarah verlangsamte. Sie hatte einen falschen Weg eingeschlagen. Sie waren oben angelangt und sie wollte quer über den Platz laufen und sich rechts halten. Aber die beiden zogen an ihr vorbei und liefen links hinüber. Sie folgte ohne zu fragen oder zu protestieren.

›Jetzt nur keine schlechten Gedanken zulassen‹, dachte sie. Sie schaute hinter sich und erkannte, dass Tiberius immer mehr an Boden verlor.

Sarah wunderte sich, dass der Centurio alleine war. Wo waren seine Leute? Gut, drei hatte Hortensius getötet. Aber da müssen eigentlich doch noch mehr sein. ›Jetzt nicht mit diesen Gedanken an Tempo verlieren!‹, befahl sie sich selbst und erhöhte ihre Schrittzahl wieder.

Sie holte die beiden anderen ein, zeigte fragend in die Richtung und erhielt von Junia ein bestätigendes Nicken.

»Ruhig atmen!«, rief sie Hostilian zu, der doch ziemlich keuchte und den Eindruck machte, als wolle er jeden Moment den Lauf abbrechen. »Wir dürfen nicht langsamer werden!«

Dann achtete sie darauf, ein gleichmäßiges Tempo zu laufen und stellte erfreut fest, dass Junia wirklich bei erstaunlicher Kondition war. Sie schien kaum Probleme mit dem Laufen zu haben und Sarah hatte ein wenig den Eindruck, als sei Junia trainiert.

»Immer weiter, der Sonne entgegen!«, rief Hostilian von hinten.

Vor sich sah Sarah ein Gebäude, das im Vergleich zu den anderen klein und bescheiden wirkte. Sie hatte den Eindruck, dass dies ein Tempel sein könnte. Nur wenige Menschen befanden sich um das Gebäude herum, doch schräg daneben stand ein wesentlich größeres Gebäude.

»Das Marcellus-Theater!«, rief Hostilian.

Es gab wohl gleich eine Vorstellung, denn viele Menschen standen davor.

»Nein!«, schrie Junia plötzlich und Sarah drehte sich blitzschnell um.

Ein Prätorianer wollte Junia halten, glitt jedoch an ihrer Tunika ab. Junia drehte sich und entkam ihm. Sarah erkannte vor sich mehrere Prätorianer.

»Dort entlang!«, schrie Hostilian. Junia war plötzlich in der Menge verschwunden.

»Wo ist sie?«, rief Sarah verzweifelt. Hostilian schaute und wies einen Weg, der zwischen den beiden Gebäuden verlief. Sofort schlug Sarah den Weg ein.

Sie rannte und spürte, wie ihr Herzschlag bis zum Hals klopfte. Sie drehte sich um und konnte jetzt auch Hostilian nicht mehr entdecken.

Hingegen sah sie drei Prätorianer um die Ecke biegen. Sie blieben stehen und hielten Ausschau nach den flüchtenden Jugendlichen. Sarah verschwand hinter einer Mauer und lehnte sich keuchend dagegen. Es konnte nicht mehr weit sein. Man konnte den Fluss förmlich riechen. Und ausgerechnet jetzt musste sie ihre beiden Freunde verlieren. Sie fühlte sich verantwortlich, vor allem für Junia. Ihre Gefühle für Hostilian waren gänzlich andere. Aber darüber durfte sie jetzt nicht nachdenken.

Sie war den Tränen nah. In Gedanken sah sie Hostilian und Junia in den Klauen der Prätorianer, die sie abführten. Sie sah Junia in der Arena mit Löwen. Sie sah ...

Sie wollte nicht weiter denken und wischte sich energisch über die Augen. Das durfte nicht sein, das konnte nicht sein.

Hostilian? Auch er war in Gefahr, vielleicht sogar in sehr großer Gefahr. Er hätte sich auf der Flucht den Umstehenden doch als Sohn des Kaisers zeigen können. Dann wäre er sicherlich in Sicherheit gewesen. Er hatte es nicht getan. Warum? Tiberius konnte ihn jetzt eigentlich nicht mehr entführen wollen. Er würde sein eigenes Leben riskieren, weil das nicht mehr geheim zu halten wäre.

Sarah war zutiefst beunruhigt. Sie stand alleine, ihr Herz klopfte, sie wurde bedrängt von grauenvollen Bildern. Sie war hineingeraten in politische Konstellationen, die ihr zu kompliziert waren. Sie mochte Politik nicht. In Rom aber schien alles Politik zu sein.

Sie stieß sich von der Mauer ab und erblickte im gleichen Moment auf der anderen Seite weitere Prätorianer. Sie hatten sie noch nicht entdeckt. Sarah duckte sich instinktiv. Hoffentlich würden Junia und Hostilian den Weg bis zur Tiberbrücke schaffen. Dort war ja auch Merula und sie war sich sicher, dass Junia alles dafür tun würde, mit ihrer »Halbschwester« zusammen zu sein.

Plötzlich spürte sie an ihrem Arm wieder ein Prickeln, fand jetzt aber keine Zeit, sich darum zu kümmern. Denn soeben deutete einer der Prätorianer in ihre Richtung und sofort setzten sie sich in Bewegung und kamen im Laufschritt auf sie zu. Sie musste schnell handeln. Sie verschwand um die Ecke, lief einige Schritte und drehte sich dann in anderer Richtung um die nächste Ecke. Sie stand jetzt hinter einer Säule. Kühl und mächtig gewährte sie ihr Schutz. Mittlerweile wusste sie nicht mehr, wie viele Prätorianer ihr auf den Fersen waren und sie hatte auch den Überblick verloren, aus welchen Richtungen ihr Gefahr drohte. Aber sie wusste immer noch die Richtung, in die sie fliehen musste.

Und so schnell sie konnte, lief sie los. Da sah sie zwei Prätorianer, die ihr den Weg abschneiden wollten. Aus den Augenwinkeln bemerkte sie drei weitere, die sich ihr von der anderen Seite näherten. Sie verlangsamte ihren Lauf und veränderte leicht ihre Laufrichtung, sodass der Weg für die drei Soldaten zu ihr hin weiter wäre. Auch die Prätorianer mussten ihre Richtung verändern und so tat sich eine Lücke auf, die Sarah blitzschnell nutzte. Die fünf Prätorianer waren völlig überrascht über ihren unerwarteten und schnellen Antritt und noch ehe sie sich versahen, war Sarah durch die Lücke zwischen den beiden Gruppen gelaufen und ihnen entwischt.

Sie hörte sie fluchen. Ohne auf Atmung oder Krafteinteilung zu achten, spurtete Sarah Richtung Tiber. Die Prätorianer konnten ihr aufgrund ihrer Ausrüstung und ihrer Kurzschwerter nicht so schnell folgen und verloren an Boden.

›Lauf! Lauf!‹, feuerte Sarah sich selbst an. ›Nur nicht umdrehen. Kein unnötiger Zeitverlust!‹ Von der Seite kamen weitere Prätorianer. ›Gibt es denn hier nur Soldaten in dieser Stadt?‹, dachte Sarah und stellte erleichtert fest, dass diese sie noch gar nicht entdeckt hatten.

Die Straße war nicht für einen schnellen Lauf geeignet. Immer wieder taten sich große Löcher und tiefe Unebenheiten auf. Es war schwierig und anstrengend. Wie gerne hätte sie jetzt Jonas neben sich gehabt. Dem wäre bestimmt noch ein Trick eingefallen, wie man diese Prätorianer hätte abhängen können. Aber ihr blieb nur Laufen.

Da sah sie vor sich auch schon die Brücke. Vor einiger Zeit hatte sie sie schon einmal überquert. Wann war das? Es schien ihr eine Ewigkeit her zu sein, als sie mit Jonas über die Insel lief und zuerst den jenseitigen Teil Roms erkundet hatte. Wie aus einem anderen Leben.

Und tatsächlich, direkt neben der Brücke sah sie einen Wagen stehen, davor ein Pferd gespannt und dahinter standen fünf Menschen. Schemenhaft konnte sie Jonas erkennen, da war sie sich ganz sicher. Und dann waren die anderen auch da.

Sarah war beflügelt durch diesen Anblick und holte mit letzter Kraft noch einmal alles aus sich heraus. Dann rief sie, schrie, winkte. Die anderen erkannten sie sofort und winkten ihr zu, sich zu beeilen. Jonas blieb hinter dem Wagen stehen, während die anderen hinaufkletterten. Ein Mann – das musste dann wohl Metius sein – sprang auf den Bock und nahm die Zügel. Sarah erreichte die Gruppe und fiel Jonas in die Arme. Der drückte sie kurz. »Wir müssen zur Zeitmaschine!«

Sarah nickte und schaute Hostilian direkt in die Augen. Der saß ganz vorne am Rand des Wagens und die beiden Mädchen hatten sich in der Ecke verkrochen. Junia lugte hinter dem Wagenrand hervor. Hostilian griff nach seinem Amulett und mit einem kurzen Ruck hatte er es abgerissen. Er reichte es Sarah.

»Sei nicht ganz so streng mit uns. Jeder tut das, was er kann. Vergiss mich nicht!«

Sarah nahm das Amulett aus Hostilians Hand. Sie hielt es zusammen mit seiner Hand ganz fest. Dann umarmte und küsste sie ihn. Hostilian streichelte ihr Gesicht.

»Schön, dass es Menschen wie dich in unserer Zukunft gibt!«, sagte er.

Da schrie Metius und setzte mit einem Ruck den Wagen in Bewegung.

Hostilian und Sarah wurden getrennt. Jonas stand an der Seite und winkte mit einem traurigen Blick Merula und Junia zu. Die beiden saßen aneinandergeklammert da und Merulas Augen verrieten ihre Trauer. Ob aber über den Verlust der Eltern, die Angst vor der ungewissen Zukunft oder dem Schmerz über die Trennung von ihm, würde Jonas wohl nie erfahren.

»Haut endlich ab!«, schrie Junia. »Danke für eure Hilfe!«

Dann waren sie auch schon um die nächste Häuserzeile abgebogen. Die Prätorianer machten sich durch Schreien und Rufen bemerkbar, noch bevor man sie sehen konnte. Aber auch das würde nicht mehr lange auf sich warten lassen. Sarah und Jonas warfen noch einen letzten Blick auf die Stelle, an der sie ihre Begleiter in Rom zuletzt gesehen hatten.

Dann nahm Jonas Sarahs Hand und gemeinsam rannten sie über die Brücke.

Die Verfolger waren jetzt ziemlich dicht hinter ihnen. Sarah musste jetzt erneut die Führung übernehmen, denn Jonas war lange nicht so schnell und nicht so gut trainiert wie sie. Dabei hatte er seine Flucht sitzend auf einem Wagen verbringen können!

Jonas steuerte sie leicht über Händedruck und gab kurze Anweisungen, in welche Richtung sie laufen mussten. Sarah verließ sich völlig auf ihn.

»Ich aktiviere den Funk!«

Sarah fuhr es wie ein Blitz durch die Glieder. Was wäre, wenn diese neue Technik hier nicht funktionieren würde? Sie wollte gar nicht daran denken.

Jonas ließ sie los und nestelte im Laufen an seinem Oberarm. Nach einiger Zeit hatte er den Funk in der Hand und nahm im Laufen irgendwelche Einstellungen vor.

Da trat er in ein Schlagloch, taumelte, stolperte und verlor das Gerät. Sarah blieb sofort stehen und konnte gerade noch erkennen, dass das Gerät unter einen Busch rutschte. Ohne lange nachzudenken bückte sie sich, griff in die Dornen, verletzte sich, tastete hektisch nach dem Gerät und fand es endlich. Jonas hatte sich wieder aufgerappelt, stand neben ihr und schaute aufgeregt nach hinten, um rechtzeitig das Kommen der Prätorianer zu sehen. Dabei feuerte er Sarah zur Eile an.

Sie blutete leicht an beiden Händen, als sie das Gerät Jonas gab, und mit einem Griff hatte er es betriebsbereit geschaltet.

»Es funktioniert!«, jubelte er und sie rannten wieder los.

Die Prätorianer kamen um die Ecke und waren nur wenige Meter hinter ihnen. Jonas selbst war jetzt ebenfalls gehandicapt, weil er die entsprechenden Einstellungen im schnellen Lauf vornehmen musste. Sarah achtete auf die Strecke und die Straße und dann jubelte Jonas erneut: »Alles klar. Aktiviert!«

Er deutete in eine Richtung und jetzt erkannte auch Sarah wieder, dass sie hier, in der Nähe des Tempels ihre Zeitmaschine verlassen hatten. Und tatsächlich, dort drüben war auch der Busch, neben dem sie ihre unsichtbare Maschine gelassen hatten, die jetzt nicht mehr unsichtbar war.

›Gott sei Dank!‹, dachte Sarah bei sich. ›Es klappt!‹

Aber noch waren sie nicht dort und noch waren sie nicht weg. Hinter ihnen waren mindestens acht Prätorianer und Sarah konnte nicht erkennen, ob sich auch Tiberius unter ihnen befand.

»Schnell!«, rief Jonas. »Wir haben es gleich geschafft. Ich vorne, du hinten!«

Sie stürmten auf ihre Maschine zu und warfen sich förmlich in die Sitze. Die Maschine stand recht fest. Mit einem Seitenblick konnte Sarah noch die schnell sich nähernden Prätorianer sehen.

Dann wurde es dunkel um sie herum. Zurück blieben acht Prätorianer und ihr erstaunter Centurio. Sie starrten auf die Stelle, auf der eben noch ein seltsamer Wagen und zwei Jugendliche standen. Sie hatten sich förmlich in Luft aufgelöst. Fassungslos liefen sie immer wieder um diesen Ort herum. Dann schauten sie auf den Tempel des Äskulap. Ob die Götter etwas mit diesem merkwürdigen Verschwinden zu tun hatten? Niemand sprach ein Wort. Nach einiger Zeit traten sie schweigend den Rückzug an.

Im Stillen nahm sich jeder vor, am Abend seinem Gott ein stattliches und besänftigendes Opfer zu bringen.

21. Kapitel

»Sie ist immer noch da!«

Philipp klang ein wenig enttäuscht, als er aus dem Museum in die Ruine zurückkam, um den Freunden davon zu berichten, ob es gelungen sei, das Mädchen vor dem Tod in der Arena zu retten.

»Erzähle doch noch mal davon, wie du Hostilian kennen gelernt hattest!«, bat Lucie Sarah. Dabei hatte diese die Geschichte bestimmt schon dreimal erzählt. Aber Lucie konnte gar nicht genug bekommen von dem Abenteuer, das Sarah zu bestehen hatte, und sie fragte immer und immer wieder nach weiteren Details.

Sarah war sehr geduldig und trug seit ihrer Rückkehr vor drei Tagen das Amulett, das sie von Hostilian geschenkt bekommen hatte. Es war ihre einzige greifbare Erinnerung. Je mehr sie erzählte, umso mehr verlor sie das Gefühl, dass das, was sie erlebt hatte, wirklich geschehen war. Aber sie hatte das Amulett. Und das erinnerte sie daran, dass alles Wirklichkeit war.

Jonas wurde nicht müde, von seiner Zeitmaschine zu berichten und vor allem von der unglaublichen Hilfe, die die Erfindung des Senders mit sich brachte.

»Wir hätten uns in dieser großen Stadt niemals wiedergefunden«, bemerkte er dann und ließ auch nicht unerwähnt, dass er ja hätte zurückkommen können, weil er im Besitz des Senders war. Sarah hätte sich dann an der Seite des Kaisersohnes ein schönes Leben machen können.

»Das hätte auch nicht lange gedauert«, meldete sich Daniel, der gerade von Zuhause kam.

Anja warf ihm einen bösen und warnenden Blick zu und Daniel biss sich auf die Lippen. Sarah musste die schlimme Nachricht vom Tode Hostilians ein Jahr später nicht unbedingt von ihm und nicht ausgerechnet jetzt erfahren.

»Glaubt ihr, Hostilian hatte die Mädchen gerettet?«, überlegte Philipp. »Du hast ihn doch kennen gelernt, Sarah. Glaubst du, dieser Christenhasser hat zwei Mädchen gerettet?«

Sarah hielt ihre Kette in der Hand, schaute sie nachdenklich an und nickte leicht. »Ich weiß es nicht. Es ist alles so fremd. Aber ich glaube schon. Ich glaube schon, er war irgendwie nett. Auf eine komische Weise. Aber ich glaube schon.«

»Ja, das hat er gemacht!«, bekräftigte Jonas. »Er hat es mir in die Hand versprochen. Und ich bin mir ziemlich sicher, dass ein Römer ein Versprechen, das er einmal gegeben hat, auch einhalten wird.«

»Was wohl aus Junia und Merula geworden ist?«, fragte Lucie unbestimmt in die Runde.

Alles stierten vor sich hin und Sarah und Jonas hatten die letzten Szenen ihres Abschieds wieder vor Augen.

»Wer weiß das schon? Die Vergangenheit ist vergangen und nichts kann sie wieder zurückbringen.«

Jonas war traurig. Er hatte das Gefühl, eine Gelegenheit verpasst zu haben. Was wusste er schon von Merula? Aber es war ihm auch nicht gelungen, richtig mit ihr ins Gespräch zu kommen. Er beneidete Sarah, die irgendwie viel offener und neugieriger war und von Hostilian ziemlich viel wusste. Auch hatte sie etwas von ihm behalten und war damit auf eine völlig andere Weise mit den Erlebnissen verbunden, als er es war. Er hoffte inständig, dass Merula (und natürlich auch Junia) ein sicheres Leben haben führen können. Er hoffte auch ein klein wenig, dass Merula ihn nicht vergessen hat. Aber das sind nur Wünsche! Er würde sie nie wiedersehen können.

»Übrigens habe ich mir auch noch einmal die Schwertscheide im Museum angesehen, von der ihr berichtet hattet«, sagte Daniel. »Ist euch eigentlich klar, was dort draufstand?«

Jonas und Sarah konnten sich dunkel erinnern, im Museum auch eine Schwertscheide gesehen zu haben. Sie konnten sich auch erinnern, dass etwas darin eingeritzt war. Ein Name, ja. Aber sonst?

»Tiberius, Centurio der Prätorianergarde, hatte dieses Schwert mit der Scheide von Kaiser Decius für besondere Verdienste erhalten.«

»Ist nicht wahr!«, entfuhr es Sarah. »Dieser ...«, den Rest ließ sie ungesagt.

»Dann hat er ...«, überlegte Jonas, war aber nicht in der Lage, weiterzureden.

»Genau!«, pflichtete Daniel ihm bei, ohne Näheres zu sagen.

»Er hat sich vor Decius gebrüstet, Hostilian und diese beiden Mädchen aus den Klauen der Christen, die Kinder opfern, gerettet zu haben«, spann Lucie den Faden weiter.

Daniel nickte. »Und Decius hat seine Politik der Christenverfolgung somit noch weiter verschärft.«

Jonas wurde kreidebleich. »Dann sind wir ja auf eine gewisse Art und Weise daran schuld, dass diese Verfolgungen danach so schlimm wurden!«

»Glaube ich nicht!«, beruhigte Anja ihn schnell, aber etwas hilflos. Denn eigentlich wusste sie nicht, was sie sonst noch sagen konnte. Sie wollte Jonas trösten, aber ihr fehlten irgendwie die Worte. Immerhin waren sie in die Vergangenheit gereist, hatten sich engagiert und Dinge unternommen. Das musste doch Folgen haben. Aber diese Folgen hatten schon lange festgestanden! Sie konnten sie doch in ihren Geschichtsbüchern nachlesen! Ihr schwirrte der Kopf.

»Ich komme nicht so recht klar mit dem Gedanken, dass wir irgendwie ein Teil in dieser Geschichte sind«, jammerte sie und warf sich auf das Sofa.

»Ich glaube das auch nicht!«, sprang ihr Philipp bei. »Wir hätten gar nichts anderes machen können als das, was in den Büchern steht. Wir können die Geschichte nicht verändern. So bedeutend sind wir nicht.«

»Nein, wirklich nicht«, nickte Sarah bestätigend. »So bedeutend sind wir nicht. Was haben wir schon ausgerichtet? Was haben wir schon erreicht? Das Mädchen aus dem Museum musste sterben. Was aus Hostilian, Merula und Junia geworden ist, wissen wir nicht. Und eigentlich hätte sich auch nichts verändert, wenn wir nicht nach Rom gereist wären.«

»Wer weiß?«, sinnierte Anja. »Vielleicht wurde Decius auf die Kindertötungen aufmerksam und Tiberius hat mit seinem Treiben aufgehört. Vielleicht wurden keine Kinder mehr entführt und in diese Leichengruben geworfen. Wer kann das schon sagen? Wir wissen es nicht!«

»Ich habe Hunger!«, meldete sich jetzt Lucie wieder.

»Und ich muss nach Hause. Wir schreiben morgen Mathe!«, bemerkte Daniel.

Irgendwie hatten plötzlich alle das Gefühl, alleine sein zu wollen. Und sie wollten alle auch wieder in die heutige Zeit mit ihren Anforderungen und Problemen zurückkehren.

»Ich bleibe noch ein wenig«, sagte Sarah und setzte sich auf das Sofa, das Anja gerade frei gemacht hatte.

Jonas ging als letzter in Richtung Ausgang. Als er die Tür öffnete, drehte er sich noch einmal um. »Ich werde diese Zeit in dieser Stadt nie vergessen. Und ich werde immer an dieses Mädchen denken müssen«, meinte er. Dabei sah er zu Boden, als spräche er mehr zu sich selbst. Dann schaute er auf und sah Sarah an: »Und ich werde nie vergessen, wie sehr ich mich gefreut habe, als ich dich dort vor Merulas Haus endlich wieder in die Arme nehmen konnte. Dieses Gefühl kann ich gar nicht beschreiben. Es ist schön, dass wir beide wieder hier sind. Ich mag dich sehr.«

Sarah freute sich und nickte. »Mir geht es genauso. Aber ich brauche noch ein wenig Zeit, um hier wieder anzukommen.«

»Soll ich hierbleiben? Ich setze mich ganz still in die Ecke. Du wirst mich gar nicht bemerken.«

Sarah lachte kurz auf. »Nein. Das ist lieb. Aber ich wäre jetzt gerne alleine. Ich komme schon klar.«

Jonas nickte, lächelte Sarah aufmunternd zu, drehte sich um und schloss leise die Tür.

Sarah saß eine ganze Weile sinnierend auf dem Sofa. Sie spürte die Stille um sich und hörte in ihrem Kopf immer wieder Hostilians Stimme.

Dann holte sie ihr Netbook aus dem Rucksack und schaltete es ein. Sie wollte im Internet nach Hostilian suchen und herausfinden, was aus ihm geworden war. Es dauerte einen Moment, bis der Computer hochgefahren war.

Plötzlich summte ihr Sender, den sie in Rom getragen hatte. Sie nahm ihn und las die Nachricht. ›Nachricht konnte nicht zugestellt werden.‹

Sie musste schmunzeln. Das war ihre erste Nachricht an Jonas, als sie auf ihn wartete, damals, auf der Straße. Es erschien ihr wie aus einem anderen Leben.

Dann wandte sie sich ihrem Netbook zu und wollte mit der Suche nach Hostilian beginnen. Lange saß sie regungslos und vor ihrem Auge tauchten immer wieder die Bilder auf, die sie an Hostilian erinnerten. Wie er sie ansprach und sie hielt, als sie einsam und verlassen mitten in Rom saß. Sie musste daran denken, wie sie in der Taverne waren und er so selbstsicher und fürsorglich bestellt hatte. Sein Lachen und seine Augen! Und dann das Abenteuer in der Katakombe! Sie nahm wieder das Amulett, das den Kopf des Kaisers Decius zeigte, und betrachtete es lange. Dann schaltete sie den Computer aus und packte ihn wieder ein. Sorgfältig löschte sie alle Lichter in der Ruine und schloss gewissenhaft die Tür hinter sich.

Morgen hatte sie Religion. Und sie hatte die Hausaufgaben noch nicht gemacht. »Was ist für dich Liebe?« lautete die Aufgabe. Und sie wollte etwas dazu schreiben.

Langsam machte sie sich auf den Nachhauseweg.